谨以此书献给
上海立信会计金融学院创始人潘序伦先生诞辰130周年及建校95周年

信好有你

校 / 友 / 访 / 谈 / 录 / 2

王军华　魏康婧○主编

图书在版编目(CIP)数据

信好有你：校友访谈录.2 / 王军华, 魏康婧主编
. —上海：立信会计出版社, 2023.10
ISBN 978-7-5429-7430-3

Ⅰ.①信… Ⅱ.①王…②魏… Ⅲ.①上海立信会计金融学院—校友—访问记 Ⅳ.①K820.7

中国国家版本馆CIP数据核字(2023)第177306号

策划编辑　华春荣
责任编辑　张翠芳
助理编辑　汤　晏
美术编辑　南房间

信好有你：校友访谈录2
XINHAO YOUNI XIAOYOU FANGTANLU 2

出版发行	立信会计出版社
地　　址	上海市中山西路2230号　邮政编码　200235
电　　话	(021)64411389　　　传　真　(021)64411325
网　　址	www.lixinaph.com　电子邮箱　lixinaph2019@126.com
网上书店	http://lixin.jd.com　　http://lxkjcbs.tmall.com
经　　销	各地新华书店
印　　刷	上海雅昌艺术印刷有限公司
开　　本	787毫米×1092毫米　1/16
印　　张	28.5　　　　　　　　插　页　1
字　　数	490千字
版　　次	2023年10月第1版
印　　次	2023年10月第1次
书　　号	ISBN 978-7-5429-7430-3/K
定　　价	95.00元

如有印订差错，请与本社联系调换

《信好有你：校友访谈录2》序

研究中国现代会计史，有一个人值得我们永远铭记，他就是被誉为"中国现代会计之父"的潘序伦先生！

他以仁者的担当、勇者的无畏和智者的拓展，为现代会计发展奠定了坚实的基础，让人们感受到现代会计学术的无限魅力。

作为中国学术界、会计界的一代宗师，潘序伦先生的名字将与立信会计事业一起载入中国会计发展史册和现代教育史册。先生开创立信会计师事务所、立信会计学校和立信会计图书用品社"三位一体"的立信会计事业，取《论语》中"民无信不立"之意，将创办的学校、事务所、出版社均冠以"立信"之名，并将"立信"引申为"信以立志，信以守身，信以处事，信以待人，毋忘'立信'，当必有成"24字训条，构筑起立信精神的思想内核。先生的崇高精神、高尚品德、大师风范，是引领"三位一体"立信会计事业奋发向前的精神旗帜，更是"三位一体"立信会计事业发扬光大的永远丰碑。

为纪念潘序伦先生诞辰130周年及上海立信会计金融学院成立95周年，校友会精心组织策划了《信好有你：校友访谈录2》。

近百年风雨沧桑，薪火相传。潘序伦先生带领立信同仁发扬坚韧不拔、锐意进取的敬业精神，齐心协力，创造辉煌。在立信教育事业95年的发展历程中，我们始终坚守"立信"校训，始终践行先生提出的"公正诚信为主，廉洁勤奋为归"的理念；以

"立诚明德，经世致用"为大学精神，始终坚持将立信教育事业建设与国家发展、社会需求同频共振、同向前行。立信会计师事务所主动传承诚信精神，在96年发展历程中始终以公正会计、专业精进闻名社会。立信会计出版社坚持传承诚信文化，出版了一系列诚信主题书籍。先生提出以诚信为立业的根基与准绳，是对传统"诚信"思想的继承与发扬，是立信事业的立家之本、发展之道、生存之基。

《信好有你：校友访谈录2》一书从广大校友的视角，深入细致地展示立信师生学习潘序伦先生的精神魅力与思想贡献，阐发见贤思齐、爱国荣校的崇高心志，勉励广大师生积极投身新时代中国特色社会主义的伟大事业。广大立信校友分布于中国各个省市以及世界各国和地区，有相当多的校友学有专长，勤勉工作，成为建设新时代中国特色社会主义事业的中坚力量。还有相当多的校友卓有建树，成为财会方面的知名专家、学者。

相信《信好有你：校友访谈录2》一书，能为广大读者呈现一代代立信人传承立信之脉，发挥立信之智，展现立信之范，走进以潘序伦等大师为代表的一代代立信人振兴中华、励精图治的精神世界。他们心系民族命运，饱含赤诚的家国情怀，有强烈的使命感和责任感。他们具有坚定的理想信念，忠诚于党和人民的教育事业，全面贯彻党和国家的教育方针，坚持社会主义办学方向。他们带头弘扬社会主义道德和中华民族传统美德，品行高洁，充满大爱，是社会道德的模范。他们学术思想丰富，理论建树丰硕，创新意识强，必将对社会产生重要影响。

《信好有你：校友访谈录2》不仅是为纪念潘序伦先生诞辰130周年和建校95周年献礼，更重要的是对立信精神的传承与弘扬。学校将继续与立信会计师事务所、立信会计出版社并肩前行、同心共进，赓续大师风范，弘扬立信精神，共同推动"三位一体"立信会计事业加速发展。学校会进一步总结"百名校友访谈"工作的经验，以多样化的方式进一步推进校友与在校学生的互动，以校友们的成长经历激励在校学生，进一步发挥财经专业优势，彰显"诚信为本、学验并重"的办学特色，在立信未来的新征程中，为我们的国家强盛和民族复兴，培养出一代代优秀的骨干人才。

上海立信会计金融学院党委书记　校友会会长

2023年8月7日

目 录

上篇 言以风华 1

1. 厚德臻善传芬芳／郑沈芳……2
2. 征途碧血铸春秋／王乾德……10
3. 风正时济 自当扬帆破浪／周 琪……16
4. 传统与时尚的匠心融合 续写百年上海旗袍传奇／周朱光……22
5. 兰蕙欣荣自芳菲／孟荣芳……30
6. 思敏行健 善作善成／龚家卫……36
7. 沧笙踏歌本自然／丁 田……42
8. 抱朴尽诚智 守真酬志业／吕 军……48
9. 女性力量 坚持勇敢不服输／方 靖……56
10. 博识通达得自如／曹 勇……64
11. 晖光日新风华茂／董文晖……70
12. 本之以仁 成之以法／陈 刚……74
13. 滴水入海 方为波涛／张 敏……80
14. 坚守务实心 愿做摆渡人／王琪华……84

15 开拓创新　笃行致远／侯青松……　90

16 佳辰不虚度　良玉雕琢成／陈佳琦……　96

17 业广因功苦　锋从磨砺出／贾亚南……　102

18 敏而好学无止境　致知力行勇担当／杜敏娴……　108

19 春秋草木何言老　人间清梦自逍遥／赫梓妤……　114

20 人生到处知何似　应似飞鸿踏雪泥／钱　立……　120

21 开心莫小莫　乐活爱所爱／莫浩薇……　128

22 岁月为证　逐梦正当时／邓晓斌……　136

23 传承立信梦想　筑梦青春华章／朱树民……　144

24 功不唐捐　玉汝于成／李学军……　152

中篇
如日方升
159

25 悠悠木兰溪　拳拳赤子心／董金豹……　160

26 学以致用济时需　锲而不舍镂金石／忻　毅……　168

27 东风随处起芳华／高　琦……　174

28 砥志研思　踔厉奋发／李争浩……　180

29 用心走好每一步　感悟人生路／郑海宁……　186

30 居仁由义　知行合一／周勇峰……　192

31 立人经商　诚信为先／曾铁彬……　200

32 初心如磐　笃行致远／杨文漪……　206

33 卷舒意何长　得趣心自怡／吕　辉……　212

34 脚踏实地　敢于追求／徐凯杰……　220

35 逢时壮气展才干／潘宏凯……　226

36 绮年芳华　且歌且行且从容／沈绮华……　234

37 我乘旭日追清风／程　旭……　240

38 壮志凌云"敢想"　脚踏实地"敢干"／李斌鑫……　248

39 顾往年师恩　盼来日华实／顾晓华……　254

40 不忘初心行致远　不负岁月勇作为／薛淳琦……　260

41 仰望星空阔　奔赴山海远／郑海山……　266

42 以"信"立身　惟实励新／杨　远……　272

43 致知力行　踵事增华／张喆宏……　278

44 风好正是扬帆时／平　凡……　284

45 行稳致远扎基层　进而有为筑青春／庄雪瑜……　290

46 心有鸿图便只顾风雨兼程／毛匡齐……　296

47 知足且上进　温柔且坚定／孙诗雯……　302

48 奋楫笃行　拼搏向前／黄元超……　310

49 既定心之所向　只顾风雨兼程／李建军……　316

50 厚积薄发　行稳致远／高　健……　322

51 忆流"金"岁月　感"信"仰力量／许丕婧……　328

下篇
云程发轫
335

52 踏前行　无问西东／卢冠文……　336

53 路漫漫其修远　砥砺奋进花正开／邱　唯……　342

54 博观而约取　厚积而薄发／孙炳磊……　348

55 书山有路勤为径　七巧才识气自华／王建巧……　354

56 不甘平凡　用毅力书写青春 / 甘　毅 …… 360

57 扶摇而上　志在蓝天 / 姜　桢 …… 366

58 所谓幸运　不过是敢想敢闯敢试错 / 张怡怡 …… 372

59 坚定步履　求索人生 / 夏亚丽 …… 380

60 人生在勤　不索何获 / 康旭佳 …… 386

61 心系卓越　不懈追求 / 蔡臻豪 …… 392

62 山止川行天地广 / 王军平 …… 398

63 无问东西赴雪域　以心换心助百姓 / 郭　伟 …… 404

64 铸就人格　成就事业 / 马利峰 …… 410

65 胸怀大爱赴雪域　一片赤诚向格桑 / 周育佳 …… 416

66 乘风破浪潮头立　扬帆起航正当时 / 李佐康 …… 422

67 愿天下无毒　助浪子回头 / 陆俊仪 …… 428

68 青衿之志　履践致远 / 何超凡 …… 434

后记 …… 440

上 篇　**言以风华**

厚德臻善传芬芳

郑沈芳

　　1960年生，1983年毕业于上海财经大学，曾任上海金融高等专科学校副校长、党委书记，上海金融学院党委书记；2016年调任上海健康医学院党委书记，2018年起任上海市第十五届人民代表大会教育科学文化卫生委员会副主任委员。

口　　述：郑沈芳
采　　访：夏艺华　陆昱璇　杨健飞
整　　理：陆昱璇　夏艺华
指导教师：夏艺华
时　　间：2022 年 11 月 11 日
地　　点：星巴克臻选上海烘焙工坊

敢于探索　独一无二

　　20 世纪 80 年代，正处于我国改革开放初期。学校（这里指上海银行学校，以下简称"银行学校"）刚开始办学，很多的路都是我们自己闯出来的，正如习近平总书记所言，"决不能丢掉自力更生、艰苦奋斗的传家宝"。在政府的布局下，学校从昆山路搬到民星路。学校左边是一所隶属于财政局的财经学校，右边是水产学校。经过这一次布局，在金融发展需要高层次人才的背景下，20 世纪 90 年代初，学校从中专升为专科。接下来要升为本科，怎么办呢？我们遇到的第一个问题就是，大学的占地面积一定要 500 亩①以上，而民星路校区只有 37 亩，显然是不够的。

　　因此，我们开始探索和企业合作，走一条校企合作、推进发展的道路。第一个合作对象是永生制笔厂。他们把浦东的一个厂房给我们办学，也就是现在学校门口那栋楼，也是上川路校区的第一栋楼。通过这一次合作，学校就从浦西跨到浦东了。刚到

---

① 1 亩≈166.67 平方米。

浦东的时候，条件比较艰苦，都是泥泞路，同学们上下课还要排队。第二个合作对象是上海实业集团。当时上实集团是上海国有企业中较大的企业。我们通过融资租赁的方式，租到了学校旁边的一个厂房。这次合作实际上是我们相互的一种信任，上实集团看到我们的干劲，也相信我们学校一定能够发展好。第三个合作对象是斯米克集团。他们拿出的地块就是我们现在宿舍楼的地方。学校占地面积的扩大，是我们通过这样的方式去实现的。这三次的校企合作，不断推进我们整个学校的发展。

我们每年需要拿出一部分资金作为租金支付给合作企业，市教委和中国人民银行上海分行对我们的工作给予了认可，认为这样做没问题。正是市教委和人民银行的鼓励，我们才有信心去发展。

当时付给企业的租金，都来源于学校老师的工资。老师们把自己的工资投入到学校的教育事业之中，这种奉献精神非常难得。而且当时不少人的观念是"宁要浦西一张床，不要浦东一间房"，老师们到浦东来上班，路途是很远的。但是我们的老师都跟着学校过来，几乎没有老师因为学校搬到浦东而离开。所以，我觉得我们的老师是非常识大体、顾大局的。学校的发展和教职员工的这种奉献精神是密切相关的，当大家同心合力时，真的是势不可挡。

那时候张义和老校长也算是"受命于危难之际"。当时学校从昆山路搬到民星路，为了方便"搬家"，张校长整天住在学校里，可以说是没日没夜地投入学校建设中，这也是导致他的胃不太好的重要原因之一，最后他也因为胃病去世。在张校长的带领下，全体教职工齐心协力，学校得到进一步发展。

循循善诱　教育有方

我喜欢做老师，大学毕业时想留校教书，因此填写的就业志愿就是教师。因为工作分配的原因，我被分到人民银行，而银行学校是人民银行的直属部门，我就被分配到银行学校工作，也就是现在的上海立信会计金融学院。

那时候我们学校的师资队伍非常有特色，授课老师都是人民银行资深的专家，既有实务经验又有理论知识，这些老师把最前沿的金融发展情况带到了课堂中。比如，王定甫老师在当时的人民银行证监处工作。我在学校任教时，教的是银行信贷这方面

的课程。我发现,我们用的教材,和我在上海财大上学时用的是一样的。也就是说,那个时候的上海财大,把银行学校自编的教材拿过去教学。这套教材的实践性非常强,都是我们老师自己编写的,他们把实务中遇到的经典案例编进教材。上海财大觉得这套教材实用,就拿去用了,这也从侧面反映了银行学校这一批教师的厉害之处。培养应用型人才,需要这类把理论和实践结合起来的老师。所以,我觉得办学怎样和实际情况结合好,需要考虑,也需要加强。

那时候带教老师带我们,他几乎听了我上的每堂课。我们当时一周就上4个课时,每个老师都精心准备,学生也非常投入。现在,精英教育已经变得大众化,学生数量是过去的几倍,甚至十几倍,老师们压力都很大,精力也是有限的。所以,教育要像习近平总书记所言:"要突出培养一流人才、服务国家战略需求、争创世界一流的导向,深化体制机制改革,统筹推进、分类建设一流大学和一流学科。"教育质量怎么提高,这个问题非常重要。老师不能辜负年轻人的期待,学生好不容易从竞争中走过来,结果获得的东西很少,比想象中差得很多,那我觉得是有愧的。所以保证教学质量,这是非常重要的。

老师要把学生看成自己的孩子，要去思考怎么去培养和教育学生。有时候老师会看这个学生好，看那个学生不太好，其实我很愿意和一般人觉得不太好的或者说有问题的学生进行交流。我帮助过很多学生，比如面对受处分的学生，我就会去跟他进行沟通，让他认识到自己的错误并主动承认错误，从而减轻处分。像这种事情我遇到很多，现在仍有很多学生来跟我提起这些事。我记得有一个同学受到处分后有心理压力，我就跟他交朋友，跟他交流，让他感受到他的前程是非常美好的，处分不是什么大事，现在他发展得很好。学生的可塑性是很强的，老师不要轻易把任何人边缘化，这对学生的心理打击是很大的。以前我们不太重视，使有的学生在心里留下了阴影，以后成长就会受到阻碍。现代教育应该更重视对学生的心理疏导，这也是教育的一种重要手段。

我认为，和学生多进行沟通交流是一种很好的方式，它既是对学生的教育，对我自己也有影响。我在学校感觉自己很年轻，很有活力，其实是受学生的影响。学生没有老的感觉，有时候会跟你探讨问题，有时候跟你玩、跟你闹，非常有青春活力。所以，我觉得和学生交朋友是很好的，不仅让我们更了解学生，也让我们受到了正向的影响。

珍惜韶华　勤学苦练

我给青年大学生提几点期望。

第一，将理论运用到实践中去。我认为，现在的学生需要更强的实操能力，所以要去实习，去实践。但现在的实习不像过去到银行实习，岗位都是实实在在的，现在更多做一些行政事务，不涉及真正的业务。早一点实习是没有错的，虽然一开始都是做行政事务，凡事都要从简单的开始，不断学习，才能变得更好。

第二，锻炼应用文写作能力。一个人要是坐下来能写，站起来能讲，走下去能干，这样的人前程一定是非常好的。我们要写的不是风花雪月，而是应用文。应用文写作很容易，可以写一年的工作计划，写一年的工作总结，更短一点就是一学期的计划和一学期的总结。在不断的练习中，学生可以提升写作能力。这项技能在单位中是非常

实用的。在工作中，我们常常需要写报告或者会议记录，这些都属于应用文，把应用文写好是非常重要的。同时，这也能提高学生在同类竞争者中的竞争力。所以，从自己的计划总结开始，不断地练，把写的本领练好。

第三，把握数字时代的新机遇。在互联网迭代发展和信息技术创新突破的时代，未来是有无限可能的。一般来说，年轻人更容易掌握信息技术，更应把握这个优势，勇敢迈出一步，抓住机遇。时代也对现在的年轻人提出了更高的要求，当代学生需要有一定的计算机能力，这对未来的学习和就业都会有很大的帮助。

第四，掌握好一门外语。国际化是一个大趋势。对于我们国家来说，国际合作是非常重要的。所以说，大家一定要学好一门外语，这样在国际交流上才有优势。

现在的年轻人需要学习的东西很多，但是时间很紧张，大家要有紧迫感，决不能荒废了四年的大学生活，而且一定要记住：学习这件事是终身的。

征途碧血铸春秋

王乾德

　　王乾德，生于1926年，1944年加入中国共产党，1980—1984年任立信会计专科学校副校长；曾任中共黄浦区区委委员、宣传部部长，中共卢湾区区委委员、财贸部部长、副区长，上海市委财贸政治部宣教处处长，上海大学商学院代院长；1988年离休。

口述：王乾德
采访：何佩莉　夏慧勤　乔袈沐
整理：夏慧勤
时间：2021 年 3 月 10 日
地点：王乾德寓所

中国共产党是唯一的希望

　　过去的事情历历在目。我 13 岁就接触中国共产党，17 岁已经开始为党工作，是由我的大阿姐发展我的，18 岁入党。介绍我入党的是店里的同事，叫叶宝珊，后来她到中央去了。为什么要跟随中国共产党？简单一句话：不跟中国共产党走就没有出路。中国共产党是唯一的希望，否则要做亡国奴。在抗日战争时期，老百姓见到日军，过桥都要鞠躬，当时的日军不满意就要拳打脚踢，严重的要抓进去，说抓就抓，抓了要杀就杀，不把中国人当人，那时的中国人很苦。我 13 岁在万康宏酱园时，柜台都够不着，吃饭时饭桶高，我舀不着。酱园规矩多，学生伢给师傅一碗一碗盛好饭才能自己吃。店里有 100 多个职工，当时电力紧张，日军规定一个月 7 度电，酱园楼上放东西，夜里职工睡觉。楼梯口转角有一只节能灯，实际上就是电筒里的电珠，我就天天晚上在那里看书学习，坐着看不清楚就站着看，所以右眼很早就近视了。

　　新中国成立前，我冒着生命危险发展了 28 个党员，万一有一个人叛变，我们就有生命危险。正因为很危险，所以做了就一定要成功。我们的要求很严格，都是各方面

条件非常成熟才发展,非常注意,不能随便暴露。当时日军设了很多眼线。有一次我得了伤寒,病重被送到宁波人办的四明医院,我担心自己讲梦话暴露身份,就搬出医院,住在亲戚家里,被病痛折磨得死去活来。

比较危险的一次是接近解放的时候,我们成立工人纠察队,在阿姐的屋里做1 000个袖标。当时我们在亭子间,日军到了楼下敲门,已经听得到日军的声音,吴文彬身上有3份入党申请书,如果暴露,这些同志就有危险。吴文彬就把申请书放到马桶里,在上面放几张手纸,再浇上水,才没有被发现。后来他被抓到跑马厅(现上海历史博物馆),被打得"一塌糊涂"。那时候跑马厅是关人的地方,和他一起被抓进去的还有一个女党员,是我阿姐的同事。吴文彬是老党员,很有斗争经验。日军问他和那位女党员是什么关系,他说是年纪大了,谈朋友,要结婚了。后来他就被放出来了。新中国成立后,他任苏州市公安局局长。

为建校舍四上北京

立信复校客观上有几个因素：一是社会客观需要，当时财会人员紧缺，会计、财经行业普遍需要财会专业人才，希望恢复立信；二是立信老校友的愿望。当时潘校长有8万块钱，除了自己和家人养老，拿出4万块钱，这很不简单。但是恢复立信，仅有4万块钱还不够。办学校有三个条件——教师、校舍、教材，而当时立信都没有，是"三无"学校。上海市静安区副区长、育才中学校长段力佩提出一个办法，停办育才中学晚上的夜校给立信上课。招生出乎我们意料，一招就爆满。

上海要不要立信，这是一个重要问题。社会上呼声很高，会计人才那么紧缺，为了建校舍，我就去北京找中央财政部。当时学校属于财政部和上海市双重管理，部属学校原有6所。财政部副部长是陈如龙，我一次次去找他。

财政部开教育会议,有财政部所属的6个院校参加,我们排不进去,第一次去是旁听。副部长陈如龙说,"来也来了,就加进去"。我们没发言权,就旁听,比较轻松,听听财政部对财经学校有什么要求。第二次去了,也是旁听,副部长陈如龙说"既然来了,就发发言吧,说说恢复立信怎么搞法?现在搞得怎么样?"我连夜把发言稿写出来,包括三个部分:怎样艰苦创办,现在什么情况,需要解决什么困难。第二天开会副部长说:"已经写好了就讲讲……"会议上,我印象最深的一句话是,"我听了各个学校讲的,都各有困难。听了立信的,确实艰苦,其他学校的困难是多点少点,立信是实在困难",这次发好言后,我们信心大增。

第二次会议后财政部拨款1 000万元,土地特批在上海市中山西路2230号,地方太小了,市高教设计院问"立信要办多大规模的学校?"30亩土地,钞票不够,我又去财政部,财政部又拨了1 000万元。

立信有校舍了,潘校长高兴了。潘校长跟我谈过很多,我对潘校长说:"我不是读会计的,我只学过新式簿记,我是会计小学生。"他是"中国现代会计之父",我觉得有这样的会计教育家的确可贵。

我写的剧本各不相同

戏曲是我的特别爱好,我从小就欢喜看戏,一种是宁波滩簧,另一种是绍兴文戏,小班演出,2~4个人就是一个班子,到现在我还会听听戏。

我一直爱好戏剧,戏看得多,自己也钻研,写过4个剧本,3个正式演出。1972年我写了《韶光新歌》,这是一部关于上海著名劳模、上海钟表店店员钟耕尧的作品,由沪剧著名演员王盘声主演。校友中有个演员顾也鲁是我的朋友。顾也鲁演过很多戏,且演得不错。

我写的剧本各不相同,有喜剧、悲剧和正剧。我做过宣传部部长,要带头的,要实干。

风正时济　自当扬帆破浪

周　琪

  立信会计师事务所董事、管理合伙人；1980—1983年，立信会计专科学校学生；1983—1986年，立信会计专科学校教务处工作；1986—1987年，全脱产专升本学习；1987年至今，立信会计师事务所工作；上海立信会计金融学院1983届校友。

口　　述：周　琪
采　　访：董秋妍　周慧馨
整　　理：董秋妍　周慧馨
指导老师：夏慧勤
时　　间：2020 年 10 月 27 日
地　　点：上海市南京东路 61 号

亲聆潘老教诲　幸甚至哉

也许是命运使然，让我与立信结缘相伴数十年。1980 年我参加高考，那时进大学可以说是千军万马过独木桥，说百里挑一有些夸张，但百里挑几个是真实的情况。高考之后，我通过调剂志愿进入了刚复办的立信会计专科学校。当时，学校的校舍还没有完全建好，借用上海市育才中学办学，我们上课的时间经常安排在他们放学之后。学校的老师非常少，没有专职老师，全是外聘老师。尽管条件艰苦，我们还是按要求学完了全部的会计基础课和专业课程，这为我后来从事审计工作打下了扎实的基础。

很难忘怀的是当年开学典礼时，潘序伦校长特意来给我们新生讲话。我们是学校复办后的第一届学生，潘老对我们寄予很大的期望，希望我们早日成为国家的栋梁之才。在学校期间，我很荣幸作为学生代表去潘老家当面聆听他的教诲，潘老的那二十四字校训箴言成为我执业的"护身符"。

1983 年，我完成学业顺利毕业。我的母亲是老师，受此影响，毕业时我选择了留

校做老师。当时我的工作比较轻松简单，就是在教务处做一些选教材、排课时之类的工作。1986年，我参加了学校开设的一个师资本科班，补了很多以前没有学过的课程，算是专升本。本科毕业之后，我觉得自己学了那么多专业知识，应该找个用武之地。恰好那时立信会计师事务所复办，我就进入了立信会计师事务所。

我一生当中最重大的考试，一个是高考，另一个就是注册会计师考试。高考让我进入了做会计师的大门，注册会计师考试则让我在审计这一职业中如鱼得水。我参加注册会计师考试是在1991年，当时上海有1万多名考生，4门考核全部一次合格的也就十几个人，我和立信会计师事务所朱建弟董事长都是一次通过的。说心里话，在这一点上，我颇为自豪。注册会计师考试难度很大，我在年龄不小、工作繁重的情况下，还能一次通过，也算是对得起曾经培养、教诲过我的潘老。

躬逢行业发展　与有荣焉

中国大陆注册会计师行业从改革开放后成立的第一家会计师事务所开始算起，到

1990年上海和深圳分别建立证券交易所,这十年可视为起步阶段。我就是在这个阶段进入审计行业的,那时候审计人才少、专业性不够、制度不规范、对执业会计师的管理也松散,而且从业人员不管是注册会计师还是管理人员,退休、半退休的人员占绝大多数。

  立信会计师事务所刚复办的时候实行"挂靠制",挂靠的单位是立信会计专科学校,相当于学校下属的一个部门。当时的会计师事务所都属于体制内的机构,上级单位或者是高校或者是局级集团公司。1998年,立信会计师事务所按照国家要求首批进行脱钩改制,率先在全国完成了脱钩改制工作。我们从体制里的人变成体制外的人,我们的档案都转到人才交流中心,事务所变成完全依靠自负盈亏、独立成长的有限责任公司。这个改革是具有里程碑意义的,标志着中国审计行业的基本确立。

  进入21世纪,立信会计师事务所通过合并等方式迅速成长壮大,从当时的几十个人、几百万元营收的公司,变成了员工近万、营业收入近40亿元的国内本土第一大所。除了审计,立信会计师事务所还建立了多元化的服务体系,税务、评估、工程审价、咨询等业务全面展开,在全国的分支机构达30多个。

  随着时代的发展,我不仅见证了注册会计师整个行业的发展,同时也享受了时代发展的红利。在这些年中，我从一个审计员成长为一个部门经理，又从部门经理转变为副主任会计师，最后成为事务所董事、管理合伙人。我能取得事业的成功，当然有我个人努力的因素，但关键还是我有幸站在行业发展的新起点，借助了中国经济和资本市场发展的契机，最终获取了自己都意想不到的成就。从这个角度上说，我们是一代幸运儿，历经行业风雨数十载，把自己从一个行业的"菜鸟"变成了行家里手，取得了不少的收获。

有一句话说，时代的一粒灰，落在每一个人头上都是一座山。同理，时代的每一滴春雨，落在每个人头上都贵如油。我想，我个人从读书到工作的经历也很好地诠释了这句话。

心系人才培养　言之谆谆

说心里话，我很感激母校。母校不仅在早年教会我会计的专业知识，引领我走进审计这一行业，当下还给了我很多荣誉，包括校友会的理事、校客座教授、审计学研究生导师、立信基金会理事等。这些年，我与母校也常有联系，也时刻关注着母校的发展。

我觉得母校这些年发展得很不错，尤其是在合并之后，呈现出较大的规模效应。现在学校的定位也比较明确——地方应用型高校，主要为上海培养金融和会计的高端人才。但目前高校间的竞争压力还是蛮大的，如何提升自己的核心竞争力是学校应该关注的一个重要方面。我个人认为，提升学校核心竞争力的一个重要方面就是培养实用型人才。这是学校的一个传统，也是被社会公认的一个优势。在培养实用型人才的基础上，学校要朝培养复合型人才方向发展。从用人单位来说，我们希望有一些复合型人才，包括理工科、计算机等方面基础好的，我们未来可能全部用电脑做审计，对信息化的要求就会很高。对此，我很担心。在信息化趋势下，会计师很可能会被计算机替代，因为计算机设定了所有会计原理和会计信息处理软件，以后做会计工作可能甚至不需要这方面知识，只要懂计算机。所以，我们也希望学校在培养人才的时候，在专业课里融入一些信息化知识。同时，其他专业的学生也可以学点会计知识，这样可以相互促进、共同提高。在这一方面，学校前两年设立了序伦书院，现在第一届的学生还没有毕业，最后的效果怎么样，还需要得到用人单位的检验。但我相信这是一个方向，只要持之以恒，坚持走这条路，一定会有成效。

在校的同学们如何适应社会发展，发挥优势，为自己走出一条道来？对此，我有些建议。首先，要有一个清晰的定位。我们在未来想做什么、能做什么，在心里要有一个目标，然后按照这个目标一步一个脚印去努力，不要好高骛远、急于求成。有一个学生大二就想来实习，会计学都没学完，到事务所来实习什么呢？我就建议他好好读书，学好专业知识。其次，要有真才实学。有了真才实学才能去做专业的事，理论知识是一个方面，真才实学还表现在人际交流等方面。一个合格的会计师，必须是一个具有良好沟通能力的人。再次，学习一定要趁早，职称考试、职务考试是越年轻考越好，我自己的体会是比较深的。我考证书的时候，年龄不小，虽然一直没有离开会计岗位，但让自己心静下来是没那么容易的，考试复习准备花的时间要比我原来读书的时候多得多。所以，对于事业所需的职称和职务考试，同学们要在年轻的时候做完，这样就可以腾出更多的精力去做其他事。最后，要有良好的职业道德和职业操守。就我本人来说，那么多年一直能够在注册会计师这条道上不翻船，靠的就是诚信为本，坚守职业操守，不为任何利益交换所动。只要吃透潘老校长的24字校训，就能够做一个优秀的会计师。

传统与时尚的匠心融合　续写百年上海旗袍传奇

周朱光

  上海瀚艺 HANART 服饰董事长、艺术总监；上海市非物质文化遗产"中式男装手工制作技艺"第四代传承人，上海市服饰学会副会长，上海市非遗保护协会副会长，上海海派旗袍文化促进会副会长；上海立信会计金融学院 1985 届校友。

口　　述：周朱光
采　　访：朱逸伦　朴振广　喻嘉莉　王玺承
整　　理：朱逸伦
指导老师：黄　嵘
时　　间：2023年5月10日
地　　点：上海市安化路271号一楼瀚艺服饰

在按部就班中坚持学习

作为一名20世纪80年代的会计专业毕业生，能获得包分配、有体制、干部编制的工作机会是非常幸运的。然而我生性不安于现状、不甘平庸，所以选择去尝试和冒险。我认为，虽然我可能会遭遇更多的挫折和失败，但这也是人生中不可多得的经历。我庆幸可以追求自己选择的人生之路。

我的第一份工作是在上海市卫生局做会计工作。当时，机关单位的工作时间相对缺乏弹性。几年下来，我深刻认识到，我必须作出改变。于是，我调整了思维方式，怀着好奇和兴趣，主动选择了转向酒店管理专业。适逢20世纪80年代酒店管理专业在国内兴起，我可能是中国第一批接受这门新潮的酒店管理专业教育的年轻人之一。正是这段学习经历，不久之后让我的职业发展有了转向。

1987年，上海市卫生局与四通集团合作开设了一个卫生保健中心项目。该中心承担着卫生保健和宾馆服务的双重职责。单位内部需要选拔管理人员，而我作为上海市卫生局中唯一有过酒店管理专业学习经历的人，最终经过了单位的筛选和认可，成为

保健中心的董事经理。除了薪资待遇的提升,更重要的是我的职业生涯由此进入了一个全新的轨道。

这次成功的经历对我的坚持学习形成了重要的正反馈,让我在以后的工作中保持着不放弃、持续学习的习惯。在我后来进入服装行业的阶段中,我学习了艺术品鉴定的专业知识,这段学习经历培养了我的审美意识和理念。时至今日,我仍保持在身边放置一本书的习惯。最近,我在阅读《中国通史》。我相信无论人生处于何种阶段,都应该保持阅读和学习的习惯。

我对在立信的学习经历始终充满了感激之情。学校让我获得了扎实的会计基础和财务思维。尽管毕业后我并未从事会计工作,但财会专业知识仍对我产生了积极的影响。20世纪八九十年代的公司对专业会计人才的需求量较大,了解公司的财务情况对于一名管理者的工作影响很大。可见,没有白走的路,没有白吃的苦,每一次的经历都会有意义。

在循规蹈矩中果断说不

卫生保健中心初创时面向社会，相较于体制内单位，卫生保健中心的工作环境相对开放、较有弹性。然而，它所存在的管理架构不清晰、制度束缚等客观因素，与我心中的理想工作仍有不小差距。或许是性格决定，也许是年少意气风发，后来我毅然选择停薪留职，下海创业。

我与时尚领域、服装行业的结缘可追溯到1985年。那年法国时装大师皮尔·卡丹在上海举办了一场时装观摩秀，偶然的机会我与同学一同去观看了这场大秀。那时候的我们还不怎么会打扮，穿着也不怎么讲究，满大街都是单调的服装颜色和千篇一律的款式，大家对于时尚的认知非常粗浅。尤其是对于经历了改革开放阶段的中国人而言，皮尔·卡丹是一位熟悉的朋友，他可谓是中国时尚界的叩门人，是第一位把西方时尚引入新中国的西方设计师。

那年与时装秀的邂逅，带给我强大的冲击。时装秀让我眼睛为之一亮，内心为之触动。我暗叹："原来服装可以有这么美妙的变幻和色彩，原来衣服可以穿得这么漂亮！"对我而言，这是一场真正的审美启蒙，也是一次旧观念与新思潮的碰撞和解放。

也许就在那时，我内心播种下了一颗对于服装和时尚好奇、兴趣浓厚的种子。

20世纪90年代是中国外贸崛起的时期，我在1995年正式进入时装这个行业。刚开始，我与几位老先生一起做旗袍。服装师傅大多来自戏剧服装厂，我们主要制作一些具有传统风格的旗袍和戏服，产品主要销往海外的华人聚居区。借着改革开放的春风，我们的生意做得如火如荼，成为当时上海成衣旗袍最大的出口商之一。

但我心中始终有一份遗憾。当时我们做的旗袍是出口产品，属于比较简单的成衣旗袍，只是迎合市场，与其他公司的服装并无本质区别。虽然我们汇聚了众多旗袍制作的老前辈，传承了传统旗袍的工艺，然而我们并未为旗袍这一传统服饰领域带来什么真正的改变，未在这条道路上留下自己的痕迹。

在匠心精神中显中国美

可以说，1998年是我人生中的一个重要转折点。一次机缘巧合之下，我认识了年届80的褚宏生老先生。褚老被誉为"上海最后一个裁缝"与"百年上海的传奇人物"。他因在20世纪30年代给"电影皇后"胡蝶制作的一件白色蕾丝旗袍而一举成名，这件旗袍目前珍藏在纽约大都会艺术博物馆。褚老还曾给杜月笙做长衫，当时很多社会名流都是他的客人。

对于我们做几百几千件一个款式的成衣旗袍模式，他老人家说，"旗袍没有你们这种做法的，旗袍要定制，每一件衣服都不一样"。这一句话让我豁然开朗，我才明白要做真正的好旗袍必须量身定制，不能走捷径。褚老秉持着"一生只做一件事，并做到完美"的态度，他还说"传统的技艺不能断在我们这辈人手里""海派旗袍的灵魂就是创新"。这些心得对我影响很大，我憧憬着创造出一个在世界舞台上属于中国人自己的旗袍品牌。我的梦想越来越清晰：要把东方审美带向全世界！

人家是三请诸葛亮，我是五请褚宏生老先生，最终成功邀请了准备告老还乡的老先生再出山，由此开启了褚老最后19年的传奇人生续章，也推动了我们海派旗袍奇妙的传承之旅。

瀚艺应运而生！我们的理念是要让瀚艺成为彰显中国独特风格的定制服装品牌。瀚艺的技艺承袭上海的海派旗袍，同时致力于融入全新的设计理念和材料。具体而言，

海派旗袍在保留传统要素的基础上，吸纳西方审美元素，引入新颖的面料和装饰，为其增添别样的魅力。对于旗袍这类传统服饰，社会上存在着"穿旧如旧"的保守观念。设计师们对于改变心存犹豫。但是，我认为，正是百年前的海派旗袍对变革的追求才催生出今日的新型旗袍。瀚艺将努力在现代社会中创造出全新形态的旗袍，以打破人们的传统认知。我们坚信：每位女性都应有机会体验旗袍带来的优雅与华丽，向世人展示中国女性的风采。

我从2010年开始探索新中装男装领域。那时候我觉得我们男性没有合适的本土衣服穿。随着国际交流日益增加，如果我们穿着一件西装和别人讲中国时尚，不太有说服力，所以我们花了十多年时间探索与革新中装男装。如果说西装加旗袍代表了前面100年的时尚，那么新中装将成为现代的新时尚潮流。

随着时间的推移，我逐渐发现服装行业不限于追逐金钱和市场份额，它也可以成为将旗袍的艺术和文化传承到更广泛受众的一种媒介。在与不同行业的合作伙伴、艺术家、文化从业者的交流中，我深刻地感受到，旗袍可以成为一种桥梁，连接着不同的领域和人群。在西方艺术家眼中，旗袍代表了东方的神秘、东方的审美趣味、中国的内敛文化。

瀚艺对我而言不仅是爱好的事业，更是一种使命感！我们的海派旗袍在联合国维也纳总部的"中国文化日"上，在登顶的世界舞台中心传播着中国审美力。我们曾在布鲁塞尔的中国文化中心举办"从上海到布鲁塞尔：百年旗袍展"，也曾在巴黎开启一场中国旗袍的文化之旅……通过努力，我们的海派旗袍不仅仅是一件普通的服装商品，更是走遍世界的文化传播者。

我们致力于中国文化传统的继承与创新，推动中国式生活方式的回归与传播。这次融合传统与现代、古典与艺术、传承与时尚的旅程无疑充满了新奇与挑战，但每一次的尝试都让我更加坚定自己的使命。当下，传承传统不是不要国际化，而是要更加积极拥抱这个世界！我们从东方的角度、中国传统的角度，多元地表达我们的审美，从而在国际时尚界开辟出我们的一席之地，让"中国审美"走向世界！

兰蕙欣荣自芳菲

孟荣芳

  立信会计师事务所（特殊普通合伙）董事、高级合伙人，香港中文大学会计硕士，正高级会计师，中国注册会计师，中国注册会计师资深会员；曾任中国证券监督管理委员会第十届、第十一届主板发行审核委员会委员，深圳证券交易所理事会上诉复核委员会委员；上海立信会计金融学院 1987 届校友。

口述：孟荣芳
采访：徐辰诺　肖怡馨　余　凡
整理：徐辰诺　肖怡馨　余　凡
时间：2020 年 10 月 16 日
地点：立信会计师事务所上海总所

苦学不倦　基础扎实

　　我是立信复校后的第 5 届毕业生，1984 年入校，1987 年毕业。毕业后学校兴办了两届师资本科班，1987 年、1988 年各有一届，我参加的是 1988 年的那届。在立信的学习生涯中，我除了学习财务会计专业知识，更多的是从老一辈立信人身上学到了兢兢业业、自强不息的精神品质。立信复校后，百废待兴，连像样的校舍都没有，第一届学生 3 年都是晚上在其他院校的校舍上课，而我入学后虽然条件有所改观，但在校外上课也是常有的事。上海法华镇路交大附近有一个长宁区少体校，少体校的学生课业结束去锻炼了，我们就去上课。后来到大三的时候，学校又找到新华路上的长新中学作为我们的上课地点。由于没有自己的固定校舍，相当长的一段时间内，我和同学都只能相约到附近的图书馆见面，一起学习交流。而每到考试阶段，图书馆就会出现排长队的情况。直到我进入师资班学习的那一年，立信才有了中山西路的新校舍。我不仅在新校舍里听课，也在新校舍里讲课，见证了立信学校的成长变化。

　　尽管那时候学习有点辛苦，但那是我人生中最难忘的一段经历。立信是我会计生

涯起步的地方,在这里我从不懂会计、不喜欢会计,到慢慢朦朦胧胧地喜欢上了会计,学习了诸如工业会计、商业会计、预算会计等各类会计课程,打下了非常扎实的专业基础,这使我在中国经济与资本市场发展时代中,在每一个风口到来的时候,可以轻松驾驭,把学到的会计知识用于工作中。所以,立信是我成长起步的地方,也是我在艰苦岁月中得到锻炼的地方。

时代弄潮　随风生长

毕业后我最初打算留校做老师,但后来被分配到会计师事务所。我入职的第一家事务所是上海会计师事务所,当时也挂靠在立信。2000年以后,我到了改制后的立信会计师事务所工作。30多年来,我一直在会计师事务所这个行业内工作,见证了中国改革开放和经济发展的浪潮,也经历了中国注册会计师资格从评审到考试的过程。刚入职时,我是这个行业的真正"后浪"。那个年代带我的老师都已经是70多岁的退休老人,他们以前都在大企业集团担任财务领导,有着丰富的会计实务经验。我跟着他们学习怎么做审计。当初也没有工作底稿,大家都是凭经验做。事务所的师哥师姐们被派到境外的安永、毕马威等国际四大会计师事务所实习,实习之后把他们的工作底稿带回来,而后再通过自己学习消化,慢慢地创立了中国会计师行业最早的一批工作底稿。这30多年我也

见证了中国资本市场的长足发展。改革开放以后,中国出现了三资企业。有了三资企业,社会审计就应运而生,也有了我们行业发展的基础。后来随着中国证券市场的崛起,各种企业先后上市,从最初的上海证券交易所的老八股到现在的几千家上市公司,上市公司审计、IPO(首次公开募股)企业审计都成了我们最普通的审计业务。我个人也从当年的审计小白变成了一名资深的 CPA(中国注册会计师),这种变化有时让我自己也感到吃惊。改革开放的中国,造就了社会财富的日益增长,也让我不断成长,我是一个凭借时代风口成长的幸运儿。

而在我的职业生涯中,有一段工作经历让我终生难忘。从 2008 年 5 月 1 日到 2010 年 4 月 30 日,经过层层选拔,我受聘担任中国证监会第十届和第十一届的主板发行审核委员会委员。在北京工作的这两年,我经历了与原先完全不同的生活、工作环境。因为我出生在上海,生长在上海,也没有到外地读大学的体验,所以初到北京,我对所接触的人和事都有些不适应。但我慢慢地学会适应,直至可以轻松地驾驭自己的工作。股票的上市必须经由委员会的审核,7 个委员 7 票里面要有 5 票通过才可以上市,我投的就是其中一票。所以,这份工作具有很大的挑战性,也有很高的技术要求,但我都可以积极认真应对。在北京的这段时间，我审核了很多上市公司和IPO企业的材料，在某些方面已经跳出了会计师的业务范畴。我在工作中也学到了以前不曾接触过的新的知识和新的业务。在这个过程中，我也慢慢地完成了一个"后浪"会计师到"前浪"会计师角色的转化，也让自己变得更加成熟。

步履不停　学无止境

　　课堂、学校是人生中必须经历的，但是求学的阶段只是人生的一个阶段而已。事实上，对于一个人来说，学习是一辈子的事，只有在不断的学习中完善自己，才能不断地发掘自己的真正价值。我所走过的路，很好地验证了这一说法。

　　从立信毕业之后，虽然有了师资本科的学历，但因为这是一张未完全被社会认可的本科文凭，加之我从小对法律有兴趣，有当律师的愿景，所以毕业之后，我又参加了成人高考，取得了华东政法大学法律专业本科毕业证书。工作多年后，因感觉随着经济、资本市场的飞速发展，以往的会计理论和专业知识难以和资本市场证券业务相匹配，有必要进行知识的更新换代。在这样的思想支配之下，我考取了上海国家会计学院和香港中文大学合办的EMPAcc（高级财会人员专业会计双证硕士）。经过两年的半脱产学习，我觉得在会计专业领域有了全新的知识更新，也满足了我的工作需要。

　　而在职称方面，我也是一步一个脚印走过来的。工作几年之后，我按国家有关政策规定被评定为助理会计师，随后又持续参加各级考试，陆续被评定为会计师、高级会计师、正高级会计师，成为一名出色的专业人士。整个上海市的正高级会计师人数，当时就很少，现在也不多。所以单说会计这个领域，从专业角度来看，我这30多年的工作经历，对自己还算是有一个好的交代。这一切并非我所在某个企业或部门的某种福利或待遇，而是我自己不断要求进步的结果，也是通过自己努力获得的结果。

　　我的经历证明了一件事，即在你求学的阶段应该认真去读书，在工作阶段也应该继续认真读书，在人生的不同阶段去读不同的书。读好了书，并用到工作和生活中，你就能享受读书带来的乐趣和物质收获。此外，读书也应愿意与别人分享，这点非常重要。新的会计准则和审计准则出来之后，我经常会在事务所里给别人上课，也给同事和客户进行会计准则业务方面的培训。为了向别人讲清楚，我必须先搞懂，而且这

个搞懂不是皮毛，不是知道了就行，而是必须理解透知识才能够说清楚，所以要不断学习、不断进步。人生不用快速地跑，但是你的脚步不能停，走的时候脚步最好比别人大一点，若干年以后就能走在别人前面。一直冲刺跑是很难做到的，但是你一直这么一点一滴地坚持学习，对人生反而有更长久的裨益。

于我而言，成功的唯一标准是老来回首往事时不觉得后悔，尚且对这一生感到满足。每个人都需要找到属于自己的那条路。

思敏行健　善作善成

龚家卫

　　1965年生，上海人；1988年毕业后就职于上海会计师事务所，1991年成为中国注册会计师；1994年成立上海华普实业总公司并担任总经理，1995年成立上海华卫房地产开发发展有限公司并担任董事长，2000年在上海众华沪银会计师事务所有限公司担任高级经理，2007年成立上海德英会计师事务所并担任主任会计师；上海立信会计金融学院1988届校友。

口述：龚家卫
采访：罗旖俊明　胡一峰　倪一可　顾晨艺　柳佳颖
整理：罗旖俊明　胡一峰　倪一可　顾晨艺　柳佳颖
指导老师：夏慧勤
时间：2023年2月18日
地点：腾讯会议

别开生面创新意

　　我是84级从事足球专业运动的体育特长生，阴差阳错被立信录取了。我在随华纺大学参加比赛回沪后接到立信的通知书。复校初期，学校的硬件几乎没有。我本有意申请退学，等待高招办重新审批后转入有足球专业的重点院校，但当我踏入立信的校门时，却受到青年教师的热情迎接且参加了青年师生的足球友谊比赛。之后立信教师给予了我很多鼓励，希望我留在立信好好学习、生活，让我相信未来会有光明的前途。我考虑再三，最终决定留下，以避免当年高考落选的风险，由此开始了立信的4年学习生活。现在回想起来，这是个正确的决定。

　　我在入学的第一年就担任了校学生会副主席、系学生会主席和所在班级的班长。担任学生干部所做的工作培养了我的组织能力、沟通能力，以及勇于担当的责任意识，从而全面提升了我的综合素质，为今后的工作、生活奠定了良好的基础。20世纪80年代，各高校流行举行交谊舞会，意在丰富大学生的业余文化生活。立信当时受限于校舍条件，无法在学校范围内举办舞会，只能在各自的教室内举办以班级为单位的舞会。

面对各校如火如荼的舞会，我们一起商讨，决定让立信交谊舞会走出学校。通过洽谈、沟通、组织和协调，我们成功借上海民族交响乐团的场地举办了立信师生交谊舞会。舞会的成功举办极大地提升了立信师生的凝聚力和自信心，同时也得到了各大高校的关注和参与，为立信树立了良好的社会形象。

由于当时立信借用长宁区少体校办学，体育活动场地只有篮球场。足球专业的我如何发挥自身的体育专长，为学校营造出体育活动的氛围的问题就摆在学生会体育部的面前。根据自身长期训练的经验，我们精心组织策划，制定比赛规则，制作参赛报名手册，培训裁判人员，因地制宜在篮球场上搭建比赛场地，成功举办了首届立信三人制足球比赛，得到了立信师生的积极参与和高度赞扬。立信也一直保留着足球三人制的传统比赛项目。

当时的学习条件是艰苦的，有时从下午4点开始上课至晚上9点，但学校的老师们都满怀信心地以弘扬立信精神为己任，始终以饱满的热情投入教学工作。尤其刚刚复校时，很多年轻教师和学生们打成一片，使得教与学其乐融融，他们日后也成为很多立信毕业生的良师益友。记得在一个寒冷又下着大雨的冬夜，我在教室里脚踩着冰冷的水泥地，觉得格外阴冷。第一节课课间，学校工会董剑香老师把我叫了出来，她将自己温暖的脚垫塞进我的雨鞋里，说自己马上下班就可以回家了，让我先用。看着她转身离开的背影，我至今仍难以忘怀……这就是立信的老师！很多年后我想起在校的点点滴滴，仿佛又回到了那个艰苦环境下其乐融融的"大家庭"。我对于学校更多的是感谢，感谢学校为我们今后的工作、生活奠定的专业基础。感恩学校，感恩那些在我们学习生活中始终如一帮助我们的老师，让我们在今后的工作、生活中多了一份责任感和使命感。

当时我参与了许多学生干部工作，被专业老师戏称为"专职干部"，但我被严厉地告知若是考试不及格，不会得到任何形式的照顾。作为学生，认真学习是本分，我刻苦学习，提高学习效率，兼顾繁忙的学生干部工作，并在4次专业考试中取得3个第一和1个第二的好成绩。学习是艰苦的，但只有学好专业知识才能在今后的人生中赢得未来。

远见卓识培英才

1988年毕业后，我直接入职上海会计师事务所并有幸分配到咨询部，主要负责三资企业的可行性报告洽谈、编制、论证以及验资和年报审计等工作。上海会计师事务所是在1981年成立并发展起来的。在改革开放初期，涌入的很多外资企业需要我们提供专业服务。对一个新人来讲，这既是机遇也是挑战，更是个艰苦的学习过程。不管再累再忙，我每天都坚持学习专业知识，利用上下班时间背审计流程和相关法律法规，日积月累，经过8个月左右的时间，我已经熟练掌握了当时的法律法规政策，并且能够在指导老师的带领下从容地面对客户。经过入职一年的学习、工作，我逐渐可以独立完成可行性报告的洽谈、编制以及相应验资和审计工作。我在1991年全科通过了中国注册会计师统一考试，成为一名注册会计师。

在改革经商大背景下，1994年我选择了创业，担任上海华普实业总公司的总经理，两年后成功让该公司从启动资金5万元变成总资产2 000万元，拥有上海MISS DE FRANCE（迪奥旗下品牌）总代理、上海淘淘乐儿童用品商场、华普商场、淑女写真馆（影楼）等子公司，公司年收入达到2亿多元。1995年我与上海体育运动学院合作投资了体育杂志《竞技》，并担任杂志社副社长；同年成立上海华卫房地产开发发展有限公司并担任董事长一职，业务范围为上海市内的土地开发和销售。1997年正值房地产行业宏观调控，此时我亲自带领团队从销售方案、房型设计等方面进行市场与客户购买体验调研，建立起自己的销售体系。我在公司推行房屋销售过程中的动态管理，首次提出一房一价的销售概念。在住宅的房型设计方面，我们公司从上海文化的实际出发，提出大房间大厅的居住概念。从土地开发到销售完成，共计 17 个月，我们公司实现百分百资金回笼的业绩，共开发建造销售 2 万余平方米住宅。1999 年在因缘巧合之下我回归上海众华沪银会计师事务所有限公司，担任高级经理一职。我们公司在当年就完成上海宝钢集团、上海电气集团、上海汽车集团等 7 大国有集团企业的年报审计工作。在众华工作期间，真正让我引以为傲的是带出来的学生们，他们很多都已成长为会计师事务所合伙人。相比于自己在业务上做出的一番成就，他们的成长让我感到十分欣慰。

进入 21 世纪，在会计师事务所行业政策的支持下，我于 2007 年组织成立上海德英会计师事务所，担任主任会计师至今。事务所与静安区政府合作成立静安区中小型企业服务联盟促进会，主营业务是以财务总监式服务为静安区的小微企业提供专业的财务管理、企业战略发展、融投资和危机公关业务以保障企业可持续发展。事务所成立至今，通过与区委区政府等合作单位的共同努力，为静安区中小型企业提供良好的从商环境与顶层设计服务；帮助多家公司通过 IPO 准备上市；帮助企业提升管理水平，优化企业效能，使企业专注于经营和成长；培养出一批又一批的会计人才。在此期间，事务所为静安区引进了 50 余家千万级、个别上亿级税收的企业。作为静安区指定的区内智囊服务会计师事务所，我们获得了区政府与和企业的信任与一致好评。

务本向道重积淀

　　大学生活是丰富精彩的，也是短暂的。在紧张学习之余，大学生要注重修炼自我，丰富大学的文化生活，勇于担当，更多地参与学校、社会的公共活动，培养自身的责任感、使命感，积极为更快更好地融入社会做准备。在校期间，我代表学校桥牌队参加了上海市高校的桥牌比赛，代表立信进入总决赛。学习桥牌和比赛的过程充分培养了我的逻辑思维和对胜负观的认知，给我的大学生活带来了很多乐趣。

　　对于母校，首先是深深的感谢。正是有了母校的培养，我才及早地储备了工作中所需要的基本素养与技能，能够以扎实的学科知识和实践技能来应对创业过程中所遇到的一系列困难。所谓的成功之道，也就在于深刻认识社会环境、社会主流价值观与自身的价值观，宁静致远，成为自己人生的决策者。我们要谨记"信以立志，信以守

身,信以处事,信以待人,毋忘'立信',当必有成"。只有从基本的市场运行规律出发去认知,再用专业的知识去管理,才能使企业良好地持续运营。我认为,做好财务工作最重要的是了解市场、了解业务,从源头掌握息息相关的资料和规律,以实际数据反映真实情况。对于任何新人和学习者来说,最重要的是刻苦学习,夯实基础,以达到学以致用的效果。

  我由衷地希望学校能够发展得越来越好,能够将"立信"的文化发扬光大。我也希望学校在今后的教学过程中能够继续坚持"以人为本"的教学理念,秉持"走出去,请进来"的教学观,做好社会资源和教师团队的对接工作;充分利用校友资源,如通过开展讲座等方式向在校学生讲述现实工作中的乐趣、经验或遇到的难题等,从而有效地丰富在校学生的学习内容,使他们能够掌握一些经验型的科学实践知识,帮助他们在真正踏入社会后能够更好地实现个人价值。我相信,在多方的不懈努力之下,立信能够打破传统意义上的教学模式,真正走出一条具有立信特色的教学之路,不断培养出服务于社会的专业人才,向应用型大学的目标不断迈进。

沧笙踏歌本自然

丁　田

1967年生，上海人；1989年从立信毕业后留校任团委副书记，1990年任锦江集团审计室审计员，1994年赴（株）韩国锦江公司任财务部副经理，1998年任中美合资锦达电子有限公司财务经理，2004年任锦江国际集团食品事业部审计主任，2009年任锦江国际集团审计室副主任，2012年任锦江国际集团实业事业部财务总监，2015年兼任锦江国际集团客运物流事业部、地产事业部财务总监，2016年任锦江国际集团实业投资事业部副总经理，现任上海锦江国际投资有限公司首席运营官兼锦海捷亚国际货运有限公司总经理；上海立信会计金融学院1989届校友。

口　　述：丁　田
采　　访：周雨露　金妍利
整　　理：周雨露　金妍利
指导教师：夏慧勤
时　　间：2020 年 11 月 23 日
地　　点：上海市淮海中路 8 号兰生大厦

均衡发展　头角渐峥嵘

我刚进学校的时候，立信还是一所以培养财经专业人才为主的高等专科学校，当时会计系是规模最大的，还有审计系以及财政金融、统计、物价等专业。因为历史原因，学校当时没有自己的校舍，学习场所设在长宁区的两所中学里，所以拿到录取通知书去报到的那天没有进大学的感觉。那时的老师跟高中老师也差不多，事无巨细都会管。立信对我影响最大的还是校训，"诚信"已成为我为人处世的座右铭。

记得当时学校好多老师都是本校培养的，我们的班主任也是前几届留校的。学校会给优秀学生留校名额，让他们从事行政管理或教学工作。因为我在学校团委做过文体部部长，当过一段时间学生会主席，所以当时老师可能对我在学生工作方面的能力比较肯定，就希望我留校继续做学生方面的工作。1989 年毕业后，我就留校做了校团委副书记。

我的兴趣爱好比较广泛，对琴棋书画等艺术方面感兴趣，在体育方面也有些天赋。我一贯注重平衡、综合、协调发展。大一时，经系里推荐，通过换届选举，我担任了学校团委文体部部长，期间组织了不少学生文艺和体育活动，锻炼了自己的协调能力和组织能力。印象比较深的是搬入徐汇新校舍后组织的立信第一届流行歌曲大奖赛，当时没有经验，在团委老师的指导下，写方案、做流程、定评分标准、组织评委、联系场地和音响设备等都是由我具体牵头。很多想法是我带着一帮学生干部和文艺积极分子不断讨论、琢磨和实践出来的。同学们踊跃报名参加比赛，预赛就获得了超出预期的效果，阶梯教室挤满了人，很多人都是站着的。由于反响大，最后决赛放在了大礼堂。做一件事情结果固然重要，但过程也是一种体验、一种享受、一种升华，能给自己带来一份愉快的心情就已知足。在学生时代，我还是校排球队和足球队的队长，作为主力拿到过上海市大专排球比赛冠军。学生不仅要抓好学习，还要主动参加一些社会活动，这对增长见识、培养沟通能力、增强团队意识、加强与外部的协调能力等都非常重要。我们在学生时代就要有这方面的意识，毕业后尽快融入社会，适应新环境，进入新角色，这需要有一定的认知和储备。

回望学校生活，我和大多数同学一样，平淡而不失乐趣，平凡而不失精彩。我在学生时代并没有预想过今后的路是坦途还是坎坷，但学生时代锻炼的良好协调能力和广泛的兴趣爱好确实为我踏入社会后的事业发展助力不少。

解难有方　取舍显胸襟

我当时留校做校团委副书记，从事行政工作，跟自己所学专业关系并不大。一年后，当有一个契合自己专业发展的机会时，我毅然做出了人生的一个重要选择。

因为我始终割舍不了学了3年的专业，1990年我离开学校，来到了锦江集团工作。当时企业里的大学生比较稀缺，我学的是审计专业，一开始就进入了集团总部审计室。我非常珍惜这份工作，深知只有勤勤恳恳、兢兢业业，专业上精益求精才能融入集体，获得同事和领导的认可。因工作表现比较好，1994年我被集团选拔派往韩国釜山从事财务管理工作，在那里工作了4年。那时上海与釜山刚建立友好城市不久，相关领导达成共识，共同推动文化和经济领域交往，启动一些实质性的项目。这就是全国首家经营地点设在韩国的中韩合资企业——"（株）韩国锦江公司"的由来。我所在的集团是全国最大的酒店旅游企业，参与过各类重大的接待任务，为许多国家的元首来访提

供过服务。让中国的餐饮文化走出国门虽不是首次,但就经营规模和派出中方人员的数量来说应该是第一的。集团共派出40名工作人员,我是其中之一。以往集团派驻国外的一般中餐厨师居多,去做中国菜,代表中国的餐饮文化特色,还会派驻一些酒店管理人员,但是派驻财务人员是集团系统内第一次。我想如果我没有良好的专业功底,这样的机会不会轮到我。

  国外的工作经历令我难忘,艰辛、困惑与快乐、收获并存。刚到韩国时,我遇到两方面的难题:一是当时韩国人对我们中国人有些排斥,存在如何被接纳和融入的问题;二是韩国当地核算记账都要用到韩文,作为不懂韩文的中方财务人员,既要克服语言上的障碍,又要学习了解当地的会计核算制度,存在工作能否胜任的问题。怎么办?挑战需要应对,而不是回避,相信自己很重要!诚实虚心、诚恳待人、坚持不懈终将会获得回报。这时候,我的兴趣和才艺是增进彼此了解的润滑剂,我的能力和付出是更快建立团队合作关系的催化剂。通过自己的努力,我在很短时间内得到了韩国同事的认可,我的语言听说和书写能力也进步神速,同时自己的专业技能也在学习和实践中获得了提高,以至于之后许多在韩中资机构都来找我请教财务专业问题,或翻译中韩文对照的财务报表。

1998年韩国发生了金融危机,我结束在韩工作回国。当时韩国企业的效益都不好,经济也非常萧条,大批员工失业,企业倒闭。在此大背景下,我们经营的公司出现大面积亏损,也不得不裁员。从节约成本的角度来讲,我完全可以留下来,而且收入较国内高。但是如果留在公司,那些韩国同事将会失业,那样的话,对他们的家庭打击是沉重的。综合考虑后,我最终选择回国。有时我们要换位思考,要舍得把机会让给最需要的人。

深耕专业　行稳方致远

回上海后,我被集团安排到一家中美合资企业担任财务经理。当时这家中美合资企业业务模式是两头在外,美方出资人占用公司和集团很大一笔资金,风险很大。入职不久,我就草拟了一份调研报告,从专业角度详细分析了公司现状、运营模式以及存在的风险,并提出了下一步的具体应对措施。此报告得到了当时集团主要领导的认可,他给的评语是"报告很专业,事实很清楚,分析很到位,措施很得当",领导的表扬也让我充分认识到深耕自己专业的重要性。后来,公司基本按照我的思路逐步把我们中方的风险全部释放掉了,把资金也收回来了,没有造成投资损失。在此期间,我们要顶住来自各方的压力,抵御各种诱惑,还要做到有礼有节。

因为有良好的口碑,之后我在工作岗位上不断迈上新台阶。2004年我担任集团下属食品事业部审计主任,2009年通过内部竞聘担任了集团审计室副主任,2011年又回到财务管理岗位,担任集团下属实业事业部财务总监。2015年,我兼任了集团下属三个事业部的财务总监。三个事业部合并以后,我被提拔为新的实业投资事业部的副总经理,同时还出任上海锦江国际实业投资股份有限公司的首席运营官(锦江投资隶属于事业部)。目前我仍是锦江投资首席运营官并兼任锦海捷亚国际货运公司的总经理,主管集团的物流板块。

有很多人羡慕我的成长经历,但我想成功与机遇和努力是分不开的。抛开私心杂念,踏踏实实地做好本职工作,这是我所选择的对待工作和人生的态度。

学无止境,学习是一个持续性的过程。立信是我学生生活的一个阶段,大学毕

以后，我还通过各种方式的学习来提高自己。在我们人生的每个阶段里，我们总会遇到比自己更强的人，有些人和事你永远无法超越，事实就是如此。你努力别人比你更努力，正确定位自己、不要失去自我，这很关键。你能做到的就是做好自己、完善自己、提高自己。我们要学人之长、补己之短，而不是以己之短去博人之长。在学校你会学到一些专业知识，但这些知识很有限，远远不够你用一辈子。许多东西要到社会上和工作中去学，端正学习态度，提升学习能力，掌握好的学习方法很重要。我现在的学历还是大专，这是我的遗憾。我鼓励现在的学生去追求更多的学习机会和更高的学位，为自己今后创造更好的择业发展条件。每个人的路都是自己走的，许多东西是不可能复制的。

抱朴尽诚智　守真酬志业

吕　军

现任新黄浦集团股份有限公司监事长，上海金外滩集团副董事长；上海立信会计金融学院1989届校友。

口　　述：吕　军
采　　访：王沫蓓　杨振文
整　　理：吴倩楠　郭菁菁
指导老师：夏慧勤
时　　间：2023 年 1 月 12 日
地　　点：上海市黄浦区福建中路 66 号

问学不辍图自强

　　我于 1986 年参加高考，成绩不太理想，我填的本科院校都没有录取我，专科院校我也没有填。我是后来在征求志愿的过程当中，在为数不多的几个学校里选了立信。刚进立信的时候，因为思想准备不足、高考成绩不好，自己情绪也受点影响，而且家人也没有从事过这方面工作，所以我进立信读书，什么凭证、票据都云里雾里，即便看到实物，也不知道怎么去填列。对于"会计学原理"课程，我自己回想起来学得跌跌撞撞，"工业会计"课程学过了也是一头雾水。但是，随着学习的逐渐深入，在学校各位老师的悉心教诲下，原来一些一知半解的概念、名词逐渐串珠成链，内在的逻辑也一点点理解了，学习的兴趣在逐渐增加。当时立信是双向选择和自主择业，我把就业的压力全部转换成学习的动力，因此成绩一点点向上走。通过 3 年的学习，我除了获得毕业证，还获得潘序伦奖学金，昂首离开校园、步入社会。

　　步入社会之后，我还是以做学生的态度来认真对待，在工作当中向师傅学、向实践学。我记得当时进的是房地产公司，房地产在当时没有成为支柱产业，学校也没有

专门的课程来教，所以我们只能是在干中学，在学中干。后来我萌发了想考注册会计师的念头，因为它只对学历有要求，没有工作年限的要求，倒是一个很好的、补充完善自己知识结构的途径。我从1994年开始参加CPA考试，这个考试确实很难，尽管在考前的几个月所有的双休日和晚上的业余时间都在学习，但实际上要一次考完还是一件难上加难的事，我最终通过3年持续不断的努力，才逐渐把单科的合格证书拼成了一张完整的全科合格证书。

CPA考出来以后，我在1997年又乘势而上，参加了两个国家级的考试，分别取得了中级会计师职称和注册资产评估师职称。为什么我离开学校以后还会有这么强的学习动力呢？除了刚才说的房地产背景，实际上还有一个很大的经济变革，就是国家从计划经济走向市场经济，相应地，国家会计制度也与时俱进地发生变化，这是一个重大改革，所以学习的必要性就大大增强了。我离开学校后，通过业余学习，一方面巩固了在学校里学的专业知识，另一方面适应了整个社会向市场经济转变的这一过程，使自己的专业知识变得更为扎实和全面，以适应整个工作环境的需要，为今后的工作打下了比较扎实的基础。对我们每个年轻的学生来说，终身学习的理念是要始终保持的。

远赴雪域有担当

我在1989年离开学校之后，第一份工作是在黄浦区住宅办计划财务科。我从出纳开始做起，工作了1年（后来这个单位改制成为区属企业，它就是我现在担任副董事长一职的上海金外滩集团）。因为整个黄浦区机关机构都在实行改革，所以要新成立一个黄浦区建设管理局，我被抽调来到新的工作岗位。如果说这一次的工作调整是一种被动的跟随，那么2001年的岗位变动应该是我个人的主动担当。2001年上半年，黄浦区要在全区范围内选拔两名干部，作为上海第三批援藏干部的组成人员，对口支援西藏日喀则地区，为期3年。动员会上介绍的两个岗位我没听清，但我记住了在动员会上所讲的条件——男性，35岁，正科或者副处，中共党员。我回到家想了想，我是党员，应该报名去接受组织的挑选。进入初选名单之后，我又参加了一次小范围的座谈会，这回我听清楚了这个岗位的名称"西藏自治区日喀则地区行署受援办"。我一听就

猜测这个岗位肯定是跟建设项目、资金相关的，心里"咯噔"了一下。那个时候，我正好在黄浦区的城建系统工作，担任计划财务科科长，专业对口。如实接受组织挑选是党员的义务和做人的本分，我在会上客观如实地介绍了自己的家庭情况，即父母刚刚退休，孩子还在学龄前。我的情况属于完全符合条件的，果不其然，我是最后确定的3个候选人之一。

因为高原对身体条件要求高，每个岗位预先安排3个人参加体检。3个候选人都去参加了医院体检。最终，我达到了体验要求。在这一年的5月，我就作为上海第三批援藏干部的一员，从东海之滨到了海拔4 000米的雪域高原。西藏高原含氧量高的时候只有60%～70%，冬天更低。有领导说到西藏工作，躺着也是种奉献，因为高原气候有时候确实会对人的身体有一些影响。但我想，既然进藏工作，与其庸庸碌碌混3年，不如扎扎实实干3年，做到让西藏人民满意，让上海领导放心。

到了西藏，我的工作主要是协助总领队负责援藏项目的建设及管理。具体来讲：一是做计划，做上海3年援藏项目的计划；二是筹措和按项目进度审核、拨付资金；三是在项目收尾之前，做好项目建设和资金的平衡。总领队要求我把误差控制在3%

以内。我本身是学这个专业的，再通过平时多跑跑，多掌握和了解一点实际情况；多问问，及时地掌握一些动态变化，尽可能地把资金在当期发挥出最大的效用，让捐赠者满意。最终，上海第三批3亿元左右的资金，做到结余1%的使用效率，给后面一批干部留下了一点启动资金。我觉得这个工作确实是发挥了自己这方面的专业特长，让捐赠资金发挥了最大的效益。此外，我还有一个工作是做审计，上海是从第三批才开始对援藏项目开展审计工作，虽然现在对捐赠资金开展审计，大家都已经习以为常，但是在20年以前，我们能够自觉主动地开展这方面的工作，这个同我们总领队对相关资金的规范使用、高标准、高要求是分不开的。

感怀立信久滋养

为人要诚实守信，现在大学对时政、思想政治教育越来越重视。正如习近平总书记所讲，"思政课的本质是讲道理，要注重方式方法，把道理讲深、讲透、讲活"，我觉得在这方面，我们立信历来都有很好的传统。记得入学的开学典礼就是由校领导给我们讲以潘老校长提出的"信以立志，信以守身，信以处事，信以待人，毋忘'立信'，当必有成"为核心的思想政治课。这个校训是牢牢地铭记在我们每一个立信学生心中的，虽然工作岗位经过多次变化，但我始终记得"认认真真做事，清清白白做人"这个道理。

从西藏回到上海以后，我到黄浦区审计局工作。工作还不满3个月，局里接到区里安排的一项临时性工作：有一个区属企业集团要改制转让，要求限时完成。我们局长把这个任务交给我，由我担任审计组长，这也是我在审计局工作的2年多当中唯一一次担任审计组长。因为这是一项重要工作又要求限时完成，所以我们审计组的同事经常加班加点，时常晚上八九点才下班，最晚工作到凌晨两点，最后总算不辱使命，顺利地完成了审计报告，企业集团的改制转让也顺利完成。原来以为这项任务做完就结束了，没想到一年半以后，因为涉及重要的事，中央纪委对相关企业集团要开展检查。相关单位的账本都被他们翻烂了，所有在改制过程当中的报告、文件都要重新梳理，我本人也接受了相关询问谈话，但最终我们出具的审计报告没有任何问题。我想这是我整个职业生涯过程当中压力最大的一次检查，经受住了在职业操守和专业能力

上最重要的一次检验。为人诚信，对我们即将踏上社会的学生来说，无论是成为公务员，进国企还是到外企工作，都是我们应该具有的基本的职业操守。只要我们脚踏实地做好自己手中的每一项工作，认真做事，清白做人，都能让我们走向成功的彼岸。

回想自己的每一个工作岗位，都离不开立信给我打下的扎实的专业基础，就像我援藏3年做的也是跟财经知识有关的工作，审计局的工作更是如此。即便到现在，我能担任新黄浦集团股份有限公司的监事长，也与我在母校时打下的专业基础是分不开的。所以一路成长，唯有感恩母校。

做学生要刻苦学习，工作要脚踏实地，做人要诚实守信。实际上无论是在机关、国企还是在民企，都要做到以上三点。最后衷心祝愿学弟学妹们珍惜青春，认真学习，信以守身，当必有成，为立信增光添彩。

女性力量　坚持勇敢不服输

方　靖

　　现任泰凌医药集团有限公司常务副总裁、首席财务官；毕业后曾就职于上海轮胎橡胶股份有限公司（原上海化工局）下属的上海钢丝厂，1997年入职上海张江高科技园区开发股份有限公司，曾任上海复旦张江生物医药股份有限公司财务总监、非执行董事，上海张江高科技园区开发股份有限公司投资部经理、资产经营事业部总经理、行政总监，2019年5月加入中国泰凌医药集团；上海立信会计金融学院1990届校友。

口　　述：方　靖
采　　访：龚英杰　孙鸣凯　潘轶云　卫丽亚
　　　　　周子琳　富　婕　王佳怡
整　　理：王佳怡
指导老师：黄　嵘
时　　间：2020 年 9 月 24 日
地　　点：泰凌医药集团

不负韶华：大学里的故事和故事里的大学

　　1987 年，上海银行学校升格为上海金融专科学校，我是金专第一届学生。大学生活恍如昨日，有几件事回想起来印象还很深。因为高中时我的数学成绩一般，所以我才选了文理兼收的金融专业，但是大学阶段还是要学习高等数学。高等数学一是难度大，二是自己不太愿意学习，所以大学第一学期有一次高数测验，我和同寝室的一位女同学都不及格。老师告诉我们说，"分数太低会影响年度总评，对毕业也有影响"，当时一听就感觉压力有点大，我们开始把高数的书从第一页开始认真重读，再做习题，连续一周都在图书馆里学习。之后一次测验，我们俩居然都拿到了 99 分。之后的两年我都拿到了学校的奖学金。因为一次不及格带来的压力，反而激发了我要努力学好高数的动力。学习是需要自我加压的，你们肯定也会遇到自己学习吃力的课程，但是只要花时间和精力去学，没有什么能难倒你们。

　　学生都很乐意参加社团活动。我在大学里参加了手球队，当时我们体育老师是从上海手球队退下来的一位运动员，所以学校的手球项目实力很强。参加手球队的

训练是一件欢乐的事情,在球场上奔跑、流汗,我们就像一群追梦的少年,用汗水和奔跑诠释青春和拼搏的意义。手球队经常会出去参加比赛,对外交流接触的机会不少。比赛有赢有输,有欢呼也有眼泪,这给我的大学生活带来了很多乐趣。为了丰富同学们的课余生活,我们班级的班干部筹建了一个校园影院。学校有学生会,但局限于经费等客观条件,就由我们87113班来牵头组织这个项目。我们自己当工作人员,在学校找放映场地、印电影票、卖电影票,控制好收支平衡。电影放映很受同学们欢迎,我们作为组织者也很开心。现在回想起来,我们这群人就像一个创业团队,一起出谋划策,一起花力气、花心思把这个活动举办好,这种并肩作战的同学情谊非常难能可贵。

  青春是什么,是挥洒汗水,不虚度光阴。我的大学时光过得很充实,通过大学学习生活的历练,自己也成长了,追梦无悔,留下了很多美好的回忆。

初入职场：完美逆袭，渐抵事业高峰

我毕业后从事的第一份工作跟我大学的专业差异很大，起步过程也十分艰苦，但对我来说，这7年的工作经历是我未来事业发展的一块良好的奠基石。当年毕业生是包分配的，金融专业原本的方向是银行，但是因为一些原因，我最后分在了一个和金融专业基本不相关的单位。这家单位隶属于上海化工局，是上海轮胎橡胶有限公司下属的上海钢丝厂。

我毕业那年，银行业开始复苏，各家银行都在扩张门面，我是班级里为数不多的没有分到金融系统的学生。当时我去工厂报到的时候，心理落差非常大。上海钢丝厂在化工局算是个中型企业，生产的是汽车轮胎里的钢帘线。那一年，厂里共有近20个来自不同专业的大学生新入职。我们工作的第一年，被工厂要求到一线车间去实习锻炼，熟悉整个企业的生产流程。我们跟着工人师傅一起日夜三班倒做工作，其中有一段时间还在钢帘线的镀铜车间工作。镀铜车间是个危险品车间，所以我还有几个月的危险品岗位的工龄。

我是一个要强的人。我去钢丝厂报到的那一天，反而给自己定了一个目标：一定要在这个岗位上干得很好。有了这个信念，我因在车间实习期间的优异表现被工厂领导破格批准提前结束实习期，到会计科报到，开始从事专业工作。我在会计科的第一个岗位是做银行出纳，以后的7年，我在这家制造业工厂不同的会计核算、财务管理岗位得到了锻炼，对工业企业的成本管理和财务管理都有很深入的了解。全国会计职称考试实行后，我连续取得了助理会计师、会计师的专业资格。到1997年5月离开这家工厂的时候，我已经是会计科主持工作的副科长了。

这段经历对我现在的工作有很大的帮助。我现在的工作单位是泰凌医药集团，主营业务是各类药品的生产和销售，在苏州、泰州有专门的工厂。我看出了集团整个药品生产在管理过程、成本管控、税务筹划中的一些问题，并提出了改善建议。大家都觉得很奇怪，我怎么这么了解制造行业的流程呢？实际上就是因为我有7年的上海钢丝厂的这段工作经历。所以初入职场的这7年，我觉得对我来说是一次很好的锻炼，我也兑现了当年第一次进钢丝厂报到时对自己的承诺。只要努力干，任何付出都会有回报的。

每个人都要有很强的适应能力，要有自己的规划和目标，遇到困难不要害怕，一

步一个脚印往前走。如果不成功,那你也没有遗憾。但是我认为,如果这么做了,你们有很大概率是可以实现自己的目标的。

适逢其时:张江高科的 20 年

1990 年 4 月,开发开放上海浦东的重大决策对外宣布了。1992 年 7 月,上海张江高科技园区开发公司挂牌成立。那时,上海张江高科技园区开发股份有限公司(以下简称"张江高科")是张江高科技园区开发公司的子公司,刚刚在 A 股上市。张江那时还是浦东比较荒凉的区域。机缘巧合之下,我结束了我的第一份工作,来到了当时还处于起步阶段的张江高科。

当时的张江高科急需财务管理人员,尤其是在工业企业中有财务管理经验的人才。公司负责招聘的张主任在电话里跟我讲得非常诚恳,但是上海有句老话,"宁要浦西一张床,不要浦东一间房",所以我对去张江工作是持犹豫态度的。张主任很真挚地跟我说,你跟我见一面以后再做决定。于是我就去了趟张江,特别远。见面后,张主任给我描绘了浦东下一步的战略方向,包括张江高科的一些发展定位及对我个人职业生涯的规划,让我看到了人生新的挑战。

我在 1997 年 5 月去了张江高科,担任会计部主任会计。11 月,张江高科投资了上海复旦张江生物医药有限公司(现在是香港 H 股+国内科创板的上市公司,以下简称"复旦张江"),成为第一大股东,我被公司委派担任复旦张江的财务总监。那时的复旦张江刚刚起步,条件非常艰苦。我也有幸在之后的 5 年里和一帮年轻、优秀的复旦学子一起实践了中国生物医药的创新创业梦。

5 年后,复旦张江完成了第一次的资本运作,2002 年 8 月在中国香港地区创业板上市。在当年的香港资本市场中,内地研发型的生物医药公司是比较少见的。在整个上市筹划的过程中,由于当时两个市场的会计准则不同,涉及的财务核算和财务数据需要作较大调整,过程中也有涉及法律、税收的影响,开会、讨论、方案调整等工作量巨大,我们经常加班到后半夜。庆幸的是,所有的付出都是有回报的。

复旦张江是张江高科第一个在香港 H 股上市的投资项目。复旦张江成功上市也为张江高科带来了 1 亿多元的投资收益,更为张江高科日后转型发展奠定了基础。复旦张江在香港 H 股上市后,根据新的工作安排,我回到了张江高科投资部担任副经理,负责张江高科在不同领域的四十几个投资项目的投前和投后管理。投资项目涉及生物医药、房地产、IT(信息技术)和文化领域,我又开始了新的征途。面对不同的专业领域,我需要尽快去深入学习,了解相关产业政策和行业发展情况。我和不同的投资项目、不同行业领军人物打交道,快速拓展了自己的知识面。在张江高科的投资管理平台上,我一直干到了 2012 年。在这个过程中,我负责了张江高科很多成功的投资项目的实盘操作,也有机会和被投资企业的管理层深度沟通,了解企业在经营管理上的运作方案,在董事会股东会的层面上为企业发展提出战略发展建议,并提示企业经营决策的风险点。这 10 年,我在张江高科投资管理这个平台上有效提升了自己的投资管理能力及综合运营管理能力。

由于有扎实的财务管理和投资企业管理背景,2012—2015 年,我被调任张江高科上级公司——张江集团(原张江开发公司),担任张江集团外派财务总监职务,负责张江集团下属 6 家综合性投资企业的财务管理工作。这次财务管理工作侧重点是根据国资财务及资金监督管理的要求,规范国企经营活动中财务运作的日常管理。其中张江集团在成都都江堰投资了一家房地产公司,投资节奏和销售预期的差异造成了价值

8亿元的项目建设面临资金困境，可能会造成国有资产损失。根据集团党委会的决定，我亲往都江堰项目现场工作，一住就是6个月，负责和当地政府及金融机构沟通项目处置方案及资金解决方案，确保国有资产安全。这段工作经历也是我人生中的宝贵财富。在最困难的时候，坚持是最根本的信念。

  2015年年初，张江高科进行机构调整，以应对张江科学城的最新发展布局，事业部的机构改革势在必行。其中资产经营事业部是个重要业务部门，事业部的总经理岗位面向张江高科和张江集团同时招聘。张江高科的主营业务之一是房地产运营，对100多万平方米物业资产进行运营管理，包括物业销售、物业租赁、商业地产的招商管理、公寓物业的经营管理、物业资产的系列衍生服务等内容。对我而言，这又是新的领域，极具挑战性。在8名竞聘者中，我以最高分竞聘成功，回归张江高科带领新的团队，开始一段新的征程。4年中，资产经营事业部多次为张江高科创造了最好的物业资产经营成果，建立了以"895创业营"为品牌的张江园区创新孵化体系，以及信息化的资产管理系统。面对这些成绩，我们4年来所有的付出都是值得的。

  之后有一天公司领导找我谈话，说你要么做我们上市公司的行政总监吧，你的协调能力和政府沟通能力都很强，张江高科需要在更大的层面上提升影响力和品牌知名度。到任新的工作岗位后不久，我跟公司领导一起出了趟远门，做了一个政府类的考察学习活动。回来以后，我沉下心来思考了几天，得出的结论是，50岁了，最后的5年职业生涯不应该是这样的。于是，我再次开始了新的职场征程。

事业转型：新一轮事业发展

  前几年一直有猎头公司联系我，这次我主动找到他们，我想知道自己的市场价值。泰凌医药集团属于生物医药制造及研发行业，拥有全国的销售网络，正在筹划资产重组和战略规划调整，是香港主板上市公司。这又开始激起我的挑战欲。经过和泰凌医药集团股东及管理层的几次沟通，双方一拍即合。多年的国企管理背景，在企业的运营管理，特别是财务管理方面的工作经验是我最大的职场亮点。加入新的团队以来，我很快融入新环境，在尽快熟悉公司管理、产品、市场的基础上，利用自己的管理经验优势对公司的骨科、精神科、肿瘤类药物产品在生产制造、销售管理、研发策略、

资金管理等方面为公司提出优化的管理建议和方案。

香港联交所的上市规则和内地 A 股上市规则并不完全一样,特别是在上市公司的信息披露方面差异还是较大的,加之外企多用英文交流,香港联交所使用的企业年度财务报告的数据用的都是千位数,等等,这些都是我需要尽快熟悉、学习、提升的方面。总之,我一直在学习的路上,其乐无穷。这也能让我在工作中一直充满激情。

今天我把这些经验跟大家分享,觉得你们比我们那时候要幸运很多,因为你们有这个机会来梳理自己的想法。我觉得最重要的就是,你要思考和规划好自己的人生,特别是规划好自己的职业生涯。年轻就要去奋斗,你一定要相信,所有的付出一定会有回报。

博识通达得自如

曹 勇

现任天府管理（集团）有限公司集团财务总监，兼任上海天服科技有限责任公司总经理；有20余年跨国公司及3年海外从业经验，先后担任奥地利SEMPERIT集团、法国SNPE集团、瑞士ZELLER集团、加拿大上市企业MAG集团驻非洲刚果（布）EFC公司财务行政总监及总经理；上海立信会计金融学院1990届校友。

口　　述：曹　勇
采　　访：王欣欣　施嘉雯　吴虹雨
整　　理：王欣欣　施嘉雯　吴虹雨
指导老师：夏慧勤
时　　间：2023年4月3日
地　　点：腾讯会议

困知勉行　逐光相续

我和立信的渊源始于20世纪80年代末90年代初。那会儿高考生的报考意愿基本上都听从班主任老师的建议。当时是文理分科的，我被分在文科班，听老师的介绍，立信属于文科类院校，也是当时专科学校中比较优秀的。所以我根据老师的推荐，高考志愿填报了立信。入学之前，我对立信其实没太多的了解，不知道立信是教什么的，会计是怎么回事，直到进入立信学习，才对会计有了比较清晰的概念。入学时，学校中山西路校区刚刚建立，我们恰好是第一届。当时学校采用的是走读形式，所以我们的学习生活与一般认知中的大学有所不同。此外，由于学时较短，我感觉在立信的学习时间很快，一晃三年，还没有好好享受校园生活，就很快地结束了。

从立信毕业后，我在工作、学习中还是遇到了瓶颈，需要在专业知识等方面有较大的提升，所以我选择了报考全国统考的MBA（工商管理硕士）考试。考虑到当时我的知识储备有所欠缺，所以我选择了录取分数线更为符合我实际情况的东华大学。整个备考的过程对我自身的影响还是蛮大的，当时我已经超过35岁，记忆力、理解力等

方面与年轻时相比都有所减弱,再重新学习高等数学、导数、微积分的知识,是存在一定困难的。所以我辞掉了工作,花了半年时间去拼搏,专心备考。我印象很深的是,当时为了有一个良好的学习环境,我专门去肯德基、麦当劳等地方,做各种各样的习题,逼着自己完全回到专注的学习状态。我觉得那半年的学习经历对我人生各方面的影响是极其深远的。最后我非常幸运地考入了东华大学,获得了MBA学位和学历。

我如今所在的上海天服科技有限责任公司主要是以财税为切入口,加之法律、金融,为企业提供一站式的综合服务。当初我们考虑到新时代下财税、金融、法律等方面都是专业类服务,决定构建一个为企业服务的专业平台。基于这个想法,我第一时间想到了母校立信,因为立信在财税、法律和金融等方面的师资力量、社会资源都是比较强大的。同时,我也感到遗憾,离开母校后,很久没有跟母校好好沟通与接触,所以我积极加强与母校的联系,寻求母校的支持和帮助。最终,我与学校校友会取得了联系。天府管理(集团)虽是一家上海的企业,但我们的股东都来自四川天府,很大部分的业务都集中在西南地区。学校建议,如果我能够积极参加校友分会,架构多方交流平台,对促进校友会与母校、校友间的联系和发展都会有更多的助益。我积极响应了学校的号召,参与校友会分会的组建和相关活动,同时荣幸地在天府管理(集团）举办了校友分会第一期的成立仪式。创投分会是学校希望给立信学子搭建一个专业化平台，让更多学生能够参与创新创业，我也在学校的倡导下积极参与其中，并担任校友创投分会副会长的角色。由此，我跟母校建立了更为紧密的联系，为积极促进校友与学校事业的协同发展贡献自己的一份力量。

兼采众长　自出心裁

20世纪90年代初，大量外资涌进中国，我也非常有幸地进入各类外资企业工作，在工作中接触到众多来中国投资的企业，因此，对于不同国家的企业文化，我颇有感触。

给我印象较深的是美资企业。1993年，我进入一家非常正规的美资企业，它对我的职业产生了非常大的影响。那时候，互联网还在萌芽阶段，而我们已经开始与美国总部进行电子邮件往来，我们的系统也是由IBM定制开发的，类似于现在的SAP系统。因为是制造企业，公司从生产端到财务、采购端都是运用一个大型的、定制化的ERP系统来进行管理的，管理水平非常先进。我在这份工作经历中学习了比较先进的美国企业管理理念，对于企业管理规范的流程的掌握程度，以及自身的专业程度都有极大的提升。同时，全英文的工作环境对我的英文水平提出了更高的要求。后来我进入一家奥地利企业担任财务经理，由于我的英文水平还无法非常流畅地与外国人沟通，我的老板每天专门花两小时跟我进行一对一沟通，还送我到奥地利总部去培训学习，这使我无论是在企业管理还是在专业背景方面，都得到了进一步提升。

我在外资企业待了近15年，2008年全球金融危机后，我当时所在的企业被德国的一家私募基金收购。收购后，我们原来的管理层都被清退了，我也因此结束了在外资企业的工作，去往民企，专门为企业做IPO上市。我主导了从IPO资料准备到提交的全过程，但不巧的是也正好赶上了那个年代的资本寒冬。受外部环境的影响，当时很多企业没能成功上市。庆幸的是后来IPO大环境回暖，我负责的企业最终还是成功上市了，这一经历使我对企业上市有了进一步了解，专业方面也有很大的进步。同时，长期在外企工作，我所接受的企业理念、管理方式等跟民企完全不一样，因此，最初我是十分不适应的，花了将近两年时间才转换过来，一直在慢慢地学习与提升。后来我在非洲工作的3年里，作为中方的财务负责人，我担任总经理，跟当地的员工、工会等打交道，那里的一切与国内更是完全不一样的。

从海外回来后，我进入了天府集团，担任财务总监。目前，我担任天服科技公司的总经理。天服科技公司主要是为企业提供专业服务。我们想做的是跟传统企业不一样的东西，我们运用互联网思维，包括用互联网开发一些产品，让企业以较小的成本去获取专业的服务。目前，从整个集团来看，我们服务的企业数量较多，仅西南地区的企业就有上千家，客户资源是比较充足的。西南地区的一些银行的企业客户基本上是由我们去为他们提供服务，包括风险评测和一些专业服务，最后出具专业的报告。但在长三角地区，由于起步较晚，目前我们服务的企业数量不是太多，大概有100家，我们希望未来在长三角地区可以通过推广进一步拓展这一地区的市场。

不同性质的企业的工作经历，让我体会到了不同的企业文化、管理方式以及对员工的要求，这些经历对我的职业生涯、价值观、专业提升等都具有非常大的影响。因此，于我而言，工作经历的每一阶段都有不同的、深远的意义。

善于应变　乐助其成

其实，每到一家单位都会有挑战。到一个新的环境，接触新的团队，思维方式能否转变，风格能否被接受，都是很大的挑战。像我去西非工作时，所在国家以前的宗主国是法国，他们的一套体制完全是按照法国的标准在运行。当你要开除一个员工，或者要消解某一项福利的时候，都要和他们的工会沟通，如果工会不同意，就需要花很长时间和他们去谈、去磨合，得到他们的理解，到最后答应你提出的要求。在和他们沟通的过程中，我充分意识到欧美的这种运行体制、处理问题的方式和国内是完全不一样的。一开始，我会感到不适应和费解，后来知道他们实行的是法国的标准之后，就逐渐搞懂了他们的运行模式。在了解法国工会对于权益的保护以及运用法律武器的意识这方面对我来说，挑战还是蛮大的。同时，我要把自己的一些管理理念贯彻到新的团队，使他们跟上我的一些要求和步伐，都算是挑战的一部分。不过因为我经历丰富，看的人也比较多，都能够很好地应对。

从立信毕业到现在，我已经过了不惑之年，兴趣爱好跟年轻的时候完全不一样了。

现在我更多的是希望在工作繁忙之余，静下心多看看书，听听音乐，做一些锻炼，保持一个比较好的身体状态。

总体而言，母校立信不管从专业、知名度还是社会资源来说都是非常具有优势的。我希望能够借助这个平台，给立信学子提供更多的创业或者就业的机会。我现在单位里的员工几乎一大半都是从立信毕业的，他们都担任了很重要的职位。我觉得从立信出来的学生不管从专业技能、价值观、性格各方面都是很不错的，都非常务实。我十分乐意看到立信的学生成为我们的员工，成为我们的一分子。同时，我也希望立信在专业方面能够给到校友企业更多的支持。校友企业也应更多地参与学校的各种活动，在立信与企业之间架起一座桥梁。立信的同学也要大胆尝试，去体验不同的企业文化，丰富自己的人生经历。光阴飞逝，我们要思考如何让自己的人生活得更精彩。

晖光日新风华茂

董文晖

华润置地有限公司财务部副总经理,具有多年香港上市公司财务、税务、股权管理工作经验;上海立信会计金融学院 1990 届校友。

口　　述：董文晖
采　　访：范天宇
整　　理：丁苏清　赵　婕
指导老师：夏慧勤
时　　间：2023 年 2 月 22 日
地　　点：腾讯会议

重信守诚　履践致远

1987 年作为首批进入中山西路新校区的学生，立信给我留下了较深的印象。开学典礼在新建的礼堂举行，"信以立志，信以守身，信以处事，信以待人，毋忘'立信'，当必有成"这 24 字让我记忆犹新。回首 30 多年的职业发展经历，我总结以下几点与各位共勉：

第一，为人做事要有责任感、有担当。以诚实、守信、包容、感恩的态度与人相处，这是立身之本。

第二，要立足于学以致用的目标，秉持求真务实的学习态度，保持终身学习的能力。

第三，在工作过程中不要计较个人得失，作为职场新人要有奉献精神，职场上没有绝对的公平，要相信你的奉献不仅可以增加自身的知识储备，提升沟通能力，也会为你的职业发展打下基础。机会总是留给有准备的人。

和衷共济　出类拔萃

借校庆的机会，我要感谢学校和各位老师对我的培养。在此特别感谢学生会指导老师

何佩莉老师、班主任夏慧娟老师,在立信学习期间,她们给了我很多的帮助和指导。在何老师的指导下,我牵头组织创建了"立信广播之声",带领同学们一起编制各类广播节目,丰富了课间文娱生活。这段经历为我后续快速适应各种工作岗位打下了良好的基础。

在我的职业发展经历中,我先服务于中海地产和华润置地两家香港上市公司,从事财务管理、税务管理工作,从基础财务管理岗位起步,逐步成长为区域公司财务总监和上市公司财务部副总经理。我就职20多年的华润置地是一家在香港上市的公司。通过多年的发展,华润置地成为香港恒生指数股,在香港和内地具有非常高的知名度。个人的职业发展成就,首先离不开公司提供的发展平台,更离不开团队成员的共同努力。2020年公司团队历时9个月,完成股权重组、税务重组方案的落地,终于在2020年年底实现分拆商管及物管业务的"华润万象生活"在港上市。在上市一年后,它成为内地在港上市商业轻资产运营公司市值第一的公司。

应势而为 与时偕行

企业在发展过程中时刻面临各种挑战及机遇。为了适应外部环境变化,企业需要不断调整和优化公司的发展策略。而财务管理也需要及时调整管理架构,适应市场及业务的不断调整。我任职过的两家公司在过往的发展过程中都面临着多次的组织重塑和再造。华润从20世纪60年代开始代理所有国内的外贸出口业务,改革开放以后,华润面临第一次转型。1996年华润置地在香港上市(HK1109)后,在2002年启动了第一组织及业务重塑。之后每隔3~5年,公司结合战略目标的调整,都会进行一轮新的组织重塑,以不断提升公司的业绩水平和市场影响力。在历次转型过程中,每个人都需要迎接新的挑战。

2014年我开始负责华润置地的税务管理工作，接手华润置地的税务管理绩效考核。通过对公司管理现状的全面梳理，我提出了"夯实基础管理，加强风险统筹及管控，提升价值创造能力"的管理目标。通过调整及完善税务管理组织架构，修订分税种的税务工作手册，加强绩效考核等多项举措，两年内我们实现了税务管理水平的全面提升。

2018年公司启动了"以业财税一体化理念，强化全价值链税务管理"的组织重塑，并以"充分调研、合理规划、分步实施、稳健推进"的原则，启动了税务信息化规划及税务管理系统的开发建设。在过去的5年中，持续推动税务风险管理与业务发展的有效融合，华润置地在税务成本和税款现金流管理方面取得重大管理成效。通过各项管理举措，公司"税负率"已处于行业优秀水平，税务管理体系已日渐成熟。目前华润置地各层级的专职税务管理人员有70多人，构建了房地产行业具有核心竞争力的税务管理团队。由于房地产行业税制的复杂性，华润置地的税务管理系统经过3年多的研发，已实现了重大税种的线上管理，自动化计税率大幅提升，并实现了税务成本及税款现金流的线上统计及分析，有效赋能业务发展，并为后续实现税务共享打下基础。

经过团队持续不懈努力，华润置地已经连续3年在华润集团税务管理内部考核中排名第一。华润置地逐步在房地产行业中提升了知名度，近年与多家房地产上市公司形成了税务人员的交流，有效输出了具有华润特色的税务管理理念及管理体系。

自2020年起房地产行业的发展进入了新的阶段，华润置地坚持的"双轮驱动""3+N"的业务发展模式，有效适应了行业调整周期的影响，并被资本市场高度认可，成为在港上市的中资房地产市值第一的上市公司。由此，公司也迎来了新的市场并购机遇。在实施并购的过程中，公司以税务尽职调查为基础，组织团队解读国家颁布的税务法律、法规，研判各地税务执行口径，分析并购面临的风险及挑战。在税务并购方案的制定过程中，通过股权架构的优化和税收政策的组合，有效降低并购的税务成本，为公司提供决策支持，为业务增长保驾护航。

回首30多年的职业生涯，受益于国家经济的发展，房地产行业实现了跨越式的发展，我也有幸享受了中国房地产发展的行业红利。但随着中国城镇化率已经接近65%，房地产行业将再次迎来新一轮的转型期。国家启动了各类公募REITs（不动产投资信托基金）、类REITs、基金发行平台等创新融资方式，为房地产行业的发展提供了新的方向，税务管理要持续适应行业发展的变化，持续提升价值创造能力。

逆水行舟，不进则退，不断迎接挑战，积跬步而行千里！

本之以仁　成之以法

陈　刚

　　上海普世万联律师事务所合伙人，具有信托投资公司、国有商业银行及律师事务所的多重工作经历，长期从事法律实务工作；在多年的工作过程中，在金融法（银行业务、融资租赁）、公司法、商业地产以及合同法等领域积累了丰富的经验，擅长处理企业之间的诉讼和仲裁纠纷；上海立信会计金融学院1991届校友。

口　　述：陈　刚
采　　访：夏政杨　管思齐　张　涛
整　　理：夏政杨　管思齐
指导老师：夏慧勤
时　　间：2020 年 11 月 20 日
地　　点：上海普世万联律师事务所

严谨校风锻造坚韧品格

1988 年我们入学时，学校各项管理比较严格：晚上 9:30 熄灯，宿管还要检查；每个人在固定的教室里有固定的座位，每个星期向一侧轮换一次。大三有了选修课，我们就到阶梯教室去上课。大三那年，学校给我们金融专业开了一门金融资讯方面的课，凭借人民银行行属院校的优势，能请到金融系统里证券、信托、银行、保险各个领域的专家。这门课每个星期上一次，每次的主题都不一样，由此我们发现除了书上的知识，原来金融还有这么多新的东西。可见，当时学校的教学是很有前瞻性的，会引导我们打开这扇门，把一些新的知识传授给我们。上学的时候我们普遍感觉学校的设施不够现代化，尤其是校园非常小，只有 33 亩地，但是工作之后才发现，学校给了我们很多打开眼界的东西，对此我蛮感激的。

大学生活中我印象最深刻的是加入击剑队。军训的时候我被选到了击剑队。因为我们是零基础的，所以一切从头开始，每一个基本动作都是李兴林老师手把手教出来的。当时训练条件非常简陋，但是他对我们每个队员的要求却不会打折扣。每天早上

6点的晨跑加专项训练雷打不动，为我打下了一个比较好的身体素质基础。身体好，才能好好学习，好好工作。另外，击剑运动还锻炼了我的心态，场场训练和比赛都要面对输赢，有效训练了自己的抗压能力和心理素质。击剑给我最大的人生财富就是把身体锻炼好了，意志品质也得到了培养。

在校期间，我们没有像现在这样丰富多彩的生活，反倒可以集中精力学习和做事。很多事情包括工作其实也是这样，如果很有耐心地坚持到最后，在不断的历练中沉淀自己，就会成为一个领域的专家。

复合背景助力职业发展

那时我们毕业是包分配的，学金融的就进银行，学保险的就到保险公司。相比较而言，当时工商银行的待遇略差一点，而我作为学生党员，要起表率作用，就去了工商银行，一做就是10年。

我觉得在工商银行的10年工作经历是非常宝贵的人生阅历。一方面，我完成了从一个学生到一个社会人的转变。从学校步入社会，开始的时候我是很懵懂的，也不擅长和人打交道。我到工商银行之后，和同事、客户打交道，社会经验就慢慢积累起来。另一方面，我学习的金融知识和实践相结合了。通过了解信贷业务，我对原来书本上的知识有了直接的认识，直到后期我做法务工作时还不时需要向法官传授一些诸如票据方面的专业知识。

我现在从事法律工作，觉得法律和外语的本质一样，是一个工具。要解决一个涉及专业方面的纠纷，如果缺乏专业背景，很难把握案件的法律关系。我有信托、银行的从业经验，案件里的财务知识、金融知识就难不住我。我曾经处理过一个票据追索权纠纷二审案件，一审法院没注意到追索权和追偿权的区别。这是两个词义很接近、法律后果也很接近的法律关系。但法律上的权利是不允许这一字之差的，二审时我们抓住这个漏洞胜诉了。因此，如果律师有一个其他专业知识作为支撑的话，就会在这个专业领域内具有很强的业务能力，相关案件处理起来也能够得心应手。推而广之，这个原理也适用于其他行业，各行各业都欢迎复合型人才。

材优干济笃行人文关怀

2000年年底，我从工商银行离职改行做专职律师。2019年通过两所合并方式加盟普世律师事务所。普世律所的理念是"因我们而改变"，怎么理解这个"改变"？从专业服务角度说，我们的服务目标是能够解决客户的问题，让客户通过我们的专业服务得到改变；从企业的社会责任角度说，我们要通过法律服务为社会进步奉献力量。我们单位有个律师2019年做了50多个法律援助服务；我们的资深律师经常在电台里做节目，普及法律常识；我们的主任是上海市人大代表，他花很多时间从事社会活动；我们的几个高级合伙人是民主党派人士，积极参与各种提案。所以，我们整个事务所都在践行这一理念。

这个理念也是与我一贯的执业观念相契合的。执业20年来，令我印象很深刻的案件是2004年左右的一系列拆迁案件。那时我受聘担任一家拆迁公司的法律顾问。作为拆迁公司的律师，势必会面临大量矛盾，那时候动拆迁还没执行"阳光拆迁"这一规范，一次拆迁会汇集大量社会矛盾。维护当事人利益固然重要，但是在这一前提下，怎样设身处地为动迁户考量，怎样化解两者间的矛盾，甚至化解他们的家庭矛盾，才是考验律师业务水平的地方。拿个判决书是很容易的事情，但要把矛盾真正解决掉是很困难的，所以那个时候我花了不少时间做动迁户的思想工作，确保不发生恶性事件并顺利推进动迁进度。执业之初的这一系列案件让我体会到，诉讼只是一种解决矛盾的方法，不是化解矛盾的唯一办法，更未必是最好的办法。在维护当事人利益的情况下能够实现多赢，是律师不懈追求的目标。

宁静致远追求务实有为

现在很多大学毕业生对就业感到迷茫。我个人觉得，首先要清楚自己的定位，明白自己想做什么；其次不要过于担心，职业生涯里更换公司甚至换工作也是正常的。毕业后的第一份工作要花点心思，尽量做"好"一点的工作，我说的好工作不是说钱多事少离家近的那种，而是能够通过工作获得个人成长的。我一直觉得30岁之前，工作的重点不是考虑赚钱，而是要耐心地学习和成长。最后建议大家在工作

之后还要继续学习，成为复合型人才。一方面是完成更高水平的学历教育，另一方面是挑一个自己感兴趣的专业再多学一点，然后等各方面条件成熟了再考虑转换公司或者自己想要的工作。工作态度切忌浮躁，要好好珍惜第一份能够长时间做下去的工作。如果一份工作能做几年的话，工作经验、行业知识应该是已经掌握了的，这个时候你可以选择去换一份工作或者调整一下自己。

  年轻人刚踏上工作岗位的时候要注意坚持自己的原则，做好自己分内的工作。哪怕是一些琐碎的事情，你也要善于从中学习一些专业的知识和技能。我们要有针对性地学习，能够精通所在行业的每一个细节和诀窍，不能好高骛远。

  我希望学校可以把校友资源和学校工作对接起来，比如设置奖学金、开设讲座、分享经验等，尤其可以做一些对话类的沟通活动。相较于家长的建议，校友的经验教训可能更容易被同学所接受。再如就业问题，有些校友是开办实业的，可以优先录用我们学校的毕业生。同时，我希望学校能够错位发展，坚持特色，真正成为应用型大学，培养出来的同学可以为社会做出贡献。

滴水入海　方为波涛

张　敏

现任上海市黄浦区淮海中路街道党工委副书记、办事处主任，主要负责街道公共管理、公共服务、公共安全和经济发展工作；曾在黄浦区外经委、商务委、文创办、创新办、科委工作，长期从事经济、外资外贸工作；参与黄浦区政府重大外资和经济项目，服务区域经济发展；上海立信会计金融学院1991届校友。

口　　述：	张　敏
采　　访：	张天尧　严奕沁
整　　理：	严奕沁　张天尧
时　　间：	2020 年 11 月 10 日
指导老师：	夏慧勤
地　　点：	上海市合肥路 398 号淮海街道办事处

同窗共学　意气风发乐融融

当时我就读于中山西路校区统计系，三年级的时候，在当时改革开放背景下，学校为了加快人才培养，在会计系里面专门设了一个涉外会计的班，我就转到了涉外会计专业学习。无论是在统计系还是会计系，所学知识都非常系统和实用。

立信让我印象非常深刻的就是校风很严谨，老师很专业，对学生很爱护，同学之间都很友爱。我们在读的校址是中山西路校区，旁边有个小闸镇，甚至还有农田。那个时候我们是全日制在学校上课，所以同学们都很珍惜这样的学习机会，同学之间的关系非常融洽。我们是走读的，下午的课结束得不是很晚的话，大家都会留下来交流学习，也有一些互动的娱乐，比如打球。

在立信学到的知识和技能能够很快地应用于我们的工作中。比如，我们在学校要学珠算，因为当时没有计算机，基本上都要用到珠算，还有点钞等很多实操性的技能，都跟实际工作的要求非常接近，这样我们不用到工作岗位以后重新学习这些知识。我们在学校的时候，很多人跟我们讲"立信的毕业生是很受欢迎的"。我想，这正是因为在立

信,我们学到的很多东西是实操层面的,能很快地学以致用。学校培养的是对社会有用的人才,老师们也会推荐学生到单位去实习,我们都会在课外学习一些新的语言方面或者其他方面的知识。立信的老师视野都比较宽,很多是从国外回来的,有的是留校做老师的,很容易跟学生打成一片。

幸逢其时　把握机遇练"内功"

我毕业以后进入了上海市黄浦区对外经济委员会,从事外资工作,跟涉外经济有关。后来我又先后在区里的商务委、科委等部门工作。2019年,我又调任淮海中路街道办事处工作至今。

工作是人生的历练。从内心来讲,我怀着一种感激和感恩的心态,因为每个人的发展跟大的形势非常有关联,我恰逢这个时代,有机会参与到我们国家的大好发展中去。这也是我自身价值的一种实现,是自己的一种成长和进步。回过头来看,我成绩的取得和学校老师的教育,组织的关心培养以及领导和同事的帮助是分不开的。

做经济工作最大的挑战是适应形势的变化。很多工作要有一些事先的考虑和计划,虽然政府没有一个KPI(关键绩效指标),但是政府的工作也有一个目标,国家的很多宏观政策包括一些对于企业的服务,要靠我们在细致的工作中去落实。从企业端来讲,就是怎样通过政府的服务去助推企业的发展,我们为企业服务,就是要无事不扰、有求必应,要不断提升我们的"内功",才能把工作做好,而不是简单地坐在办公室读读文件。企业对政府工作的认同,关键要看政府究竟帮助企业解决了什么难题。

心系百姓　关切民生知冷暖

街道办的工作主要包括两块。一块是民生工作。淮海街道辖区面积很小，人口也很少，常住人口大概有4万。我们要为这些属地居民提供好服务，比方说老年人的养老服务。现在我们街道的老年人占比超过三分之一，有的老年人从出生到现在都居住在这边，对这块地很有感情。虽然有的子女觉得自己照顾不周，想将老人送去养老院，但是有的老年人去养老院，发现邻居也没有了，聊天的人都没有，看病也不方便。所以，不少老人更愿意在家里养老。针对这样的需求，我们要思考怎样更好地提供服务。我们街道正在推行"大居家养老"。很多老年人觉得这个地方很熟悉，不愿意搬离，更倾向于居家养老，那么居家养老就需要陪护，包括看病、就餐、应急等，这些都是我们需要帮他们考虑到的。

另一块就是城区管理，保障好辖区的有序安全，做到精细化管理。街道有中共一大会址、中共一大纪念馆，还有复兴路等风貌保护区。公共安全是我们的底线，比方讲我们的公共区域不能乱堆物，乱堆物可能堵塞消防通道，存在安全隐患。二级以下旧里房屋的飞线充电时有发生，有时候忘记拔电池了或者电池质量不好，就容易引起火灾。老旧小区人口密度比较高，一旦发生火灾，后果非常严重，所以公共安全是我们重点关注的工作。

街道工作是基层第一线，每位居民的想法和需求都不一样，要通过我们的工作去把大多数老百姓反映的需求、急需要解决的问题解决好，把我们党和政府好的政策落实到老百姓的身上。

坚守务实心　愿做摆渡人

王琪华

　　高级会计师，注册会计师；现任上海市国库收付中心（上海市道路交通事故社会救助基金管理中心）主任；上海立信会计金融学院1991届校友。

口　　述：王琪华
采　　访：袁少琪　倪诗蓓
整　　理：袁少琪　倪诗蓓
时　　间：2020 年 10 月 22 日
指导老师：夏慧勤
地　　点：王琪华办公室

时光不语终有成

　　我从小学到中学一直担任班干部，中学还担任了团干部。进入立信后，我希望能加强与同学之间的接触交流，进一步得到锻炼，就竞选加入学生会。1989 年大二时，我担任班长和学生会主席。当时是三人主席团，每个人做一个学期学生会主席。参与学生会的工作，协助班主任来管理好整个班级的日常学习和生活，我确实得到了历练。在读大学期间，我光荣地加入了中国共产党。当时大学生党员还很少，在入党宣誓时，我决心为党的事业而奋斗。

　　毕业时，我们和单位双向选择：单位挑选学生，学生选择单位。因为我读的是财政金融专业，就选择了上海市财税局，财税局负责招聘的老师也选择了我。但从那一年开始，应届毕业生都要下基层，不能直接进入市级单位工作。那时，上海市财税局正好缺团干部，就把我安排到市财税局团委工作。虽然我没有去自己最喜欢的岗位，但是能一毕业就进市级机关工作，对我来说还是很好的。到 2021 年，我在财政系统已经工作了 30 年。

  在这 30 年期间，我也在市财税系统多个单位部门工作过。在我工作一年多后，市局成立了会计师事务所。一方面由于新成立单位缺人手，另一方面根据领导要求下基层锻炼，我就去了事务所。在事务所工作了 7 年多时间，由于工作需要，我考取了注册会计师执业资格。我在这段时间虽然很辛苦，但收获也很大。我在 1993 年 10 月结婚，1995 年 2 月生孩子，1996 年取得了中级会计职称和 CPA 证书。

  1998—1999 年，事务所安排我出国深造半年。1999—2000 年，事务所要与机关事业单位脱钩，所以，我选择回财税系统。恰逢市财政局成立上海市财务会计管理中心，我就被安排进入新单位，参与单位成立的筹备工作。2009 年工作调动后，我担任上海市财政专项资金评审中心副主任。2017 年，我又调任上海市国库收付中心工作至今。

静待花开心从容

  回顾走过的半生经历，我对自己的人生选择没有后悔。有人和我说，"如果当初继续留在事务所，你可以赚更多的钱"。是的，这是肯定的。但我不后悔当初的选择，每个人的想法都不一样，要自己学会去平衡，调整好心态，努力工作就会取得成果。有些人一门心思想发财、想当官，出发点就有问题，很难把工作做好，也很难取得成功。

关于未来，我觉得要做一个对生活要求合理的人，要认清自我，能力和期望要相匹配。期望高，能力低，就实现不了目标，人生就会很失望；能力高，期望低，人生就会失去发展动力，回顾人生就可能会后悔。所以，最好是期望略高于能力，让人生始终不断追求发展，挖掘自身最大潜力。当然，每个人的世界观、人生观、价值观不同，我们都是按照自己认同的方式去生活和发展。

工作30年来，我有幸运之处，但也谈不上一帆风顺。我在每个阶段、每个工作岗位都是一步一个脚印走过来，付出了努力，也取得了一些成果。现在我只想把当前工作做好，为单位年轻人搭建好平台，创建好成长环境，为年轻人尽可能提供成长空间，让他们能够快速地成长起来。我认为，对年轻人要宽容一点，让年轻人大胆地开展工作。但是对自己要严格，首先要做到严于律己，这是我工作当中的自我定位。只有自己能做到了，以身作则，才能去要求别人也做到。其实这几年我们单位的年轻人在技能竞赛方面做得都很好，也取得了一些成绩。我和他们明确表示，如果有需求，尽管告诉我，只要是我能帮到他们的，我都会尽力提供帮助，这也算是我对自己的一种提升。

到现在这个年纪，我对名利都看得很淡了。能够为年轻人提供帮助，我觉得确实蛮好的。就像钟义盛老师的团队就挺好，他们免费为学生介绍就业机会，只要是立信的同学找他们，他们就会帮忙找工作，让学生多一条就业途径。

因时而进依本分

对于年轻人将来想做什么这个问题，我的看法是，其实有时候不是说你想做你喜欢的事，你就有实力去做。年轻人还是需要现实一点，人要先立足，先把自己的工作、生活安排好，或者有一定的阅历以后，才去放手做自己喜欢做的事。当然，一个时代有一个时代的特点。对年轻人的建议，包括对我自己的小孩，我认为，在什么时间点就该做什么事情，比如该读书的时候就要好好读书，该工作的时候就好好工作，该成

家的时候就要考虑成家。这样的人生发展才是比较适当的，符合社会环境的，符合学习、工作、生活的规律的。

对于工作，我建议一开始要求也不要太高，只是在自己的岗位上尽量做到最好，凡事不能都以升职或加薪等为目的。比如，领导需要你交一份报告，你只要能跟他承诺我可以做到，保证上交的报告肯定不会出错，领导肯定就会满意。事实就是这样的，我不用去刻意表现，也不用去考虑我进单位多少时间，一定要当一个科长之类的，只要做好本职工作，就一定都会被看到。这个领导没发现，下一个领导也会发现。我们不要去想太多，如果考虑太多，算这个算那个，一是根本算不过来，二是没必要。这些都不是什么大道理，是我这么多年过来的生活经验和自我总结，都是一些很实在的体会。我们要相信是金子总会发光的。

作为立信的校友，我十分愿意支持校友会的工作，以前如有活动我不能参加，我会让班里其他同学参加，我也会帮忙组织、推荐。

立信主打会计特色，希望未来专业设置要有针对性。立信要把自己的品牌做对、做好，做出特色。祝愿立信能够成为一所一流学校！

开拓创新　笃行致远

侯青松

中共党员、中国民主建国会会员；现任上海银行股份有限公司浦西分行党委书记、行长，黄浦区民建金融专委会主任，政协上海市黄浦区第一届、第二届、第三届委员会委员；上海立信会计金融学院1992届校友。

口　　述：	侯青松
采　　访：	朱瑞琦
整　　理：	马梓杰　杨仕佳
指导老师：	卢挚飞
时　　间：	2022 年 11 月 11 日
地　　点：	上海银行浦西分行

青春激扬立志向

我当时是在民星路校区上学。当我第一次来到学校时，第一感觉是特别小。记得我们有位同学报到时从外地托运了一辆自行车到我们学校。他说："大学学校很大，上课来不及，所以一定要买个自行车去上课。"来了之后，他才知道学校原来那么小。当然小归小，其实我们对母校的感情还是很深的。还有一个印象比较深的地方是教学楼的布局，尤其是后面两排，一栋是男生宿舍楼，另一栋是女生宿舍楼，大家经常交流，建立友谊。

我非常怀念大学生活，那时候年纪轻，对将来自己的整个职业生涯、事业都有憧憬。当时中国的金融业也刚好在发展的初期，大家都愿意，也都希望毕业以后能够在金融方面做出一些贡献，也期望自己在这方面有很大的发展。当时的憧憬应该说是一种比较美好的愿望。

在学校里印象最深的老师是张敏健老师，她教的是语文，其实内容更偏向商业谈判这类，教的是文字素养方面的一些实务本领。这个对我们后来的工作很有帮助，因为后面工作中会涉及一些文书的使用、谈判的技巧，以及语言的运用。我觉得这些技能在踏入社会后是非常管用的，而且张老师上课也非常出色，给我留下了非常深的印象。除此之外，学校开设的经济类的学科的内容也对我们后面的职业生涯帮助非常大。因为我毕业之后就进入了银行，感受到学校的教学内容跟我们银行的实际实务相关度非常高。进入岗位后的我并不是一个毫无经验的小白，因为我们在学校不仅学习了一些课堂的知识，同时也在学校开设的很多实践课程中获得了一些实践的经历，所以我觉得这对于我整个的职业生涯发展有很大的帮助。

自信自立迎发展

在我毕业的时候，国家已经取消毕业生工作包分配制度了。虽然说是自主择业，但其实学校会推荐我们到各个金融机构。银行是我在进入大学选择专业时便想从事的工作，于是1992年我从学校毕业后，由学校推荐经面试进入了交通银行。

我在交通银行的工作岗位跟我原来的学科——金融学，尤其是其中的国际金融学关联比较多。我首先进入的部门就是国际业务部，做一些国际结算类的工作，总体是一些内部性工作，如信用证、进出口结算、电文处理等。后来我进入上海银行，在工作内容上有比较大的变化，主要是负责一些信贷业务。这个岗位是综合性的，它是针对客户的需求，客户经营的方方面面，做一些客户的存贷款业务工作，再往后一直到现在我担任了上海银行浦西分行的行长。

在工作中，遇到困难是肯定的，无论是在基础工作岗位还是管理岗位，我觉得每个人都会在职业生涯过程中遇到很多挑战。面对这些挑战，第一，要有信心去解决，没有信心是很难解决问题的。第二，要有创新的意识和开阔的视野，要多维度地思考一些问题。肯定会遇到需要花费精力，时间长一些的问题，也可能有短期内就能解决的问题，要相信，办法总比困难多，会有很多的方法去解决问题。我在工作上的成就是有一些的，从1992年工作到现在，可以说我们银行见证了整个上海的发展历程。举个例子，外滩的上海中心的整个信贷工作，我们当时都是参与的。上海中心楼下有一面荣誉墙，列有我们这类合作单位和机构的名称，这令我感觉自己见证了整个上海尤其是陆家嘴的发展，有一种强烈的荣誉感。

虽然经历了新冠肺炎疫情，经济发展不易，但我觉得大家还是要充满信心。毕竟这样一个大国，这样一个经济体，几十年来的发展是很不容易的。我觉得，这种发展是有后劲和韧劲的，即便现在会遇到一些困难，无论是疫情还是国际的政治形势，我们仍保有这种自信心，中华民族文化中的勤劳和努力令我们对整个经济的发展仍充满信心。尤其在金融方面，从发展角度来说，我们势必会走到世界的前列，大家也看到金融现在在整个国家的经济发展以及国家安全的一些方面都有重大的影响。同时，我们也能看到国家的相关政策，如人民币的国际化等，所以要对整个金融行业的发展乃至国家经济发展充满信心。

情深意长励学子

大学时期是一段美好自由的时光，但也是需要同学们付出努力的时期。我在参加工作之后，回顾原来在学校的这段时间，想要为我们正在学校学习的同学们提出几点建议。

第一,一定要珍惜在学校学习的这段时间。我认为,这段时间的学习能影响人的一生。我在参加工作后,真的没有太多的时间去进行一些系统性的学习。我在母校读书时获得的文凭是大专,但我没有就此止步,而是接着考取了专升本,并再接再厉,继续学习,最终获得了国际贸易的硕士学位。这些都是我在全职上班时利用空闲时间考取的,一路上花费了很多时间,相比于在学校专心学习的同学们肯定更加辛苦,更加花费精力。我们在学校学习的内容与我们银行的工作内容重合度很高,而且会有很多潜移默化的影响,对人的性格、品质加以完善和提升,对未来踏入职场的好处极大。所以,同学们一定要珍惜来之不易的学习时光。

第二,一定要更多地拥有国际视野。当下,我们身处中国经济高质量发展,身处于上海正在建设国际金融中心这样一种开放、发展的大环境下,国际视野是极为重要的。即使同学们以后做的是金融实务等比较具体一些的工作,如果希望自己能有更好的发展前景,就一定要对国际的宏观经济、国际的金融政策和国际政治形势有一定的研究。这样对工作规划和实务都有很大的好处。

第三,创新的意识必不可少。我们经常说"办法总是比困难多",一个问题肯定会有多种方法去解决。有的方法可能在短期内就能解决问题;有的方法可能需要你长期地跟进,花费较大的精力。不论结果如何,这个思考的过程十分重要。我们金融行业从业者一路走来,都是在对现有的制度、规则等不断地进行改革,通过这样的改革进一步解放和发展生产力。所以我觉得创新意识、改革意识在学生阶段就要开始培养。我们要对现有的内容和观点多加思考,要有一种不断去挑战和质疑的精神。

第四,要锻炼自己的社交能力。在我看来,大学在某种程度上是锻炼学生们社交能力的起步阶段,大学本身就是一个小型社会。我在上学时也在学生会担任过相关职务,并且在班级中担任副班长等一系列职务。在我踏入社会之后,我能清楚地感觉到这些经历对我的帮助非常大。除了专业、学习成绩之类的问题,在大学时期多参与这些社会性的工作,能锻炼自己的社交能力,学习一些待人接物的技巧,会对将来走入社会、提升综合能力有非常大的帮助。所以我也建议同学们在学生时代就要多参与,多承担一些社会服务性的工作。

今年正值母校建校95周年,作为1992届的毕业生,我们首先为母校送上生日的祝贺。我们的母校历史悠久,在业界声望极高,为国家持续教育和培养了金融方面的

人才，从这里走出了众多为中国金融事业做出贡献的栋梁。现在的莘莘学子在学校要珍惜学习的机会，步入社会后更要为母校争光。祝愿母校的教育事业越办越好，学生们的成绩更进一步，为我们的金融事业、实体企业，为我们国家经济的发展，为整个中华民族的复兴做出我们应有的贡献。

佳辰不虚度　良玉雕琢成

陈佳琦

　　北欧银行瑞典有限公司上海分行副行长、营运总监；曾任渣打银行上海分行财务，澳大利亚新西兰银行上海分行财务部主管，西德银行上海分行财务经理及营运总监，意大利圣保罗意米银行上海分行营运总监；上海立信会计金融学院1993届校友。

| 口　　述：陈佳琦 |
| 采　　访：乐园园　张晨欣 |
| 整　　理：乐园园　张晨欣 |
| 指导老师：夏慧勤 |
| 时　　间：2020年10月31日 |
| 地　　点：上海静安嘉里中心 |

非志无以成学

1993年我毕业于立信的会计专业。求学期间,我遇到了一位令我难忘的老师——樊颙老师。大四的时候,我对整个人生没有一个明确的规划,樊老师是教法律的,他在第一节课上说的道理对我影响很大,我也希望把这些话传递给现在的立信同学。他的大意是,毕业之际,同学们在对自己没有明确规划的时候,要树立比较强大的信心。他希望我们立足长远目标,尽管我们在那个当下只是小人物,但是若干年后,我们可能就是某个重要人物。因此,我逐渐有了清晰的职业生涯规划——进入外资银行或外资事务所。毕业之后,我先在房地产公司工作了几个月,后来我觉得应该实现进入外资银行的目标,因此选择了自己比较喜欢的道路,去了渣打银行的会计部门。一年多后,我去了另一家澳洲银行。两年多后,我又去了德国银行。然后,我又去了一家意大利银行。之后,我来到目前所在的北欧银行瑞典有限公司上海分行。

当年我进入渣打银行的契机是立信毕业生的优势强项——"拿出来就能用",动手能力比较强。我的老板觉得我比较实干,且掌握了一些他所需要的技能。我是会计

专业的,在会计方面马上就能上手,英文程度也还可以,并有一定的计算机应用能力。但如果希望以后在这个行业里有比较好的发展,这些技能是要通过不断学习继续加强的。对于大学生来说,想要进入自己心仪的行业,能跨越门槛,那就有机会。所以对于在校生,我觉得要找到自己喜欢的领域,搞清楚从事这个方向需要什么能力,起码要有入门的水平。

目前我的职位是一个管理职位,主要负责整个后台的运营,包括财务、人事、IT、结算,还有办公室的一些其他事务。总体上讲,我的工作是对人员的管理。这些能力不是在学校能学到的,需要在工作中慢慢积累。学校里一般学的是专业知识,管理经验需要在工作中积累。我们需要去学一些管理方面的知识,并结合自己的体会,才能真正理解在实践中为何应该这样做。除了以上提到的在工作中学习的能力，还有一个职业素养就是人际沟通交往的能力。银行业归根到底是一个服务业，是需要跟人打交道的，我们每一笔业务都离不开跟客户的交往。此外，这个职业还必须要有专业能力及法律方面的知识储备。

由于工作需要，我经常到其他国家出差，了解各国文化，遇到各种各样的人、各种各样的事情，学到很多东西，这也是比较有趣的地方。以我现在的职位来说，我在工作上需要投入的时间和工作量已经比较便于我安排个人生活，能在工作和生活中保持比较好的平衡。所以，选一个适合自己的工作会轻松很多，就我自身的经历来看，我入这一行有运气的成分，也跟自己对这个行业有兴趣存在一定关系。

非学无以广才

我的兴趣爱好很广泛，遇到新鲜事物都喜欢尝试挑战一下。我认为要在快节奏生活中保持良好的心态，以及找到生活和工作的平衡，关键就是要有爱好。我读中学的时候是上海市散打队的运动员，训练很辛苦，这培养了我的抗压能力。因为有过这样的经历，之后我面对学习和工作上的困难就比较乐观。懒惰是要克服的一件事情，比如说运动很重要，很多人都懂这个道理，但是不容易做到。我一星期大概有两天去跑步，跑步的时间从哪里来呢？我早上 5:30 起床，6 点去跑步，跑 1 个小时，7 点回来洗澡、吃饭，然后去上班。只要不太懒的话，时间是可以挤出来的。

人的一生需要一直"充电"，因为社会一直在变化，知识库需要跟着时代更新。参加工作后，我不断提升各种技能。由于我的工作是对人的管理，需要在工作中慢慢积累。一方面，我在工作中成长。比如筹备分行这项工作，我在前几家银行积累的经验发挥了作用。在筹备德国银行时，我起到辅助作用。到了下一家银行，像这种大的项目，很少有机会临时学，在做这个项目之前，我就要准备好，坚持在工作中学习。出于公司的支持和自我提高的信念，我每星期用 2～3 天在中欧国际工商学院进修 EMBA（高级管理人员工商管理硕士），学习商业管理知识。由于外资银行对语言要求的共通性，我学过半年德语，在德国银行工作期间派上了用场。因为我现在在瑞典银行，所以我也在学瑞典语。学习各个国家的语言，既可以了解不同

国家的文化，也可以发现他们的文化与语言的紧密联系，这点感悟在我的工作沟通中经常体现。我觉得欧洲的人文环境很好，在深入接触后了解到北欧人不同的语言风格和行事特点，并将其运用在我的工作中。

　　人文素养会从内到外塑造一个人，各行各业都应重视人文素养的培育，长期的积累会影响人的审美和思考方式。德国文化非常重视对音乐、艺术等爱好的培养，也非常注意保护自己对世界的好奇心。之前我在德国银行工作时，受到了比较多的熏陶和影响。后来我出于兴趣，学了钢琴，但并不是作为技能来学习的，就是出于对这门艺术的欣赏，在此过程中学习和收获新的知识也是很愉快的。这些人文素养会潜移默化地反映在你的言谈举止中，体现在给他人的第一印象中，也是沟通能力的直观体现。

知止而后有定

在学生的未来发展方面，在校生需要对未来的职业生涯确定一个大致的方向。有了这个方向之后，同学们可以在读书期间将自己的时间作为一种投资，如果希望投资有回报的话，就如同做任何一项投资，需要做一个规划，最起码先想清楚以后想要做什么、希望的回报是怎么样的。比如，我当时的目标就是去外资银行或外资事务所，无论是大语种还是小语种，肯定会有语言方面的要求，以及在金融或会计方面拿得出手的东西。所以我要在大学期间把这些东西准备好，才有可能去敲一下外资银行的门。

在工作层面，我认为，进入某个行业的前几年应该注重学东西。应届生刚进入一家企业的时候，个人的价值对企业并没有那么高，在工作过程中要学习工作流程、方法、文化等。这样的吸收过程会使一个人的价值增长非常快。因此，同学们在一开始找工作的时候，不用把工资看那么重，因为这个时期是学习的延伸。等有一定积累以后，我们才能厚积薄发，体现自己的价值。同时，也要展望第一份工作可以给你带来什么收获，比如去外资银行或者外资事务所，这会给你的职业搭好第一个台阶。选第一家公司的时候，我们不一定要第一步就很准确，但是方向要对，要往这个方向给自己搭台阶。

上海有很多的大学，如果把立信建设比作企业发展，就要有自己的一个品牌定位，比如当年立信的品牌特色就是学生有很强的实用性，用人单位对于招收立信的学生上岗都有较好的口碑，容易形成良性循环，这个方面应加强。诚信对银行业来说非常重要。立信即将迎来95周年校庆，希望母校继续弘扬以"信以立志，信以守身，信以处事，信以待人，毋忘'立信'，当必有成"为核心的精神，坚持"诚实做人，踏实做事"的大学文化。

业广因功苦　锋从磨砺出

贾亚南

现任上海证券有限责任公司工会主席；曾任上海财政证券公司人事部经理助理，莘庄营业部副经理，青浦营业部经理，集合理财中心高级经理，办公室主任助理兼文秘部经理，风险管理总部总经理助理，合规管理总部总经理，纪检监察室主任；上海立信会计金融学院1994届校友。

口　　述：	贾亚南
采　　访：	陈可凡　徐淑兰
整　　理：	陈可凡　徐淑兰
指导老师：	夏慧勤
时　　间：	2020 年 10 月 27 日
地　　点：	贾亚南办公室

文思深茂　悠悠广播情

大学里印象最深刻的事情是我在校广播台一直工作到毕业。我进校那一年，学校广播台刚刚成立，正在招学生，我就报名了。广播台的工作主要有 3 种：一是记者，二是播音员，三是专栏作者。记者采编新闻，要满学校跑的，我先是做记者，每天要交五六份新闻稿。后来我做了专栏作者，写一些感悟，或者写某件事的专门报道。后来我又做了播音员，每天下课后去录新闻、录专栏的文章，一次要录好几天播音的内容。那时候还是用磁带放出来播出的，我一干就是一下午，比如说下午 3 点下课，一直干到下午 6 点，第二天可能也是如此。在这些工作之外，我觉得还有余力，就学会了录制，后来基本上这个节目都是我和另外一个同学一起录的。再后来我就做了副台长，和同学们一起管理整个广播台。大家来的稿子很多，热情很高，有很多学生记者，每天每个记者都要交五六篇稿子，我要挑选、修改，还负责广播台的日常管理。那时候早上、中午、下午都要播放广播，我们很早就来到广播台，到时间就开始播放。我觉得学校广播台的工作让我最受益的是，很多的流行歌曲是我们先听到的，因为我们

不断地要去买一些新磁带，听了之后了解同学们喜欢听什么，我们中午就给大家放什么歌。我们还要给每个记者、播音员核算工资，投稿的话是有稿费的，做播音员也是有工资的，所以这一切还是挺有意思的。

我写过的文章比较多，一开始写的是新闻。最早的时候是校报需要一些同学来做记者，当时我投了一篇文章叫作《让我们拥有天真》，宣传处的老师觉得写得很好，就在校报上刊登了。记得我快毕业的时候，宣传处的老师跟我说："你记得当时你投稿的那篇文章叫什么吗？"我说："我都忘了。"他说："叫《让我们拥有天真》，你看这份报纸我到现在还保留着。"毕业的时候，我现在就职的这家公司的人事部经理到我们学校去招聘，摆了一个摊位。那时有好多家单位，学生一家一家地和他们聊。当时招聘的人事经理问我有什么特长，我说我写文章还可以。她问我有没有作品给他看看，我就把这份校报给了人事经理，她回去一个星期后通知录取我。若干年后，我们人事经理即将退休，把我叫到办公室，她说，"你当时的那张报纸我还保留着"。这篇文章其实是一篇抒情的散文，大致就是让我保持一份率真，保持一份纯粹。

朝乾夕惕　孜孜勤业心

我学的是财政金融专业，与证券行业比较对口。当时学校的专业并不多，财政金融专业可以说是百搭，各个企业都能去。以前学的政治经济学课程看上去比较枯燥，其实还是挺有用的。另外，很多基础性的学科让我到单位实习时上手很快。我先到了一个证券营业网点，后来才调到总部。在网点的半年时间，所有岗位我都做过，这样的机会不多，因为当时网点各项业务分得很细，资金柜台就数钱，国债柜台兑付到期的国债券，我们还要点国库券、点钱。另外，我还从事过股票交易、财务等工作。资金柜台是每天都要清算的，如果有账不平的情况，大家就要留下来加班。由于基础扎实，我能比较快地找出账面上的一些问题。

另一段经历是我们公司在 2006 年取得创新资格之后，可以处置风险券商。这项工作是一个很大的系统化工程，推进落实的要求很高，当时工作很辛苦。那个时候我是公司总裁的秘书，每天要起草报给上海证监局的日报。当时二十几个托管组每天收盘之后把相关信息发到我的邮箱，最晚的要到晚上 12 点才能够发给我，因为每个网点情况不一样，到晚上 12 点基本上收齐了。我打开邮箱，把他们给我的二十几份专报全部看完之后，再汇总一份总的专报。我一直干到早上，就不睡了，很早跑到公司来，把专报重新再看一遍，核对相关工作措施，全部都做好之后，上午 9 点之前我要把材料放在公司总裁的办公桌上。上午 9 点钟总裁会准时到办公室来看这份专报，天天如此。我就这样坚持了近 3 个月，确实很辛苦。从事什么工作都不容易，所以我觉得还是要能吃苦，付出才会有收获。

上善若水　殷殷期盼语

对在校的同学们尤其是即将进入职场的毕业生，我想提三点期望，相信对大家的职场工作会有帮助。

第一点是在职场里要有一定的学习能力。就像我之前在营业网点，半年就把所有的岗位都做了一遍，因此学习能力是很重要的。有时候想要改变职业是要靠自己的。另外，在具体工作中，你会遇到一些机会，你大概率不会一直在这个岗位上。我现在

是工会主席,之前是搞业务的。我做过前台,做过后台,也做过营业部网点的老总,还做过公司合规部的老总。我想我在每一个岗位上,都还是做得比较出色的。我做的很多岗位都是跨专业的,怎么办?我就去学,要不断地更新自己的知识结构,不断地去思考,只有这样,才会具备非常强的学习能力,适应不同岗位的需求。我们证券公司也有很多不同的部门,专业完全不一样,你做这个专业,你就要去把专业的这一块研究透。

第二点是踏踏实实从基础做起。我是从营业部柜台走出来的,后来从营业部调到总部做的第一个岗位是人事岗位,一做就做了7年。人事岗位和我以前学的专业不一样,但是我想既然给我安排了这个岗位,就要好好地做下去。我觉得这个和我的专业不一致,我就利用业余时间学专业知识,到时候让我去其他岗位的话,我也有所准备,所以说我一方面在好好地做人事,另一方面我在看和证券业务有关的一些专业书籍。后来过了两年,我做了我们公司的团委书记,有了一个新的平台,这给我带来了更多的学习和交流机会。然后,我被派往新筹建的网点去做营业部副总,后来做了营业部老总,之后又调任了一些其他专业岗位。我们公司的第一份基金评价报告就是我写的,我在一位数学量化博士的带领下，进行量化模型的计算，通过编程把量化模型给计算出来，并撰写基金评价。我以前没有接触过这些内容，还是要一步一步地去做，一个脚印一个脚印地去走。

第三点是要有吃苦的精神。在工作中，我加班熬夜都是经常的事情。2005年，我们公司申报证券公司的创新资格。我们写作小组3个人花了8个月的时间把创新方案写出来，大概有十几万字，报给中国证监会。当时我们公司是第一批获得创新资格的券商，获得资格后可以开展创新类业务，如资产管理等。我们3个人整天在讨论、写作，这项工作不仅是写作，还要切实推动各项具体工作的落地，如系统建设、网点改造、账户清理、搭建银企直联系统、清算系统和风控系统等。整整8个月的时间，最后公司顺利获得全国第一批的创新资格，确实很不容易。当时对我来说，我的信念就是要脚踏实地和有吃苦的精神。

敏而好学无止境　致知力行勇担当

杜敏娴

现任上海市财政局社会保障处一级主任科员，对口联系上海市卫生健康委员会，兼任市财政局系统及机关工会女工委员；经济学硕士，经济师，中国民主建国会会员；曾获 2001 年度虹口区巾帼新秀提名奖、2002 年度上海市三八红旗手等荣誉称号，当选为上海市第十五届妇女代表大会代表；2020 年荣获"上海市抗击新冠肺炎疫情先进个人"称号；上海立信会计金融学院 1994 届校友。

口　　述：杜敏娴
采　　访：陈　璇　平措玉珍
整　　理：平措玉珍　陈　璇
指导老师：夏慧勤
时　　间：2020 年 10 月 31 日
地　　点：杨浦区 bluefrog 蓝蛙（宝地广场店）

学校带给我们一生受用的精神财富

我是立信 1991 级财政金融专业的学生，1994 年毕业，1996—1999 年在上海财经大学进行专升本的学习，2001—2003 年参加中华人民共和国财政部财科所的培训并拿到硕士学位，到现在已经过去 20 多年了。在立信学习期间，我只是一个默默无闻的好学生，生活也常常是"三点一线"。令我印象最深刻的是，一位女同学患小儿麻痹造成身体残疾，但这并没有打倒她，她在日常学习中十分刻苦努力，年年都获得奖学金，给我带来很大触动。当时我因为高考失利，大一时常在图书馆看一些心理学方面的书籍，对自己进行心理调适，逐渐去认清自己的定位。受这位同学的影响，我感悟到自己作为一个健全人没有理由消沉下去，应该认真对待学习，珍惜每一次宝贵的机会，不断证明自己。毕业后，我曾与她通过几封信。从她的回信中，我体会到生命有时是如此沉重，但是对待生命的态度并不是靠长度，而是靠宽度来实现我们的价值。

就我个人而言，对待生活、工作及未来的信心都源于潘序伦老校长所提出的"信以立志，信以守身，信以处事，信以待人，毋忘'立信'，当必有成"。我觉得这个"信"不仅仅是这24个字里的"信"，更是人的一种信心。对一所学校而言，它不仅仅教授知识，更多的是带给我们一生受用的精神财富。立信是一所由讲究实用的学科集合而成的学校，为我提供了学习的平台，锻炼了我的实践能力，让我有信心去应对以后的工作和生活。

有了责任心才能把工作做好

我现在的工作也是我的第一份工作。我当时的专业和财税系统对口，就业模式是双向选择，第一份工作是学校提供给我的，是在虹口区税务局，然后被选拔到市财政局社会保障处，一直工作到现在。相对来说，机关公务员这份工作比较稳定，我想要踏踏实实地努力做好自己。我既不好高骛远，也不不求上进，而是在自己力所能及的范围内干好本职工作，去实现自己的人生目标。随着年龄增长，我可能要逐渐退出职业生涯了，所以我不断调整对自己的认知定位并设定一些小的目标。

我的工作历程中有两段让我较为难忘的经历：一段是在虹口区税务局，另一段是在市财政局。在虹口区税务局工作期间，当时人才紧缺，岗位也侧重征收和纳税管理。当时我负责发票管理，因为1994年税制改革，增值税发票是很重要的，我们使用了金税工程并且专门设立了对外窗口。当时我遇到了一件至今仍记忆犹新的事，那天在盖章审核过程中，我突然发现一张发票非常眼熟，看号码并不像这次换购的发票。我核对后才发现原来是有人前几次没用完，拿着这张发票反复盖章。我质问那个人，他眼神一直躲闪，说话含糊不清，准备逃跑。情急之下，我连忙叫门口大厅的保安拦下他，飞奔过去将他手里的发票一把抢下，这才没有酿成大祸。事后想想其实很后怕，要是当时忙中疏忽大意，后果就不堪设想了。在税务系统和发票管理这条战线上是没有小事的，不仅是我所处的岗位，还有许多岗位的工作都是平凡而琐碎的，但这些岗位对整座城市、整个国家都有着举足轻重的意义。

另一段难忘的经历是在上海市财政局。到市财政局的时间点对我来说也非常有意义。那是在2003年的"非典"时期，我4月去报到。我仍清晰地记得，当时我正和家人一起欢度五一劳动节，一个电话就把我叫到了市局。为了防控疫情，我们需要统计

每个区的数据，领导让我打电话给各分局局长问数据。对于我这个新人来说，节假日去打扰领导让我非常忐忑。但出乎意料的是，每个分局的局长都毫无怨言，立马回应。此后的每一天都有新的任务，像每日报数据、做统计报表、联系各个区的联络员等。那时我初来乍到，还没有完全适应，为此还闹出了不少笑话。虽然我是上海人，但是上海每个区的方言都有差别，当时我在电话里问联络员的名字时把人家的名字搞错了。时间紧急，我也没多想，直到我们局的一位老同志给我把关时才发现了问题。这件事情让我彻底明白：做好一份工作，光胆大心细是不够的，还需要全方位了解工作所在地的风土人情等。除了这件事，令我印象深刻的还有我们市局的领导和同事，大家特别敬业，各司其职。尤其是我们的领导，以身作则，做好市局的各项工作。从上到下，无论在哪个区域都要基于自己的一份责任心，有了责任心才能把工作做完、做好，这些都是我在工作中的一些感悟。

我只不过做了自己该做的事情

我在 2020 年被授予"上海市抗击新冠肺炎疫情先进个人"的荣誉称号,实在是惭愧,我只不过是在自己的本职工作中做了该做的事情。我总结下来,自己主要做了四方面工作:一是及时配合好市局制定的财政经费保障预案,有了预案才能为之后的实际工作打下基础;二是及时落实国家政策要求,制定本市疫情防控经费保障的政策,做好资金的分配和保障工作;三是做到上传下达,高度协调上下级,横向的还有我所联系的卫生健康委员会的审核和保障工作;四是疫情防控常态化工作。

凡人不是英雄,但英雄都出自凡人,每个凡人发出一点点光,才能成就一片光明。上海市研究出台公共卫生应急体系建设相关文件,是我们所有部门共同努力的结果,获得荣誉称号也是对我前一阶段辛苦工作的肯定,往大的方面说就是同心抗疫、甘于奉献,往小的方面说就是对得起我自己。白衣战士奋战在前线,特别是那些援鄂医护人员,我们在后方做再多的工作都是应该的。

关键是自己要有一个沉淀

我眼里的成功就是内心对自己的肯定。和纵向的自己比较,我一直在努力、进步、不断地提升。从专升本到获得硕士学位再到各种考试,我觉得问心无愧。我要感谢学校的培养,因为立信给了我信心,让我能在之后的工作中也不忘记学习。现在就是顺其自然,有机会就抓住,关键是让自己沉淀下来,才能在组织搭建的平台上发挥自己的才能。

对于学弟学妹们的建议,我认为,首先要做到兼容并蓄。在以后的工作中逻辑性是非常重要的,不管学文学理都是有需要的,但是光有逻辑和对数字的概念是不行的。没有文采,写出的东西也是枯燥无味的。我们不能只局限于目前所学的专业,必须开阔视野,珍惜现在的学习机会。其次想清楚自己需要什么,是需要财富还是需要其他东西来证明自己的价值。最后就是脚踏实地,吃苦耐劳。人生是一场马拉松,而不是一场百米赛跑。

立信在人才培养方面一直在不断地探索和努力,从一所中等专科学校发展到高等专科学校再到如今的本科院校,从刚开始的会计类和经济类的专业到现在的综合类专业,逐渐形成了自己的特色。立信的一大优势在于人脉广,校友遍布各个领域和区域。在人才培养方面,立信可以继续发挥优势,多搭建平台,让我们的学生以及校友开开眼界,获得一些新的体验。最后希望我们的立信能更上一层楼,也祝愿我们立信的学子能够各展所长,共创辉煌。

春秋草木何言老　人间清梦自逍遥

赫梓妤

北京盛德元健康科技有限公司总经理，上海立信会计金融学院北京校友会会长；上海立信会计金融学院1994届校友。

口　　述：赫梓妤
采　　访：谢　祺　徐　谦　左浩城　李晨瑶　林筱俊
整　　理：谢　祺　吴正栋　李蝶依
指导老师：黄　嵘
时　　间：2021 年 12 月 8 日
地　　点：上海市中山西路 2230 号立信书局

流年浅唱，那弥足珍贵的美好

谈到立信，今天又站在中山西路 2230 号的校门前，感触涌上心头，28 年前的那天仿佛就在昨天。如果用 18 岁定义独立和青春，我的这幅青春美卷就是从立信开始的。无论是喜悦抑或遗憾，都以不同的姿态在这幅画卷里落笔，它们自成云烟，在心底烙下经久不散的印记。立信给我的青春最宝贵的财富就是知识改变命运。古语有云：书中自有颜如玉。这个颜如玉不仅是指书本里的知识，更是指我们对这个世界的认知。提升认知更是需要坚持终身学习。立信赋予我的财务知识和"毋忘'立信'，当必有成"的处事准则，让我受益终身。立信用上海这个城市大背景赋予我们对社会的全新认识。

青春大都弥漫着无忧无虑的快乐。我们立信女生的"韵味"远近闻名，这个"韵味"当然是通过当时最流行的交际舞声情并茂传播的。同济大学、上海交通大学、复旦大学等都是我们跳舞常去的地方。大家相约起舞，在欢声笑语里沉醉。印象最深的一次是，周末到复旦跳舞，回来太晚，宿舍楼门紧闭，大家索性爬到楼顶

看日出，嘻嘻哈哈打赌看谁是立信早起第一人。班长第一个出现在跑道上的故事成了同学们现在聚会还津津乐道的段子！

　　立信用她母亲一样的包容，让我在校园里感受到最大的支持。我好像天生喜欢折腾，老师们就同意我把闲置的咖啡厅、录像厅都经营起来。我带着几个从来没有步入社会的同学，有模有样地当着小大人。也许正是这段经历，让我始终都对社会报以善意，更养成了遇到困难总能想办法去解决的性格。

君子不器，择一热爱相随

　　毕业后我留在上海，在龙凤食品、ABB集团和露华浓公司当了7年的会计。1998年因偶然的机会，我定居到了北京。2002年又是一个契机，我接触到食用益生菌，发现它进

入药店销售比在超市更符合消费人群定位。就这样,我懵懂地踏上健康自主创业这条路,到现在正好20年。我们请北京市科学技术研究院专家相继申请了2个食用菌领域发明专利。中医认为,睡眠障碍与脾胃不和、心肾不交、肝火上炎都直接相关。我们借助食用菌对人体肝脏、脾胃、免疫、抗癌等多方位综合调理,从而起到改善睡眠的作用。20年来,食用菌给众多人带来深度睡眠的快乐,这也是我目前最值得骄傲的地方。2020年,中国颁布了《中华人民共和国基本医疗卫生与健康促进法》(简称《健康法》),明确自己是健康的第一负责人。有健康才能赢未来,我非常幸运在20年前就从事了这个行业。

子曰:"君子不器。"立信的财务学习经历、会计工作的经验、20年的自主创业,让我对工作的理解更全面一些。财务应该是最好的市场分析员和管理员。在一张损益表中,收入代表了经营责任,税务代表了社会责任,成本代表了管理责任,工资代表了企业责任,分红代表了股东责任。所有这些责任,都需要在不同的思维维度,真正做到"君子不器"。

　　同学们问是否出国的问题,我谈谈自己的看法。没有看过世界,哪里来的世界观?正所谓"不闻不若闻之,闻之不若见之","读万卷书不如行万里路,行万里路不如阅人无数",未来中国必将成为世界发展中心,只有亲身感受不同国家、不同文化、不同种族的差异,我们才能更好地与世界融合。出国留学不是算一时的财务账,而是要算以后对自己一辈子的发展账。我去过最远的地方是南极洲,当我看过这份大自然的壮美,再去看加拿大的红枫和瀑布时,内心似乎便没有了太多的触动。站在山腰看层峦叠嶂,站在山顶才能欣赏喷薄日出。

浮世万千,所爱有三

　　关于家庭,对于职场女性来说,如何平衡家庭与工作之间的关系确实是一个值得思考的话题。让孩子吃饱穿暖几乎是每个母亲都能做到的事情,但是培养孩子的眼光和胸怀就不容易了。在这个急速发展的社会，我觉得母亲做好紧随时代的榜样可能比纠结如何平衡关系更重要。

关于爱情，我觉得爱情的第一阶段可能更多的是基于荷尔蒙，不考虑太多世俗因素，更多是发自内心的喜欢。第二阶段是基于所谓的"门当户对"，我们会更多地考虑社会层面的因素。第三阶段又会回到灵魂伴侣的情绪价值观互换层面。在所有的条件里面，我觉得价值观的共通是最重要的。爱情是人间烟火里的吸引和依靠，如果有一天能理解这点，可能也就慢慢明白爱情的意义。

关于友情，我认为它和亲情、爱情一样弥足珍贵，没有人是一座孤岛。没有血缘关系的社会互信，对彼此品行和价值观要求更高。作为社会动物，我们在心里渴望一份爱情做压舱石，更渴望友情做温暖生活的一堆火。有几个能托付后背的朋友，你会觉得人间值得。

人生到处知何似　应似飞鸿踏雪泥

钱　立

　　上海古凡交响乐团团长，米兰世博最佳活动策划组织者，复旦大学 AMA 大家谈艺制作人，厦门大学管理学院 EMBA，国家艺术基金资助项目《红楼梦音乐传奇》《国粹芳华》出品人，上海工程技术大学客座教授；上海立信会计金融学院 1994 届校友。

口　　述：钱　立
采　　访：李蝶依　余颖凡　韩　璐　王宇如　杨迪妮
　　　　　赵　越　傅乙翎　朴振广　金沛圻　朱逸伦
整　　理：李蝶依
指导老师：黄　嵘
时　　间：2022年12月2日
地　　点：上海市张江戏剧谷

凡心所向，素履以往

我的母校立信，是我生命中梦开始的地方。1991年我经高考考入立信，1994年毕业，到现在已近30个年头。我当时读的是国际金融专业。我还依稀记得那个年代不论什么学科，只要带上"国际"这两个字，就属于专业中的"香饽饽"，所以进这个专业还是比较不容易的。在我们毕业的时候，因为国际金融本身就很吃香，学的又都是跟银行有关的内容，所以大部分同学都进了金融系统，或者是被分配去银行工作。

我的第一份工作是在交通银行，虽然在找到这份工作之前，我就已经在国家外汇管理局等各家金融机构有过很多实习经历，但是工作后还是发现在大学的时候眼界很窄，由于缺少互联网，会产生很多信息差。比较幸运的是，那时候的学生很容易找工作，基本上是学生挑工作，不是工作挑学生。我还记得在交通银行工作时，它的网点不多。我先后去了不同的岗位，尝试了不同的工作，包括人民币出纳、人民币储蓄、外币储蓄以及柜面等。

虽然那时已经毕业参加工作，我依旧没有放弃学习。在交通银行工作的那段时间里，我念完了复旦大学的专升本课程。我始终认为，毕业不是学习的终点，学习应该是伴随人一辈子的事情，哪怕我如今已经人到中年，却依然还在学习，我相信我所学的东西都是值得的。当然，步入社会后的学习不仅包括学历学习、职称学习，还有与个人兴趣爱好相关的学习和体验，甚至有的人看得更远，去学一些即使现在用不到，但是在未来某一个时间点会慢慢沉淀的东西。

我在交通银行工作了5年，虽然5年后我各方面的福利待遇都已经变得很好。但是银行的工作分工特别细，内容比较单一，而且规章制度特别多，每个人都要按部就班地工作。在那个岗位上我似乎感觉能一眼看到头，看到10年、20年之后的自己是什么样的，而我的直觉告诉我，我应该有更多的发展。所以在工作第5年的时候，我选择放下这份大家眼中的"金饭碗"，从交通银行辞职了。

辞职后我做了一段时间的"个体户"，因为当时我的孩子比较小，一方面想要有多些时间照顾她，另一方面我也想有一些自己的业务资源。在做个体户期间我非常努力，发展也很不错。但是做了一年的"个体户"后，我发现我的社交圈子出现了问题，每天面对的基本上都是小区的阿姨或者全职妈妈。于是我又有一个念头萌发出来——"难道我一辈子就这样过吗？"答案是否定的。

于是我去应聘了光大银行（以下简称"光大"），并顺利进入光大工作。2001年中国加入世贸组织，整个经济形势有了很大的变化。看到外面机遇与挑战并存的丰富多彩的世界，不甘心平凡的我再次决定离开光大，自己开了一家外贸公司。做了一段时间的外贸，我开始着手进行业务拓展，开了多家工厂，有些工厂是自己管理，有些投了资金做股东，总的来说发展都很不错。创业到第8个年头，2010年我们就做到年产值几亿元了。中国社会的外部大环境和良好的经济形势为我们提供了很多机遇。在那个年代只要你敢闯，保持学习和探索的好奇心，有想法不怕辛苦就能有机会去创造不平凡的成绩。

凡益之道，与时偕行

秉承着让音乐与艺术生活化，让体验式的艺术文化聚会成为"当代人的生活聚场"的理念，2014年我正式创立了上海古凡交响乐团（以下简称"古凡"），到目前为止，它也是国内唯一一家获得两次国家艺术基金大舞台资助项目的民营乐团。古凡每年的演出达百场以上，演出都是围绕着如何讲好中国故事和传播中国传统文化。除了在中国，古凡还到过奥地利、德国、意大利、比利时、坦桑尼亚、南非、博茨瓦纳、津巴布韦、吉布提等多个国家演出，为很多国家的总统、总理、部长，海外华人、外国友人等送上精彩的带有浓浓中国文化元素的演出。这些海外演出经历让我一直铭记在心，历历在目。比如在津巴布韦演出时，有100多位警察和多辆警车开道，场面十分隆重；在吉布提演出时，我亲眼看到很多海军官兵因为听到家乡的歌曲而泪流满面的感动场面。

古凡还创新了很多演艺形式，比如在第二届进博会期间，在浦东国际机场表演了国潮江南风，由央视新闻直播，向全球呈现上海国际大都市的文化气质。为了助力新场古镇申请"江南古镇"世界非遗项目，我们策划创建了"古镇情境音乐会"。即使在新冠疫情期间，我们也通过网络直播，结合当地的锣鼓书等非遗项目，形象生动地把当地的特色魅力通过歌舞等节目表现出来，中国广播电视总台海外节目组还专门在端午节向全球直播了古凡策划的端午节专场音乐会。另外，古凡与中国移动咪咕视频合作的"二十四节气"古风音乐项目，一年时间内实现超过了1.5亿次收看量。古凡积极策划"音乐扶贫乡村振兴"的公益项目，连续5年推出700多首茶歌原创歌曲，推动浙江景宁畲族自治县的茶叶产业发展，在景宁大均乡建立交流合作基地，为当地小学免费谱写校歌，并赠送学习用具。

因为演艺市场盈利很困难，我除了探索市场化运作，还践行了自身的社会责任。我们推出的庆祝中国共产党成立100周年的"海派红色经典歌曲演唱会音乐会"、庆祝党的二十大的"永远的丰碑 精神力量音乐会"等全国独创的红色音乐党课项目，收到了政府机关、学校、街镇和社区的邀请，人民网等权威媒体也给予了好评。同时，古凡与浦东新区宣传部、浦东教育局合作开发"戏曲进校园"项目"名家戏堂——大家谈艺 品味国粹"，我们邀请了尚长荣、谷好好、李佩红、李军、史依弘等30多位名家进入浦东新区的学校，推动中国传统文化的传播，赢得了广泛赞誉。作为民营机构，我们承办了天津评剧院《革命家庭》在上海的演出，做了国营机构不太敢承接的冷门项目，这对我是个挑战。因为《革命家庭》曾经是老一辈很喜欢的曲目，而且获得了国家文华大奖，我感觉上海作为海纳百川的国际城市，应该能接纳这样的演出。我也为此花费了极大精力，就是要彰显上海这座城市的文化自信。两场演出取得了很好的效果，受到广大民众的一致好评。

古凡9年多来做的大部分演出都是中西融合音乐会，中国戏曲在我心中是很美的。它的美不仅在皮相，更在风骨，无论是曲调还是词，都是我们民族的瑰宝。所

以我想将中国的戏曲与西方的音乐相结合，打造出一种新的中西结合的音乐形式，让音乐本身散发出不一样的魅力，碰撞出不一样的火花，给观众带来全新的视觉体验。

当然古凡的发展并不是一帆风顺的，每一条前进的道路都会经历考验与磨难。记忆很深的是在2016年制作音乐共和艺术节，这是一场规模比较大的活动，需要用到多个场地，内容也很充实。除了演出，还涉及各种展览、论坛、工坊，它以跨界的形式掺入了很多新的内容。我们邀请了100多个资深的艺术家和演员，每一位都需要进行沟通。我从2015年8月开始进行策划，在活动开始前一个月基本上是处于不睡觉的状态，那时候压力很大。哪怕当时有过一点想放弃的念头，都不会有古凡的今天。

我们之前在一场大型的跨界演出中因为将许多中西方文化融合在一起，场内不时有观众退出。很多观众表示没有见过这种形式，无法接受这样类似"大杂烩"的演出。虽然我也理解观众的心情，但是当时对我们的打击也是巨大的。即使这样，我还是认为所有新的东西都是尝试出来的，观众的声音也进入了我的耳朵。古凡也正是在不断改正、不断推陈出新的过程中随着时代进步的。

很多人问我，为什么你做每一件事都能不受外界干扰，一心坚持下去呢？我的答案是顺应时代的潮流去发展。我认为，我的个人经历跟时代有很大关系，不论你想往哪个方向发展，首先你得分析这个时代是怎么样的，你做的事情是不是和时代的发展方向一致。无论成功或是失败，你都会受到时代的宏观影响。如果这个东西已经被时代抛弃了，而你硬要跟时代对着干，那肯定是不行的。就好比我现在做的古凡是基于文化自信这样的大环境，我想只要认真去做，我们的每一个项目和作品都是优秀的，那么这份坚持就会有意义。

凡事本无虞，来日犹可期

谈到创立古凡的初衷，很大一部分是缘于我对音乐本身的喜爱。中国的音乐是很美的，"古凡"这个词来源于英语 beaufin，是美丽到尽头依然美的意思。无意间从朋友

那里听到这个词时,我便觉得它很好地形容了我心目中的中国音乐,我也希望通过古凡让更多人了解中国传统文化,让更多人接受中国国粹。

这些年除了照顾家庭和孩子,真正留给自己享受生活的时间其实并没有多少。但是对于我来说,从事这个艺术行业以来,我获得了很多精神愉悦,我觉得我真正实现了个人价值。之前无论在银行工作还是做外贸,我本身都是一个不太自信的人。即使之前我们做的外贸公司和几家工厂的年营业额加起来已经有数亿元,但是那个时候我是没有自信心的。我老是觉得外面有那么多厉害的人,还有很多比我更厉害的人和事,我就在一直问自己"我是谁"。可能很多人在成长过程中,和我一样连"我是谁"都没搞明白。

在创立古凡的这段时间,我认为学习也是我享受生活的一种方式。不论跳了多少次级,有过多少成就与经历,始终保持学习的热情是最重要的。只有好好地学习,对学习有渴望,事业和生活才能按照你想要的方向走。年轻人要勇于去尝试不同的事物,比如原来你们在一个泡泡里面,看到的都是泡泡里面的东西,接触新东西就好比把泡泡戳破，现在看到的和之前看到的是不一样的。

　　对于我做的每一份工作，我都很热爱它，虽然热爱不代表你一辈子都要做这件事，但是如果你愿意一辈子坚持这份热爱，并且愿意一辈子都为这件事付出时间，那这也是一件值得骄傲的事情。比如，我父亲是搞航天的，是上海航天局的总工程师，他就把自己的毕生精力都放在航天事业里，他就愿意一辈子在一个单位里面干一份工作。每个人的追求不一样，有的人他想在技术岗位上沉下心来干出一番事业，有的人有敢拼敢闯的劲儿去不断探索和尝试。

　　总的来说，年轻人不论做什么事情，都要认真。在大学时，首先要把书读好，哪怕不喜欢，也要把学校里的科目读好。也许现在看不出效果，但是所有的努力都会在以后慢慢沉淀，要相信没有白读的书，更没有白走的路。

　　我非常感谢母校培养了我的专业技能和自信，更重要的是我在母校形成了正确的价值观，这是我一辈子的财富和荣耀。我非常荣幸并且愿意为母校做力所能及的贡献，以表达我的感恩之情。

开心莫小莫　乐活爱所爱

莫浩薇

毕马威华振会计师事务所审计合伙人,"开心莫小莫"微信公众号主理人,上海某知名高校项目导师,曾任上海注册会计师协会理事;上海立信会计金融学院1995届校友。

口	述：莫浩薇
采	访：翁端阳　陈诗进　任　慧　刘嘉旭
整	理：翁端阳　陈诗进　任　慧　刘嘉旭
时	间：2021年10月28日
指导老师：夏慧勤	
地	点：毕马威华振会计师事务所（特殊普通合伙）上海分所

不失机遇　不患无备

我是在2007年成为毕马威审计合伙人的。我的主业是审计，副业则有好几个。比如，我曾经负责全国的员工关怀计划，现在负责整个中国和亚太审计部门的培训发展。同时，我在某大学教了10多年的审计课程，有一个微信公众号，组织了8年的读书会，还对哲学特别感兴趣。在这么多的副业中，负责员工关怀计划是我工作中一个重要的里程碑。

通常来说，机会并不是随便得来的，你首先要让别人看到你适合这个工作。怎么让别人看见呢？我们平时就要有自己的想法，而且要敢于说出来。在事务所里提出改进建议，虽然不可能百分之百被同意，但肯定是有机会让我们去尝试的。当年我成为员工关怀计划的负责人后，提出了很多与人才相关的改进措施。当然，任何改变都是困难的，并不会因为你是合伙人，就肯定能成功。为了完成这个任务，我不断地看书，从工具书到心理学再到哲学，看不懂就去上课，慢慢地实践自己的想法。无法强迫他人改变，没问题，我可以想办法影响他们；无法让所有的同事都理解我们的行动，没

关系，只要有一部分人能够从中受益就足够了。而我则利用公司这个平台去影响更多的员工，帮助他们成长，从而实现自己的价值。

我曾经看过一个很有启发的演讲，内容和我自己的感悟很贴近。这个演讲提到职业生涯的三个阶段：第一个阶段是谋生阶段，别人让我去做什么，我就去做什么；第二个阶段是找到了自己的定位，越来越如鱼得水；第三个阶段是把工作当成一个平台，可以做自己想做的更多的事。对我来说，在毕马威的这三个阶段是非常清晰的。我刚进公司的时候，工资不到2 000块钱。面试官说："如果你在这里坚持4年，就可以拿1万块钱的工资。"可我当时想着4年之后我肯定不在这里啊。当时的我对自己根本没有一个超过4年的时间规划，可是过了几年，我居然找到了自己的定位。我一直在这里的主要原因是这个平台让我有机会去做更多有意义的事情，实现自己的价值。

在工作中，我觉得要随时为下一个阶段做准备。要把自己的潜力展示出来，让别人看到，这很重要。再忙碌也要强迫自己赶紧去做，否则机会来了就抓不住。如果你没什么想法，所有的时间都会被工作占据，时间一下子就过去了，多可惜，所以还是要有个计划。当然，万一真的很迷茫没有方向，不知道下阶段的机会在哪里，也不知道应该去准备什么。这个时候,你就可以先走第一步,比如,看5本和审计相关的书。走出第一步之后,你就能知道第二步是什么,一步步往前走。这样的话,肯定不会浪费时间,不会因为特别忙就放弃个人的发展。如果可以尽早地去改变、去学习,拓展技能,在事务所里就能每年都顺利晋升到下一个级别。机会一直都在的,但是如果我们没有做好准备来迎接它,机会是会跑掉的。所以,大家一定要采取行动,走出改变的第一步。

为者常成　行者常至

在学习上,目标是最重要的,我的目标就是以终为始。我先明确想做一件什么事情,想要一个什么结果,然后再规划针对这个事情要怎样学习。现在回想起来,我在大学阶段其实不是那么积极。但事实上,如果可以积极地去参加一些社团活动,去开阔眼界,认识更多的人,去获得更多的机会,有更多技能的话,就会有更大的提升。

当然我们不可能一直在学习或工作,会累垮的,我们需要时不时地加个油。对我来说,生活中有好几个"加油站",没有它们,我是不可能在事务所坚持这么久的。比如说书友会,好朋友们每个月都在一起讨论喜爱的书籍,这让我感到完全放松。要知道,这两个小时的忘我体验,在工作压力之下是可遇不可求的。另外,我参加的哲学课堂也很好,能听到很多不同的人的想法。同学们有各式各样的焦虑,课堂探讨的时候,大家的压力都被释放了。

我的兴趣爱好不多,最近比较感兴趣的是博物馆,虽然与工作没有什么关系,但对生活有启发,会提升生活的质量。以前我对博物馆并没有兴趣,但是在几位朋友的影响之下,慢慢就看懂了。看懂了之后,我就会想"这个我懂了,它是不是可以延伸到其他更多的地方?"有了些许兴趣,生活就有自己的印记,就不那么枯燥了。

有些人可能觉得自己很忙,没时间发展爱好,但其实时间是自己分配的,就算把个人爱好放进去,也不会影响紧急项目的完成。比如说我的书友会吧,已经办了7年多了,每个月都搞活动,影响力还挺大的,但其实它并不影响我的工作。通常来说,我会把全年12个月里的活动时间先定下来,然后去找朋友们来认领一下各自分享的时段，然后每个月只需要花两个小时参加活动就好了。两个小时对我的工作根本不会有什么影响。时间一长，书友会就成为我自己的成就，也成为我个人的标签。所以，如果这件事情值得去做，就把它放进任务栏里，开始去做吧，它是不会影响工作的。我们可以先从简单的小事开始，比如学开车、健身，然后再规划一个长期的事儿。比如，我从2015年开始读哲学课堂，一个月就花两天的周末时间。我通过这个课堂认识了很多人，开拓了思维，也算是一个成就。虽然它和我的工作并不直接相关，不对我的职业生涯有什么利益，但是在为人处世方面得到了提升，生活的很多方面在往前走。我还有另外一个小团体，大家每隔2个月一起吃一次饭。大家每次的分享都让我大开眼界，比如其中有4位朋友写了书，2位朋友读了哲学博士，还有个朋友成为所在公司的亚太区总经理等。我感觉再不努力就赶不上大家的节奏了！

有的时候我也会有迷茫。后来我发现，对于工作来说，如果不积极应对，迷茫永远都会在那里，不会自己消失。即便可以拖延几天，但越往后面拖，问题就越来越大。所以，应对迷茫只有唯一的方法：一件事情接一件事情地去完成就可以了。

择善而从　善作善成

关于职业选择，我建议：一是看这个行业是不是朝阳行业；二是看这个公司的价值观是不是和自己的价值观一致；三是看它是不是一个好的平台。三者缺一不可。就业初期并不知道自己想做什么，所以平台并不是急需要的，但价值观很重要，如果个人的价值观和公司的价值观相冲突，每天都会很煎熬。每个人的人生观都是不一样的，我坚信的就是人的一生只要做三件事情：第一，要做正确的事；第二，如果是正确的，要做自己想做的事；第三，帮助别人做同样的事。

什么是正确的事？经过多年的成长经历，我们心里面应该是有一杆秤的。同时，我们还要做到知行合一，就是说"心里知道怎么做是对的，行动上也不会因为别人的影响而去做错的事情"。最简单的一个例子就是过十字路口：无论旁边有多少人在闯红灯，你只要觉得闯红灯是错的，就要遵从本心停下来。

选择公司其实很简单。比如，小企业里每个人都要独当一面地做很多事情，面临的挑战会更多，所以在沟通能力、领导力、解决问题能力方面肯定提升得比大型企业

要快。但对于职场新人来说,如果直接进入小微企业,就没机会看到大企业的内部治理。反过来说,大型企业里的每个人都是一个螺丝钉,所以会感受到条条框框的限制,看到的东西也比较有限。

对于母校的发展,我觉得要先明确培养什么样的学生,我们行业把这个叫作核心竞争力。先确立核心竞争力,再发展专业技能,这两个方面结合起来就是一个人的综合发展能力。每个学校的核心竞争力都不一样,它不只是技术和课程,还包括学校的活动或者是老师的指导。这些都能够让同学们获得价值观、竞争力的影响。专业方面我建议多办一些交流会,请过来人分享,这样可以让学生少走很多弯路。另外,也需要给学生多看些案例,让大家自己去做真正有用的分析。

在能力培养上有个方法可以作为参考,比如学校要培养的是财务经理,那就看看外面大公司财务经理招聘启事里的岗位描述。大家不要认为这个描述是空的,岗位描述里面没有一个字是空的,所有的内容都可以落到实处。比如说"自信",以前我的绩效经理是个外国人,我和他讲重要的事时,都会先写一个提纲,然后照着这个提纲讲,赶紧结束。当时他一直说我"不够自信",但我真的不理解怎么才能提高"自信"这个虚无缥缈的东西。然后,有一天,他居然跟我说"我觉得你自信了"。在我的追问下,他说只是一个感觉,因为我在他办公室很放松。那么问题来了,是什么使我变得放松了呢?应该是源自我上了一段时间英语课,还给客户讲了好几次英文的培训,讲多了自然不害怕和外国人沟通了。所以,我的不自信的后面是有一个"实质缺点"的,而这个困扰我很多年的缺点,在我开始行动之后,半年内就解决了。所以,如果你对岗位描述里的某一点有困扰,先要好好想想自己的缺点是什么,然后一步一个脚印地去解决它。做到这一点,你就甩开 90% 的同龄人了。

岁月为证 逐梦正当时

邓晓斌

上海懿龙供应链集团副总裁兼CFO（首席财务官）；曾任亿达中国副总裁兼CFO，复星集团下属策源股份副总裁兼CFO，复星集团下属复地集团总裁助理兼财务会计执行总经理兼财务分析执行总经理，普华永道中天会计师事务所主管、高级审计经理等；上海立信会计金融学院1998届校友。

口　　述：邓晓斌
采　　访：魏海芝　易寒茹　杨　娇
整　　理：魏海芝　易寒茹　杨　娇
指导老师：夏慧勤
时　　间：2023年2月13日
地　　点：腾讯会议

云程发轫　踵事增华

我于1995年入校，1998年毕业于立信的涉外会计专业。我们当时上课是在中山西路校区，场地比较小，学时比较短，体育活动相对较少，平时主要还是学习会计专业知识。

我感觉学校里学的知识始终贯穿于我的职业生涯中。一个会计专业人员，小到简单的会计报表核算，大到企业经营活动的一举一动，都要用会计语言去记录。一个企业外部的很多合作伙伴，包括税务、工商，甚至融资、银行等各种金融机构，都会用到会计方面的专业人员。如果能够真实并且合理地去反映一个企业的经营状况，对一个企业的发展是至关重要的。我在学校里学的会计核算、财务管理知识在工作中得到了充分运用，在学校里没有学透的，工作后仍需不断地提升。

1998年立信的毕业生还不是很多，很多企业都非常需要财务工作者，特别是像立信这种实用型的财务人员，工作机会是非常多的。

当时我在老师的推荐下，去了我们立信的老师开的事务所，叫作长信会计师事务

所(以下简称"长信"),这是一个很小的事务所。我是从7月开始实习,在短短的两三个月里面,我基本上在上海周边出差了近两个月,前期做完大量的外围工作之后,9月中旬回到长信。从那天开始,我基本上就没日没夜地加班,直到9月27日大量的工作做完了,我们这些实习生就先回去了。那时我还没有移动电话,刚到家门口,在小卖部买可乐,接到公共电话,就被项目负责人叫回去了。因为10月5日要提交报告,7个晚上我们一共睡了不足10个小时,前几天还能睡一会儿,最后是4天4夜的通宵。一份报告就有几百页,其中还有各种各样的差错,我们不断地修改。前几天我还有点困,到后来就不困了。我记得当时有一个行政主任帮我们下饺子,大概是半夜两三点,我们吃完说:"这个汤圆很好吃。"那个主任说:"你们是不是都加班加傻了?"我认为,我那个时候表现还不错。项目结束之后,公司放了我们一个星期的假,其实一开始是睡不着的,大概两三天之后才能正常入睡,这是我终生难忘的经历。当时我们那个副主任也是立信以前的老师,就说"年轻真好,很快就满血复活了"。

因为会计师事务所的改革，长信兼并到众华沪银会计师事务所（以下简称"众华沪银"），我在那里一直工作到 2005 年年底，一年大概做 4 家上市公司的相关业务。当时我从做货币资金费用的审计开始，慢慢去审一些小型外资企业，到后来开始做存货收入确认成本计量，一直到后来从负责单体到负责上市公司，我的会计知识一直被不断地运用。从长信到众华沪银这一段本土事务所的工作经历使我逐步熟悉了审计工作。

立根破岩　循序致精

2005 年安永会计师事务所（以下简称"安永"）要扩大中国的市场份额，不惜重金引进人才，造成了行业内大规模的人才流动连锁反应，很多普华永道会计师事务所（以下简称"普华永道"）的人去了安永。我的 4 个项目的现场负责人去了普华永道，于是我从业 8 年之后变成了"光杆司令"。我也很急，他们就劝我也去试试看，这就是我的第一次跳槽。

2006 年我在普华永道担任经理，同时管理 100 多个企业并且与 8 个合伙人对接。1—4 月是事务所最忙的阶段，也是我最累的时候。在此期间，我基本上不怎么睡觉，也习惯了，年纪轻，就扛下来了，当时四大会计师事务所的工作强度非常大。

2008 年之后，普华永道业务扩张，我去宁波分所担任高级经理，此时我的目标是升到合伙人。宁波是民营企业非常发达的城市，民营企业占其经济总量的 95%。在我跟民营企业打交道的过程中，我记得最有意思的就是跟一位大老板见面，我跟他介绍普华永道是世界上最大的会计师事务所，他就问我："So what？"我回答："我们普华有 10 万人。"他说："我纺织厂也有 10 万人。"他反问我："你们打群架吗？"我又说："我们事务所是非常知名的。"然后他给我上了很生动的一课，他说："关我什么事？"然后他指着旁边的水果，点了点旁边的塑料袋，说："我现在有一盆水果需要装，我可以用塑料袋装，这是免费的。你为什么现在要卖给我一个 5 万元的 LV（路易威登）包包去装？你要告诉我你能给我带来什么，而不是告诉我你普华永道有多强。"这深深触动了我，我意识到当我以为我的品牌足够强、只要轻轻松松展示我自己的时候，人家更关注的是我能给他带来什么？这促使我去思考，从我们的服务特点去想他们需要什么。在宁波的第二个收获是先做人再做业务。我跟他们先交朋友，比如说他们喜欢喝茶，我就跟他们聊茶道，和他们处在同一个频道上，他们慢慢就会发觉我这个人还不错。我在宁波逐步地开拓了自己的市场，2013年，我被提名为合伙人，需要继续在宁波发展。但是恰逢我妻子怀孕，面临家庭和事业的选择，最终我拒绝了普华永道的晋升机会，选择了家庭，定居上海。

2014年我在复星集团的子公司复地集团任职总裁助理，兼任副CFO、会计核算部的总经理、财务分析总经理。这是我职业生涯中的一次转型，从1998年毕业到2014年，我都在事务所。而2014年到了企业之后，我感到会计核算和财务分析的差别。会计核算只是简单的事后记录的一个反映，对及时性、真实性有很高的要求。但财务分析是个更高端的领域，它是真正为决策者提供决策依据。我认为这份工作非常有价值。从2014年10月到2015年12月，我逐渐适应了从乙方到甲方的角色转换。2016年我调任到复星集团另一家子公司策源股份。策源股份是做房地产营销的，我接手之后，除了财务能力方面的升华，还拓展了不同的职业经历。我根据这些会计计量，发现公司利润很低，同时有些开发商并不是每个项目都赚钱。根据做审计的经验，我从财务数据找到前端的业务逻辑，发现了我们服务的开发商的痛点。在我的倡导下，公司建立了一个资管模型，整合复星集团强大的资金能力去买这些资产，然后通过营销包装，高溢价卖出。我利用我的专业知识为公司创造了巨大的财富。

2020年我任职亿达中国控股有限公司（以下简称"亿达"）的第一副总裁，发挥了我作为CFO各个维度的作用。一是最基础的会计核算，它的关键在于真实信息是什么；二是财务分析，需要大量的数据沉淀，进行横纵对标，形成财务模型，分析我们是否要去做这件事；三是税务管理和税务筹划，税务筹划的核心是会计；四是审计特长；五是融资管理；六是资本市场管理。这6个纬度是一个合格的CFO要具备的全面能力，需要拥有财务领域的十八般武艺。只有感到自己不足，从没感到自己够用，这也是我们立信毕业生的一个优势。我们知道所有的逻辑，怎么从业务流到报表层面去体现。在亿达我更多的是带团队去做事，大多数时候我们在前期是要动手去做一件事，踏踏实实不要计较。等做成一件事之后，我就会从做事变成管理人，怎么去找到合适的人去做事，这才是真正的成长，到了这里也给我的求职生涯画上了句号。

因为看见 所以相信

2020年年底，我离开了亿达。2020年，我一直在反思，从1998年到2020年，我已经工作了22年，也有了一定的职场经验。我感到自己在这样的工作环境下，处在某种程度的水深火热之中。一方面，在这里工作没有更多的空间给我去施展，其实在一定的程度上我也非常希望能有一个机会去更好地实现我的个人价值。另一方面，我已经为别人工作了这么多年，还是想要给自己一些机会。对我来说，我这个年纪的创业跟大学生的创业是不一样的，刚毕业的学生可能拥有更多的是勇气，是对未来的信心，是因为相信，所以看见，其实没看见任何东西，只是因为相信，这是一个梦想。但是我们创业，是因为我们看见，所以才相信。我们知道选择走这条路是有风险的。在我看来，做财务的人本身就是一个风险厌恶型的人，所以我们是谋定而后动，不是像刚毕业的学生那样一时冲动选择去走这样一条路，而是经过深思熟虑的。还有非常重要的一点是，我们创业的4个人是志同道合的朋友，相同的年代出生，有行业的共同语言，相互之间知根知底，不会斤斤计较，只是埋头干活。大家都有一定的资历、阅历、经验，所以什么事一看就能明白，也知道利害关系在哪里，这也是我们共同创业的一个原因。在那个时候我愿意去选择这条路，还有一个原因是大环境非常好。我现在做的这家公司供应链是为这些下游的核心企业，主要是央企，去做基础建设，比如医院、港口、公路、铁路、隧道、博物馆、学校。我为他们服务，采购他们需要的钢筋、水泥、砂石、木材，然后供应给他们，这个收益是非常稳定的，很符合财务人员低收益、合理回报的需求。

我们这一代人想事情的思路首先是去想我做这件事我能学到什么？其次就是做这件事我能独立完成吗？我不想给别人添麻烦，到现在我的性格还是从来不计较，有活儿就去干；当别人都不去做时，我也都能做，并且我能做好。

我有很多的兴趣爱好。我从高中就开始健身，为了保持比较匀称的身材，我将这个爱好一直保持到现在。同时，我是羽毛球的半职业运动员，我在立信的时候就非常喜欢打羽毛球，我们有很多同班同学现在还在打相关的比赛。我现在还很喜欢喝茶，同时热衷于研究茶具、茶叶包括茶文化的相关信息，这对我这个年纪的人来说是一种很好的消遣方式。除此之外，我最喜欢的还是旅游，以前只是喜欢玩，后来就发现每到一个新的环境，比如在乡间小道这样很平常的地方，去寻找、融入别人的生活，能

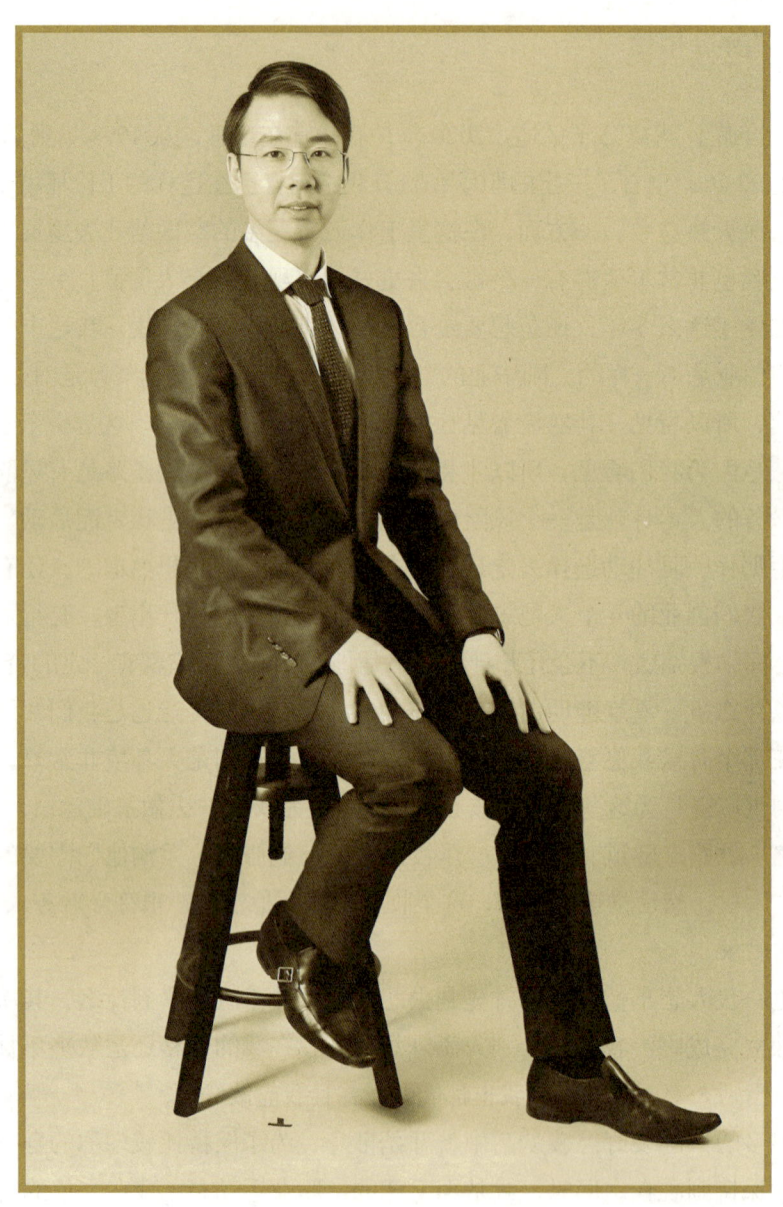

让我感到自己收获了很多新的东西。

我认为母校非常好，我们学校培养的人在执行力方面，尤其动手能力是非常强的。在我的职业生涯中，每一天的工作处处体现着我对专业知识的合理运用，所以不要认为专业知识没用，只是在学校时还没能真正地体会过用它的快乐。当知识真正能够用于实践的时候，我们只会感到不足，永远是书到用时方恨少，不会感觉没用的。

无论在哪个学校、学的什么，最重要的还是先学会做人。做人这件事，不光是学校教的，其实知识一直在身边，能否从他人的言谈举止中认识到自己的不足，这样的识错能力是非常重要的。能轻易指出别人的错误，这不是能力，或者这不是一个有价值的能力，能否看到自己的不足，这才是真正的能力。我们大多数人能够做到说出别人的不足之处，但是看不到自己的缺点，所以更高阶的能力在于大家能否识别出自己的不足，然后去批评自己、改变自己，这才是最有用的。希望大家自问，能否通过学校学到的这些知识，不只是简单地做一个遵循者，而是有没有可能像那些优秀的人一样做创造者，去创造更大的价值，这是我对同学们的期许。

传承立信梦想　筑梦青春华章

朱树民

现任徽商银行北京分行甜水园支行行长；曾任徽商银行安庆岳西支行行长、徽商银行安庆潜山支行行长；上海立信会计金融学院1995届校友。

口　　述：朱树民
采　　访：王　敏　潘　锐　邹孜诩　刘润明
整　　理：王　敏　潘　锐　邹孜诩　刘润明
指导老师：王　敏
日　　期：2021 年 11 月 4 日
地　　点：上海立信会计金融学院文翔路校区
　　　　　序伦大楼 716 会议室

心怀抱负　行稳致远

我就读我们县城里的重点高中时读书很用功，所以我是班级里为数不多的达到本科线分数的学生中的一个。我学的是文科，而文科在专业选择上比较受限，法律类、金融类和师范类是其中比较好的选择。在国家各项政策推动下，1990 年上海开始开发、开放，发展的机会非常多。因此，我将上海高校和经济类专业作为我报考大学时的首选。上海金融高等专科学校当时位于上海市民星路 465 号。学校金融、经济类专业很有名，而且地点在上海，所以录取分数较高。我结合自己当时的高考分数和心仪的城市、专业，将上海金融高等专科学校作为我的第一志愿，而我也如愿以偿地来到了这里。

当时学校的面积很小，生活也相对简单，不像现在的大学生活丰富多彩，可也有着我们那个年代特有的回忆。我至今还清楚地记得，1993 年大二期间，学校组织我们到崇明岛的农场开展为期两星期的"学农"，当时我们吃大锅饭、住大通铺、集体劳动。在农场，大家都释放了学习的压力，同学之间也有了更多的时间交流。也正是在这段时间，同学之间的情谊有了质的提升，班级凝聚力也得到加强。当时我们在农场的主要工作是砍树，大家一边砍树，一边喊号子、唱歌，互帮互助，互学互促，从未体验过高强度农活的我们，一天下来，筋疲力尽，但心里却觉得非常放松，那段经历也成了我们这一代人心里最温暖的回忆。

直到今天，提起民星路465号，我的心里仍会泛起一阵温暖的涟漪。我在读大学时最深切的感受是校园小，学校的环境和各种设施同现在也根本不能比。当时的我也羡慕过周边的复旦大学、同济大学，但后来我发现，小也有小的好，我们熟悉学校的各个角落，这是我们人生中一笔宝贵的财富。我们现在对那小小的20亩地非常怀念，因为那里有我们的青春和回忆。我们上下几届的校友现在都很想再回母校去看看，追忆自己的青春年华。

脚踏实地　开疆拓土

学校和专业的选择，影响了我的整个职业生涯。因为在校期间表现优异，1995年毕业时我被分配到中国银行安庆分行，考察合格后又被分到县里的分行。作为从农村普通家庭里考出来的大学生，能靠自己的努力，在县城有一份银行的工作，在当时非常难得，所以我十分珍惜。当时和我一起被分配到那里工作的，还有师范专业的本科生以及中专、职高的学生，但凭借学校和专业的优势，我在工作中很有自信。

从基础开始，这是做好所有工作的不二法则。虽然当时我对行长、经理、部门负责人的工作内容和状态非常羡慕，希望自己有一天也能像他们一样做到管理岗位，发挥更大的作用。但我深知，只有从最基层做起，才能有扎实的根基来寻求发展的空间。只有真正在每一个岗位、每一项业务上实操过，才能一步一个脚印不断地发展和提升自己。因此，当领导让我从柜员做起时，我毫无怨言，心甘情愿，但同时，我心中也有明确的职业规划，以后要走向管理岗位。

工作初始，中国银行在家乡当地的支行才刚刚成立，各个岗位、业务都需要有人去开拓。凭借学校、专业的优势和出色的工作表现，支行许多新岗位的设立、新业务的开展，领导都安排我做排头兵，将工作内容了解、熟悉、掌握后再教其他同事。毫不夸张地说，我经手筹建、培训的岗位大概有十几个。一方面是因为我本身性格比较沉稳，像一头可以开疆拓土的黄牛；另一方面是母校的培养给予了我各方面的成长和

不可或缺的专业优势。所以领导把事情交给我很放心，也很信任，这也更让我觉得我有责任、有义务把事情做好、学好，把同事们带好。在此期间，我参加了非常多含金量很高的培训和实训，既长了见识也积累了经验，在之后的职业发展中，这些都会成为我前进的力量。

工作近30年，从前台柜员到后台监管部门，从业务人员到营业部主任，从副行长再到行长，我脚踏实地，一步一个脚印，取得了今天的成绩。2021年8月，徽商银行北京分行发生人事变动，由于历史遗留问题较多，需要在安徽省内抽调一批管理经验丰富的人去北京当地进行指导和帮扶，我再一次成了不二人选。这已经是我负责组建的第3个支行，而我又要开始新一轮的开疆拓土，在退休前开启新的人生篇章。

父女相承　再续学缘

1992年秋，当我到达民星路465号时，我怎么也不会想到，2018年，我的女儿会成为我的大学校友。

一方面，对于上海这座城市有着深厚的感情；另一方面，受我的影响，我的女儿在选择大学专业时也表现出对于金融类专业的浓厚兴趣。就这样，受缘分的牵引，我和女儿从同一所高中毕业又到同一所大学。这种人生路径在不同时间段重合给人的感觉是很奇妙的，我的人生似乎在新的时空得到了延伸。送女儿去学校松江校区报到时，我深入浅出地向她讲述了学校校名的演变、校园的更新，以及我所知道的一些校史，仿佛即将在这里展开学生时代的人是我，满怀兴奋。对母校的情愫，被这种奇妙的轮回式的父女传承重新点燃了。在女儿面前，我承担的不仅仅是父亲的责任，扮演的也不仅仅是家长的角色，我更乐意对女儿说，我是她的一名校友，一名早她二十几年的"老"学长。我们应该共同学习，一起成长。女儿在经历着全新的生命历程，而我则像是借由她的青春，再重温一段光阴久远却依然清晰的宝贵经历。

我毕业时，我们的学校历尽千帆；你到来时，我们的学校焕然一新。在女儿填下高考志愿的那一刻，便有冥冥注定的缘分，让我和她在父女关系上又多加了一层校友的光环。当我的老同学们得知我的女儿也成了新一代的立信人，八九个在上海工作的同学都从各处赶过来，说要一起送孩子去上学。我们把上一代的同学情，延续到了下一代的儿女情，这也是立信给我的人生带来的宝贵财富。

女儿在校就读的3年，我以一个"老学长"的身份，潜移默化地引导她，教育她在这个与我往昔所处大不相同的环境里不断进步，与她一起学习，一起经历，一起成长。

久思久想　长存希冀

岁月如梭，转眼间我毕业离校已经20余年了。这些年来，每每想起母校，看着女儿在大学期间的成长，无不激动万分，感慨万千。饮水思源，感谢母校给予我专业知识，让我能够在这个激烈竞争的社会安身立命；感谢母校教会我做人的道理，让我一辈子谨记踏踏实实做人；感谢母校传递我师生、学友温情，使我这辈子永远对母校感念恩情。

忆往昔求学岁月，历历在目；看今朝校园新貌，豪情满怀。从"闹中取静"的老校区，到现在"静中热闹"的新校区，母校的方方面面都发生了巨大的变化。追昔抚今，我深感，学校在办学历程中艰苦创业，励志图强，形成了优良的办学传统和鲜明的办学特色。多年来，母校桃李芬芳，成果丰硕，为社会培养和输送了一大批有用人才。作为学校校友，我为母校取得的成绩而感到骄傲和自豪。虽已离校多年，但不管时光如何飞逝，我始终不会忘记在母校度过的年少时光，永远铭记老师们的谆谆教导，这是我人生的宝贵财富。祝愿母校欣欣向荣，在新的历史征程中再创佳绩。

面对朝气蓬勃、意气风发的学弟学妹们，我这个老学长想同大家做一些分享和嘱托：

第一，勤奋学习，扎实掌握专业知识。学习是立身做人的永恒主题，也是报国为民的重要基础。学习是一辈子的事情，只有在学习中不断感悟人生、提升境界，才会使自己变得更加充实、更加睿智。对广大学生来说，从学校毕业只是人生漫长学习过程中的一小步。我们要矢志追求更有高度、更有境界、更有品位的人生，把学习作为一种责任、一种爱好、一种健康的生活方式、一种贯穿人生旅途的生活方式，做到重学、好学、乐学。专业知识是根本。当今社会的竞争，是科学技术的竞争，是人才的竞争，掌握一门专业技术知识对当代大学生来说至关重要。

第二，积极实践，促进自身全面发展。大学是迈向社会的过渡阶段，是个人综合能力的培养时期。我国经济正处于快速发展时期，各行各业都需要大量人才，因此，大学生是否具备社会需要和认可的素质就成了就业的重要因素。我们不仅要将所学与社会要求相结合，更要有强大的内心，保持旺盛精神，朝气蓬勃，积极进取，斗志昂扬。我们要有开疆拓土精神，以远大理想确立人生航向。时隔多年，学校丰富的文体活动深深地镌刻在我们这些校友们的心中。一些看似和学习无关的活动，培养、锻炼形成的组织协调、沟通表达等能力，对个人成长产生了深远的影响。

第三，珍惜时间，积极奋斗，不负韶华。大学生活弥足珍贵，为所有学子展开了全新的一页。我们要在学习方式的转变、人际关系的处理、独立生活能力的培养、奉献意识的形成与锻炼等方面不断努力。热爱生活，珍惜当下，坚守初心，不负韶华。我们要把每一次磨难当作一种拓宽眼界的经历，把每一次挫败当作上天的礼物，把每一刻美好都珍藏心底，认真审视我们生活中习以为常的一切并珍惜它。多年之后我们会发现，每一步路都是人生路途中无法磨灭的瞬间。只要我们跟随自己的心做出选择，相信多年以后我们会感谢现在的自己走过的每一步，无论对错，无问西东。

情系母校，不忘师恩，未来我将以更加努力的工作态度，更加出色的成绩为母校争光。也希望学弟学妹们牢记"立信"的校训，传承立信精神，书写美好人生！预祝母校的明天更加光辉灿烂！

功不唐捐　玉汝于成

李学军

　　1994—1997年任职于上海金融高等专科学校（现上海立信会计金融学院），现任中邮人寿保险股份有限公司董事，中邮人寿保险股份有限公司总经理。

口　　述：李学军
采　　访：张　玥　李萌婷　邱心怡
整　　理：张　玥　李萌婷　邱心怡
指导教师：胡　亭
时　　间：2022 年 9 月 30 日
地　　点：腾讯会议

立信起航，奋楫笃行自作为

1994 年，在完成了自己的学业之后，我来到上海金融高等专科学校参加工作。3 年教学生涯，我见证了学校的变迁。当时，学校还没有设立保险学院，我在保险系负责教授一些和保险相关的专业课。因为和同学们的年纪相差不大，教学之余，我也经常和学生们一起交流生活中的所思所感。20 多年过去了，在学校的教学生活虽然只有短短 3 年，却仍给我留下了深刻记忆。我印象最深的就是带着同学们去学农。我和学生们一起，从繁杂的课业中抽出身来，到宁静安然的大自然中去，感受最质朴的生活带给我们的最真实的感受。学农虽然辛苦，但也让我发现了学生们坚忍不拔和脚踏实地的精神，这段经历至今仍是我生命中最美好的回忆之一。在学校工作的时间虽短，却给我埋下了到保险行业继续深耕的小小种子，给我未来在保险行业的工作打下了坚实的基础。

我本人是保险专业出身，在大学期间，当时中国的寿险行业尚处于起步阶段，我就接受了英国一家保险公司的一些赞助，接触了一些人身保险和精算的课程，这使我对寿险产生了长久的兴趣。之后中国的保险业开始对外开放，加之一种新的保险的营销模式——代理人的模式，由友邦引入中国，崭露头角，这些变革发生得强烈并且迅速，给我造成了一定冲击。当时的我已经在校教学3年了，学了保险，教了保险，但是对保险公司到底是怎么运作的，一个保险行业到底是怎么发展的，一直存在一些疑问，从未尝试如何实操。正好赶上整个行业大发展，中国人民保险公司分业——财险和寿险分业经营，寿险业处于从无到有的拓荒阶段。在这样背景的推动下，我选择进入实体领域，进入这个行业，加入中保人寿上海分公司。我认为，这个行业是一个蓬勃发展的朝阳行业。

投身行业，志存高远展宏图

  1997年我加入中国人寿，曾担任总公司教育培训部副总经理（主持工作），上海市分公司总经理助理、人力资源部总经理，总公司战略市场部总经理，湖南分公司总经理等职。2018年4月，我离开了工作多年的中国人寿，加入阳光保险集团，任业务总监一职。同年11月，我进入人保寿险任副总裁一职。自2021年11月以来，我担任中邮人寿党委副书记、临时负责人。在任职中国人寿湖南分公司总经理一职时，恰逢精准扶贫的关键之年，我司积极参与扶贫工作。保险扶贫作为金融扶贫政策的重要组成部分，对防范和化解脱贫攻坚过程中的风险具有不可替代的重要作用，体现了保险业贯彻中央决策部署的自觉行动，以及保险业助推打赢脱贫攻坚战的责任担当。

  过去近30年的现代寿险业的发展，我有幸都参与了，也看到它成长和变化的每一个过程。时势造英雄，我的所获所得与整个行业蒸蒸日上是有直接关系的。刚分业的时候，中国人寿当时全国的资产不到500亿元，保费大概只有100亿元；现在全国有5.5万亿元的保险资产，保费已经超过6000亿元，可见过去26年里，它的增长速度是非常快的。得益于这个行业的快速发展，我把握住行业发展的机遇，加之自己扎实的专业基础，对行业规律性的认识，对行业的经营模式的认知，因此，我有了些许收获，获得了一些成果。

  保险公司经过这些年的发展，从一个比较稚嫩的行业到如今全行业有20多万亿元的资产，近千万名的从业人员。今天，保险发展了30多年，相对成熟了许多。但是在

过去快速发展的时期，保险行业也走过很多弯路，也摔过很多跤。现在，这个行业进入了深度转型期。一个行业从很小到很大，到最后变得很强，必经的一个过程就是受挫折。有些波折和困难可能确实很难，绕不过去，这和一个人的成长是一样的。就目前来说，整个行业深度转型的方向越来越符合行业的规律，越来越回归行业的初心。

在这个背景下，保险行业对于专业人才的需求，以及专业人才体现的专业价值的环境是越来越好的，现在的保险公司尤其相对比较大的一些保险主体，有非常完备的员工培育和培养路径。

现在一些规模比较大的保险公司，新员工入职后，一般都会进行比较全面的入职培训，也会给员工提供很多基层的锻炼实习，帮助其建立行业感情。对于青年员工，保险公司非常注重其成长和发展。保险公司会为青年员工搭建成长平台，并在入职之后提供各种各样的公司内部晋升的培训、岗位的培训、行业的交流，并通过多岗位轮岗的方式去锻炼和培养员工的综合能力。

公司提供给每一位入职员工的成长机会是均等的，重点看大家怎么去把握这个机会，怎么抓住时机，利用身边一切可以调动的资源，让自己得到充分的成长。我看到有一些员工在入职 5 年左右就进入了中层管理级别；当然也有一些人，终其一生也只是普通员工。如何把握机会、如何学习、如何进步,这是大家在走出校门、步入职场后需要考虑的一个比较重要的问题。

全面发展,内外兼修自成才

第一,课内学业是基础。对于目前还在学校学习的同学们,我觉得扎实学习好本科期间的专业课程及提升相关的技能水平是比较重要的,大约需要投入7成的精力。现在的用人单位在招聘人才时可能会提前预设好基础指标,大多会借助机器输入关键词进行初步筛选,所以在校学习时的绩点、语言能力、计算机能力等可能会影响到同学们后续的笔试、面试机会。

第二,突出技能提亮点。除了完成校内课程,建议同学们可以着重锻炼一些突出的技能,如语言技能、计算机技能、建模能力等。随着各国经济贸易文化的密切交流与发展,语言是一项极其重要的技能,对于国内业务占比较重的企业,英语能够基础应用即可;但如果未来同学们想要进入外资企业,英语能力都要尽可能贴近母语水平。在一个互联网、大数据流行的时代,除了熟练掌握基本的办公软件,如果大家能够学习一些编程软件,如C、C++、Python、Java等语言,能够达到让人眼前一亮的效果。

第三,实践经历添色彩。单纯沉迷于书本上的文字知识是不够的,我认为,同学们需要在大学期间提升理论联系实践的能力,努力做到将所学知识运用到工作实践中。在大学期间,同学们可以有目标地选择几家企业进行实习锻炼,千万要避免盲目选择,比如有些同学虽然一年内就在好几家企业实习过,但是这几家企业之间并不存在关联点。这可能是因为部分同学还没有想好具体要朝哪个行业、哪个方向发展,所以想多尝试,在尝试中寻找机会。但是用人单位在看个人简历时,可能会更想找到该应聘者实习经历中的侧重点。实习经历不在量多,而在质优。我建议同学们在寻找实习单位之前,先想想自己的个人兴趣或计划的发展方向,从而有目的地去选择实习行业、实习企业,进而精确到某一类实习岗位。比如,某位同学对于精算方面感兴趣,那么像保险公司、会计师事务所、科技公司等都可能会有设置专门从事或贴合精算方向的部门,投实习简历时可有针对性地投递,当然还可以投递其他岗位,不断促使自己朝多方面综合发展,这些都是非常有价值的。除了找到心仪的实习岗位,我还希望大家能

够得到一些深入的锻炼机会,比如,向带教老师申请,看能不能参与某些项目的部分实战,相信同学们会有更大的收获。

第四,关注行业前沿动态。同学们在学习过程中,还可以借助网络、电视新闻、纸质媒介等途径了解行业的最新动态、热点资讯、发展趋势等,对于感兴趣、有影响力的行业、产品等做一些前瞻性的研究,不断更新和完善自己的知识结构,这也是一种接触行业、紧跟时代步伐的方式。相信你所做的都会成为自己独特的财富。

第五,永葆求真务实的特色。上海金融学院在与上海立信会计学院合并后,我想学校不论是在影响力还是办学实力上都更强了,实现了强强联合。我很有信心,也特别高兴看到上海立信会计金融学院这几年在科研、教学、人才培养等方面都取得了很多显著性的成果。作为一所专业类的本科院校,希望它能够在会计和金融领域发挥出独特的专业优势,继续秉持求真务实的办学风格,不断为社会各界,尤其是金融领域培育出更多优秀的实用型人才。期待未来学校能成为一所在中国专业特色突出、更有影响力的高校。

最后,恰逢上海立信会计金融学院 95 周年校庆,衷心祝福学校生日快乐,预祝学校的前景更加美好!

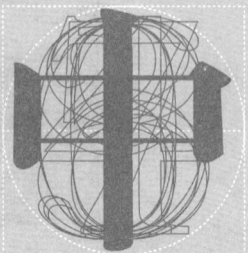

中 篇　**如日方升**

悠悠木兰溪　拳拳赤子心

董金豹

　　现任上海一家（民营）集团公司董事长助理兼投资部总经理，同时兼任上海市莆田商会秘书长、上海市健康医疗协会副秘书长、莆田市驻沪医学专家人才工作站办公室主任；上海立信会计金融学院1996届校友。

口　　述：	董金豹
采　　访：	潘佳妮　滕天盈　张　悦　丁可欣
整　　理：	潘佳妮　滕天盈　张　悦　丁可欣　杨　屹
指导老师：	夏慧勤
时　　间：	2021年10月17日
地　　点：	上海市浦东新区浦东南路3630号

山高水长　师友情深

　　我的家乡莆田，古称兴化府，位于福建中部兴化平原。这里不仅有数千年来养育着数百万祖祖辈辈在此耕耘、繁衍、生活的莆田父老乡亲，更有一碧万顷的蓝蓝湄洲湾，还有从被称为"闽中屋脊"的戴云山脉孕育而来、穿过兴化平原的母亲河——木兰溪。这片土地从古至今造就了家乡"海滨邹鲁、文献名邦"的美誉。可想而知，在这个我引以为豪的家乡成长，我从小就萌发了向先辈学习的志向：刻苦求学，长大成材。1993年，我考入上海金融高等专科学校（以下简称"金高专"），辞别父老乡亲北上求学。我的大学生活是在上海滩苏州河畔的金高专度过的，那里不仅留下了我的青葱岁月的印记，还培育了我与老师之间的浓浓师生情。

　　那是一段很美好的时光，老师和同学对我很好。我至今依然记得，1996年我毕业的那年，大学生还是由国家分配工作的。我毕业时填报的工作单位的第一志愿是工商银行福建省分行。不巧的是，那年工商银行福建省分行没有在我们学校招聘毕业生，也就意味着我必须自己找工作。快毕业的时候，大部分同学工作已落实，而我的工作还没着落，内心既焦急又苦闷。我不想返校参加毕业典礼，觉得无颜见老师和同学。这时候，我的班主任万秀凤老师打听到我的处境，她十分担心我，打电话给我说："毕业典礼，这辈子就这么一次，还是来参加吧。"之后，她又把我推荐给一家证券公司，争取到面试的机会。虽然我最后没进该公司，但万老师的行为让我深受感动。

还有教过我英语的陈老师，其实她并不熟悉我，但她的善举同样感动了我，我会牢记一辈子。记得那天，我在学校学生处申请退回推荐费，但学校不能马上退还给我，恰好这时陈老师也在场。当她得知我的家庭经济情况不好，急着拿回推荐费用于找工作时，她看到我从校办公室走出来，就跟上我，并让我随她去一趟她的宿舍。在她的宿舍里，她手里拿着一个厚厚的信封对我说："你有困难，老师可以支持你，这是我刚领到的工资，拿去先用。"一时间，我被陈老师的举动感动得不知如何是好，竟然愣在那里。因为平时我与陈老师交流甚少，她与我并不太熟悉，但我又无法拒绝陈老师这一番好意。我心想就向老师暂时借三五百元好了，可她给我的一个大信封，里面是整整2 000元！在1996年，对于作为学生的我来说，这是很大的一笔钱。我赶紧对陈老师说："老师，您给多了。"她却很平静地说："拿着吧，你现在很需要钱。"后来，我返校参加毕业典礼时，把这笔钱还给了她。当时通讯没有如今发达、方便，而且我连一张借条都没有打，莆田与上海又相距较远，我离校后也说不准会不会再回上海。我想，陈老师给我钱的时候，肯定没有想过这笔钱是否会还回来的问题，或者压根就没想要我还给她。

我还要感谢班里的金同学。他家经济条件比我好，他本人又大方，经常请我去看电影，到外面吃饭等。我当时经济比较拮据，所以每次他请我，我能推就推。当时上海第一家肯德基在五角场开张，我对金同学说："你请我这么多次，我下次请你去吃肯德基。"毕业前，我与他最后一次见面是在参加校毕业典礼时，我说："金同学，我请你去吃肯德基。"他笑笑说："就把你想请我吃肯德基这件事，放在心里一辈子吧。"此外，还有家住上海的陈同学。在我离开上海前一天，陈同学请我到他家做客，他亲自下厨烧了几样菜，还送我两张英文碟片，说是为我送行……

回想大学3年的学习生活，让我感动的人和事很多很多。我想，老师和同学之所以对我有如此深厚的情谊，缘自母校长期以来形成的良好校风，这是我爱母校的一个重要原因。因为有了好的校风，所以才有今天的桃李满天下。现在我依然与母校许多老师、同学保持联系，母校至今仍伴我成长，不断塑造与完善我的人格。饮水思源，我感恩母校对我的栽培，母校校训字字千钧，我铭记于心，终身受用。衷心祝愿母校全体师生前程似锦，愿母校滋兰树蕙，满园芬芳；弦歌不辍，永续华章。

涌泉相报　建设家乡

1996年，大学毕业后，我回到家乡，几经周折，进入中国建设银行莆田分行湄洲支行。我深知工作来之不易，我服从领导安排，先后从事过储蓄、出纳和会计等岗位。我把学校里养成的学风和品德带入工作中，对待工作兢兢业业，勤奋好学，克己复礼。

家乡秀屿区是在2002年年初经国务院批准后，新成立起来的一个区。这里地处湄洲湾畔，新区成立之初，辖区内的项目建设开展得热火朝天。作为金融机构的中国建设银行秀屿支行，公司需要增加业务部门的人手，我有幸调到业务部从事信贷业务。我在工作中最大限度地发挥自己的潜能，积极走访企业和社会团体，包括医院和学校，了解他们建设的项目和需要的资金等情况。在我的积极配合下，支行先后成功为辖区内的医院和学校建设项目、为多个市区重点建设项目提供信贷资金，获得单位和社会各界好评。

由我经手的信贷资金累计数十亿元，用于支持学校、医院、市政、港口和园区内项目建设，以及行业龙头企业的发展。我很自豪的是，由我经手的业务没有发生过一笔坏账。因为我从小喝着家乡木兰溪水长大，我认为自己所做的这些工作就是自己对家乡的感恩与回报。同时，我把"立诚明德、经世致用"牢记在心中，时刻提醒自己要对得起自己的良心。

2012年，我看到这些年家乡的巨大变化和许多乡贤在外发展取得很多成就，他们事业有成，回到家乡参与建设，同时也带来外面世界最新的发展信息。这些回乡的乡亲带来的大量新鲜信息，使我内心产生了很大的触动，这让我想起自己在上海的求学时光。那是一座世界闻名、充满机会的大都市，我渴望投身那里的工作与事业。诗人汪国真有句诗，"去远方，去远方，熟悉的地方没有风景"，我想去寻找诗与远方。就在这年，我得到一个机会：一位在沪乡贤公司需要金融高管，他们几经周折找到我，想让我来上海。我不假思索，毅然下定决心，辞职下海。于是这一年我带着妻子和年幼的两个女儿举家重返上海谋求新发展。

上善若水　利物不争

　　到了上海这座我既熟悉又陌生的城市，她日新月异的变化和发展让我大为惊叹！站在雄伟耸立的东方明珠电视塔上俯瞰浦江两岸高楼林立，江上百舸争流，我的心情起伏就像吴淞口浪潮汹涌的长江，我想这座以金融中心著称的城市一定有我的一席之地。我在这家公司担任财务总监并兼任集团旗下一家融资担保公司的总经理，正可以发挥我的专业和业务专长。我积极投入工作，不断思考与研究，制定方法和提案，力求规避各类投资风险。来上海不久，经过测算分析，我果断地向集团领导提出尽快退出担保公司业务的建议，通过不到3年的努力，公司如期安全地结束了该业务，提前规避了潜在的风险与损失。

　　工作之余，我喜欢带着家乡来的老乡到黄浦江边，眺望浦江两岸的美景与夜色。每当站在滔滔向东奔去汇入东海的黄浦江畔，我就心潮起伏，久久不能平静。这座大都市曾留下我青春年少的求学记忆，现在成为我事业奋斗、扬帆起航的地方。望着滚滚东去的浦江水，我不禁想起哺育我成长的家乡母亲河——那条承载数千年厚重兴化府文化的悠悠木兰溪。尽管岁月带走了年少的青涩，却让一个在外游子对家乡的思念涌上心头。我积极融入在沪乡亲中，主动与他们交流往来。经过一段时间的接触，我获得了在沪乡亲们的认可，2013年应邀加入家乡在沪莆田商会，并兼职担任常务副秘书长，主要协助会长把商会的各类民间社团活动搞起来，以此进一步取得乡亲们的信任和认可。

商会、协会是非营利性的社会团体，加入社团、参与社团活动是一项非常有意义的事情。我平时喜欢喝茶，像铁观音、武夷岩茶、福鼎老白茶、云南普洱等各类茶我都很喜欢。喝茶能让人心静下来，有利于思考问题。用茶来打比方，我融入商会就好像是茶叶，在公司工作就是一杯开水。为了让自己的生活更加多彩、更有味道，我就放几片茶叶。商会社团是我喜欢的社交平台，我很乐意参与其中，即使不拿报酬，也可以丰富我的业余生活。如何让自己的生活更有意义、更有价值？无非就是对社会多做一些贡献、多帮助一些人。人生在世，要摆正对物质条件和精神世界的态度，不必太过于追名逐利。我是一个不太会争的人，自觉是一个普通人，自身没有多大能耐，但我常怀感恩之心，如果自己有能力的话，就多做些好事，帮助需要帮助的人。

慈善、公益事业是我们商会、协会等社团的一项重要工作内容。在我们的积极运作下，2014年商会成立了爱心基金会，并重视对教师的奖励。一般社会赞助是给学生，我们为什么给教师呢？因为教师是人类灵魂的工程师，教师是需要大家尊敬与关爱的一个社会群体。我在商会秘书处工作，一直在努力助推奖教事业。在此之前，商会连续多年给家乡学校赞助款项，用于奖励和补助学校的教师。就在上个月，教师节的前一天，我的家乡莆田发生疫情，我积极响应和支持商会会长的号召，一起发动商会会员和乡亲，组织在沪莆商积极捐款捐物支持家乡抗疫，并组织在沪医疗人员，成立医疗队，奔赴家乡抗疫，为家乡做奉献。我觉得有机会、有能力多帮助别人，在帮人的同时也会让自己收获快乐。我从中深深体会到快乐，也在快乐中升华自己。

静水流深　崇尚信仰

我育有两个女儿，从小我没给她们设定什么目标，比如考取名校，我也没有计划一定要让孩子出国。就在上个月，我的大女儿还跟我提过前往西部支教的事，我也支持。如今我的两个孩子已初长成，他们各方面表现都还可以。今年高考，我的大女儿以优异的成绩被一所985学校录取，小女儿目前在浦东一所市重点学校上高三，我为

她们感到欣慰。至于将来她俩对事业的选择和发展，我没有要求，孩子想做什么行业都行。我跟孩子常说，"要做好人，有条件多做好事，要健康、平安、开心，不求大富大贵，你们的生活、工作和婚姻由自己做主"。

我的家乡福建这个地方很特别，地图上有长长的两条线，代表两座山脉：一个是戴云山脉，另一个是武夷山脉。它的西边是山，东边是海。因为有山有海的隔绝，古时候交通不方便，有世外桃源的感觉，所以家乡的传统文化保存得很好。建议大家有机会去福建看看，特别是逢年过节去莆田，你能领略到几百年前的一些文化与传统：比如莆田的元宵是从正月初六一直到二月初二，为期一个月的元宵狂欢活动——摆棕轿、游龙灯、跳皂隶舞、砂花祈福，还有妈祖巡安等各种各样的习俗。很多外地人看不懂，也不能理解，但这些都是莆田几百年前留下来的民间习俗与信仰。越是深入了解这些民俗文化，就越觉得有意思。

学以致用济时需　锲而不舍镂金石

忻　毅

现任上海浦东发展银行虹口支行党委书记、行长，政协虹口区第十四届委员会委员；曾任浦发银行青浦支行副行长、第一营业部副总经理；上海立信会计金融学院1997届校友。

口　　述：忻　毅
采　　访：杨昌润　王正权
整　　理：杨昌润　王正权
指导老师：夏慧勤
时　　间：2020 年 11 月 23 日
地　　点：上海市浦发银行虹口支行

忆立信　春风化雨师恩难忘

在立信的学习经历给我的帮助主要有两方面：一方面就是做人，立信这个校名表达的就是"信"，我还很清楚地记得当年军训的时候让我们大喊"毋忘'立信'，当必有成"，给我很大的启发。我现在做商业银行这个工作最需要的也是"信"这个字；另一方面是在学业上的，立信的学业课程设置和老师的教导方法都很接地气，教材的选用、案例的引用讲解很贴合社会实际，让我步入社会后感觉基本不怎么脱节。我们当时读了很多商业银行管理方面的课程，到现在我都觉得跟实际工作中的应用没什么差别。学校课程设置独到，老师了解市场，与时俱进，这点非常感谢学校的老师，做到这一点很不容易。社会是不断变化的，能够做到不断紧随实际更新教学内容，需要很用心，包括社会调查实践、教师培训、教学材料更新等。会计和金融本来就讲究一个真实，这方面是我们学校的一大优势。

我在学校时印象最深的人是何佩莉老师，因为大学里面老师相对管得比较少，何佩莉老师不一样，她给我的感觉就是对待学生无微不至。从中学到大学是有一个

过渡过程的,中学时期学业压力要重一点,大学主要还是依靠自己的主观能动性。何老师作为我们的系主任,帮助我们在很短的时间内就适应了大学的学习节奏。记得当时有几门课学习难度挺高的,如《成本会计》,何老师给了我们很多学习方法上的指导。不只在学习方面,何老师在生活等其他方面也给予了我们很多帮助。我当时学习还可以,但是体育成绩不行,何老师指导我怎样在很短的时间内提高体育成绩,用了她的方式方法,我在德、智、体、美、劳方面得到全面发展。何老师还给了我很多精神上的引导。这样关心学生的大学老师非常少见,我很感动。何老师在临近毕业的时候又给了我们职业发展上的指导,当时我比较困惑的是,到底是选择四大会计师事务所还是选择银行?选择某个事业单位还是当公务员?是选择股份制的商业银行还是当时的四大国有银行?我家里没有任何一个亲人是搞金融的,何老师给了我一个很好的职业发展指导,甚至可以说是我人生道路的引路人,所以直到现在我都很感激她。师恩难忘,20多年过去了,我还跟她保持联系。我真的觉得自己很幸运能够遇到这样的好老师。

伴浦发　积水成渊不负韶华

我从立信毕业后就进了浦发银行工作，23年没有离开过。选择浦发银行是因为1993年浦发银行成立，当时正好是浦东如火如荼开发的时候，浦发银行的成立契合了上海的发展。我当时就觉得这是一个非常好的机遇，因为一个企业的发展不仅要看发展前景，在"信"的前提下实现公司的利益最大化，还有非常重要的一点就是能否抓住机会。浦东开发开放是给我们金融业的一次机会，不论什么企业特别是金融企业就是要为人民服务的，这不仅是党的宗旨，也是我们经营企业的一个根本目的。如何为我们的客户提供最优质的服务，这是我们始终要做的一道大题目。所以我觉得我很幸运能够大学毕业就进入浦发银行，现在看来，和浦发银行一起成长的这段经历是很珍贵的。

进入浦发银行后，我从最基层的柜员开始做起，不断积累工作经验，完善自己。孔子说"吾日三省吾身"，我们要先反省自己。做了两年柜员，第3年我去了国际结算岗，第4年做的是公司的客户经理。我原本不是一个很外向的人，怎么处理好人际关系成为日常工作中重要的一环。和同事、客户、下属的人际关系处理都直接影响工作成效。工作环境也很重要，就拿我现在的工作环境来说，同事们互相帮助，气氛和谐友爱，而且是我喜欢的对口专业，所以虽然工作辛苦，但累并快乐着。我做客户经理的工作经历也帮助我更加热情开朗地去面对人和事，更加得体地待人处世。我在浦发银行静安支行工作了18年，后来又被提拔到浦发银行青浦支行做了两年副行长。2018年我就任浦发银行第一营业部分管公司和金融市场业务的副总，这些宝贵经历都让我倍感自豪。

我对目前的工作满意的地方在于学以致用，自己专业对口，又很喜欢金融这个专业，能够在自己喜欢的岗位上一步一个脚印做到现在很有成就感。不足的地方在于我和同行业同单位的优秀管理人员相比还是有很大的差距。科技发展日新月异，如果我一天不学习就感觉可能会被淘汰。我现在每天都抓紧时间学习，争取追上同行业的优秀人才。

愿同学　惜时奋进岁月可期

现在学校里教授的课程比我们那时候丰富得多，同学们的学习想必也更加充实。

首先,建议同学们要倍加珍惜时光。我现在也依然想回到学校继续深造,因为学校的学习氛围是最好的,以后到社会上很难再有这种机会静下心来学习。其次,建议同学们把自己学习的专业与自己喜欢的工作以及国家的发展紧密结合起来,做到学以致用。兴趣是最好的老师,有兴趣才有动力去学习。如果以后进入了自己不喜欢的行业,也不要灰心,希望各位同学干一行爱一行,化被动为主动,所有的事情都不会白做。这些事可能今天没什么用,但都是你的社会经验,能够帮助你将来迈向更远的地方。

最后,我衷心祝福我们的学校越来越好!

东风随处起芳华

高　琦

　　上海交通大学工商管理硕士，中国注册会计师，CGMA（全球特许管理会计师），可口可乐装瓶商生产控股有限公司首席财务官；曾任可口可乐大中华及韩国区财务总监；上海立信会计金融学院1997届校友。

口　　述：高　琦
采　　访：徐学婷　陈佳燕　寿晓寅
整　　理：陈佳燕　寿晓寅　徐学婷
指导老师：夏慧勤
时　　间：2020 年 10 月 16 日
地　　点：上海徐汇区宏汇国际广场

以信为本　居正持志

我于 1994 年考入立信财金系国际金融专业，这个专业应该是那一年新开的一个专业。选择金融专业的原因之一是我的高考成绩达到了这个专业的分数线，原因之二是从个人的志愿和个人发展方向来讲，金融专业可以让我有一技之长，并且也符合我的个性。我很庆幸自己做了这个选择，这个选择带给我很多收获。

我在高中时就入了党。进入立信，学校给予我很多的发展机会。学习之余我加入了校学生会。当时我是系里的学生会主席，也是校学生会组织部部长。我在立信学习期间曾有幸获得过多项学校的奖学金，其中印象比较深的有潘序伦奖学金、长江奖学金等。非常感谢学校老师的教导，记得时任校长还曾在毕业时赠予我一本日记本，题"志当存高远，精心琢琦珀"，把我的名字铭刻在期望之中。载着满满的希望，殷切的嘱托，我离开学校步入社会。通过努力，毕业一年后，我获得了中国注册会计师资格，这与学校教育为我打下的夯实的理论基础是分不开的。平时，我也会看很多生产经营和企业管理运营方面的书，将实践和理论联系起来，学以致用，这是一条漫漫的

自我摸索的道路。

　　潘老校长提出的"信以立志，信以守身，信以处事，信以待人，毋忘'立信'，当必有成"的训言教会了我很多为人处世的方法。首先，职业操守是最根本的，经过这么多年的工作，无论在哪个工作岗位，职业操守都是核心。如果说人生是场马拉松的话，立身之本是可以让人走得更长远的。坚持做人做事的原则，或许意味着不能在短期内快速获得认可和成功，但持之以恒，慢慢地这种为人处世的能力会影响更多的同事。宽容诚恳的待人之道，也为我赢得了很多的朋友。每当我有困难的时候，总会有贵人出现在我的身边，深深地感恩帮助过我的人。滴水之恩，当涌泉相报，这不是靠投机取巧和走捷径能够做到的。

　　在我离开学校，进入会计师事务所的那一刻，我突然间意识到，周边的同事都来自各大名牌大学。我自问自己的核心竞争力来自哪里？答案是毕业于立信的学生做事更加踏实，我自身持续学习的能力、为人处世的能力，以及在学校从事学生会工作的经历都在无形中给我加了分。2000年，我参加了全国研究生统考，考取了上海交通大学管理专业的研究生。至今，我也一直处在不停学习的过程中。在立信学到的，无论是基础知识，还是做人做事的文化熏陶，让我有了立足之本。

无惧挑战　渐行渐广

1997年从立信毕业以后，我加入了安永会计师事务所。从事审计工作3年多以后，我加入了一家中英合资的生产制造企业担任财务总监。加入这个企业的时候我才25岁，这个团队的所有成员都比我年长。结合我在会计师事务所学到的相关知识及内控管理能力，保持谦虚好学的态度并向周边有经验的同事学习，慢慢地，我赢得了财务部同事的认可和尊重，为团队和企业带来满满的活力。制造型企业的成本管理、库存管理、资金管理等工作，都让原来课本中的每个字在工作中变得越来越清晰，越来越生动。那段经历对于我来说也是非常宝贵的，除了专业知识，我还学到许多新的管理理念和工具，如精益生产、六西格玛等，一直助力我成长到现在。除了关注自己的成长，作为部门负责人，我也关心团队的成长，勇于承担责任，最后才能助力企业的成长。

2004年我加入可口可乐大中华区。在世界500强的公司工作，不仅考验自己的专业技能，更考验自己的软技能，其中包括沟通技能、影响能力、领导能力等。公司人不多，但是所有的工作都需要自己能"下得了厨房，上得了厅堂"。我既要熟练地运用各种系统，又要清楚地表达自己的观点，影响周边的同事。在500强公司的工作，让我开阔了眼界，有了和国外同行交流的机会，我接触到非常优秀的同事们，探讨产品保持竞争力、企业基业长青的奥秘。除了关心财务，我们关心宏观政策、竞争对手、消费者洞察、行业发展、品牌计划、商务计划、营销通路等。

2010年我们加入了上海世博会的项目组。在世博会期间，我看到了公司如何发挥赞助商的作用，实现企业和世博会官方的双赢。然而当时公司是全球迪士尼各大主题乐园的赞助商，唯独中国大陆除外。对此我们做了很多探讨，分析了中国的国情，分析了消费者的习惯，探讨在什么情况下公司会是一个合适的赞助商。当时我们就发现了一些在周边园区的商机，包括迪士尼小镇上的一些业务。这里涉及财务和业务的结合，通过一次次的沙盘演练，做出一些战略性的选择。财务工作者离不开对公司业绩的回顾及短期、长期规划。在这些工作中，我们和亚太区、美国总部会有很多的交流。这里会有很多挑战，包括语言的挑战，思维方式和文化方面的挑战。每个部门都是一个专家团队。不同的行业专家在磨合中寻找答案，每天都有利益、专业的博弈。在这样高度竞争的环境中，保持竞争力的方式就是把握每次机会，通过一次次的轮岗，去不同的部门了解公司运作的全貌，让自己的观点更加完善。每一次的职能转变，都宛如进入一家新的公司，在新的起跑线上重新出发。人在不同阶段应该去规划做不同的事情。年轻就应该去接受挑战，等到三四十岁以后，可能才有一个相对稳定，更加游刃有余的空间。在年轻的时候，我的确比较拼，经常加班加点，尽可能做到自己满意，问心无愧。无论基层还是高层，没有绝对安逸的岗位。无论技术的发展、社会的发展，都由不得我们有丝毫的懈怠，不进则退。走出舒适区，让自己多一点挑战，选择范围就会越来越广。

大胆试错　勤学善思

　　克服了很多的障碍，坦然面对很多挑战以后，我的自信心也越来越强。职位不重要，在所有职业选择的路径当中，重要的是这个岗位能否学到东西。我比较重视专业的财务能力，基础会计、审计、内控、财务管理等都是财务人的核心竞争力。只有根基扎实，才能谈建高楼、盖大厦。前些年我去考了CGMA（全球特许管理会计师），颇有收获。通过一些实战案例，我把自己的综合思维提升到一个新的高度。在现实世界中，没有一个决定是完美的、唯一的，但是作为一个管理人，需要在复杂的情景中寻找简单的核心，学会取舍。

　　与其在纠结中等待，不如大胆地去尝试。不用担心未知的挑战，因为每个人都会有自己的局限性。我们要用谦卑的心态，虚心听取各方的意见，这样就会让自己的思想变得更成熟。随着沟通技能的提升和知识面的拓宽，我们就有可能进入自己想要到达的境界。当然，需要问自己的是，人生的目标是什么？虽然我分享了很多和工作相关的心路历程，但是也可以为经营我们未来的生活和人生做参考。

对于母校，我由衷地表示感谢。没有学校的培养，就没有我们的今天。对于学弟学妹们，我想说，学校的未来在于我们每个学生，现在的同学铸就母校的未来！

砥志研思　踔厉奋发

李争浩

现任申能（集团）有限公司财务部总经理，申能股份有限公司董事，海通证券股份有限公司监事，上海燃气有限公司董事，上海市会计系列高级职称评委会专家，人民银行上海总部上海市支付清算协会特聘专家，上海市成本研究会理事；曾任上海浦东发展银行四平路支行行长，申能集团财务有限公司运营总监、计划财务部总经理、会计结算部总经理，上海市支付清算协会理事；曾获上海市人民政府金融创新成果奖三等奖，中国人民银行上海总部2015年度支付清算论文评选一等奖，上海市金融学会票据专业委员会课题二等奖；上海立信会计金融学院1997届校友。

口　　述：李争浩
采　　访：乔袅沐　陈秀昕
整　　理：陈秀昕　乔袅沐
指导老师：夏慧勤
时　　间：2020 年 11 月 16 日
地　　点：上海市虹井路 159 号申能能源中心 616 室

著鞭跨马涉远道

我们学校那时候是大专，走读生居多，但我是住宿的。所以对我来说，是住宿让我体验到真正的大学生活。一是有一种集体生活的感觉，这是一个离开家庭锻炼自主独立能力的过程。二是我们那时候寝室里面有高年级的学长，这些学长对我们有蛮大的帮助。首先，功课方面的问题都可以向他们请教；其次，在职业规划方面，他们去参加面试有什么信息都能及时传递，如面试官提了什么样的问题、需要什么样的人才，他们都会和我们交流。受他们影响，我会比较早地考虑自己的职业规划，这使我的心智比同龄人成熟得早一些。

我觉得大学生涯主要是稳住心态、激励自己。我高中玩得好的同学都在复旦、交大、财大，所以当时自己有一个心理落差。大学三年都在追赶他们，但我并不觉得自己比他们差。我在大学一年级下学期考过英语四级，二年级上学期考过英语六级，然后老师就说我的英语课可以免修了。此外，我在大学期间还把能考的证都考出来了。我的大学都在奋力追赶，工作上也一样，我的工作生涯都是没有舒适区的。3 年立信、

10年浦发、13年申能,我的大学和工作生涯就是一个不断"追"和"转"的过程。

从1997年到2007年,我在浦发工作了10年。这段工作经历给我整个职业生涯带来了很大影响。一是讲究谨慎细致和自律。我从事的岗位很多,从出纳、储蓄做到会计,然后再做银行信贷、外汇业务、资产保全,其间还获得上海总部公司金融业务比赛的第一名,被选拔为后备干部,后来再做到支行行长。我那时候28岁,是整个浦发系统最年轻的二级支行行长。我刚开始做银行的工作之时,就告诫自己不要把银行里的钱当钱,保持平常心,这对刚刚步入社会的学生来说其实是一个挺大的挑战。从学校到浦发,养成了谨慎自律的性格,是我一生做财务工作坚持的职业操守。二是培养了自己的抗压能力。银行信贷所要经手的钱不是工作柜面上的一天100万元,动辄就是上亿元。这些钱你放出去还要收回来,并且可能会遇到一些经济周期变化,这时候就可能需要去催收。你要去做一些资产保全,就会有压力,如果出现不良资产可能还要承担责任。三是营销工作提升了我的沟通能力。做银行信贷,现在叫客户经理,需要不断去与人沟通,协调各方,解决问题。因此,我觉得这份工作对我提升沟通能力和语言表达能力有很大帮助。四是管理能力的培养。担任管理岗位以后,各个方面都要你去统筹安排,对外是对客户的管理,对内是对员工的管理,对于管理的态度和方法是一种历练。

我的银行的工作生涯虽然只有10年,但是其间我从事过很多岗位,各个工种也都有所接触,这对我的职业规划有很大影响,对我开阔眼界很有帮助。

领异标新二月花

申能那时候在筹建一家集团财务公司，它是像内部银行一样的一家非银行金融机构，主要是做集团的资金集中管理，主营存贷款业务，同时也可以做投资、证券、保险经纪，是当时金融业内比较少见的混业经营状态，不过只面向集团内部客户或者产业链客户。当初这家公司是国内首批中外合资的企业集团财务公司，外方是富通银行，它是欧洲最大的银行之一。合资签约仪式在比利时皇宫进行。我应聘的时候，中层部门经理正职岗位已经招满了，公司管理层对我非常满意，希望我能加入，就增加了部门经理助理的职位，并与我充分沟通了今后的职业规划。公司中外合资的治理结构、金融的新业态和申能的能源巨擘背景吸引了我，所以我就从浦发去了申能。

进入申能之后，我还是在熟悉的公司金融部门工作，规划了公司所有信贷授信制度架构，包括合同文本、授信、信用评级制度等。后来会计结算部经理离职了，公司领导就让我接任了这个职位，所以大概仅半年多我就从部门经理助理转到另一个部门做会计结算的副经理，并主持工作了。这个领域对我来说是全新的，主要负责整个集团资金的集中管理和支付清算，包括与商业银行之间的一些银企直联系统的建设等。我在那里做了三四年，从副职到正职，进行了很多创新，也拿了不少奖项，如人民银行支付清算的课题一等奖，这也是财务公司在人行支付清算系统能获得的最高奖项。我还致力于自贸区的金融创新，比如说建设财务公司自贸区FTU（分账核算单元）。我们是首批通过验收的非银行金融机构，而且创立了自贸区非银行金融机构FTU的验收样本，结合FTU项下的跨境集中收付平台被纳入自贸区第四批金融创新案例，又获得上海市政府的金融创新奖。以前上海市政府的金融创新奖获得者都是大型银行、券商和保险公司，或者重要的制度创新，如沪港通等，申能获奖对财务公司行业来说也是难得的荣誉。我这人就喜欢去做一些创新的尝试。一般来说，会计结算是公司中后台部门，主动创新的机会不是很多，但我"不安于现状"，不断去突破和尝试一些新的业务，并获得行业认可，这对我个人和带领的团队来说都是一件很有意思的事情。

后来公司计划财务部的经理调到其他单位，领导说你再接一下计划财务部吧。我就又重新回到老本行去做财务了。金融机构计划财务部门除了会计核算，资产负债管理是重要职责，主要有流动性管理、定价管理、资本管理三大块管理职责。我是整个财务公司行业或者说非银行金融机构里面第一批做FTP（内部资金转移定价）模型的，因为它需要有很多的数据积累、模型规划和对市场收益率曲线的研判。合理科学的定价机制，对于财务公司更好地应对利率市场化有非常重要的意义。领导又说，财务管好了，你再去管管科技吧。于是，我又升任公司运营总监。科技是金融机构的核心竞争力，不管是支付结算还是流动性管理或资本管理、会计核算都涉及大量的信息系统。IT对我来说是一个比较新的领域，我需要考虑怎么样去把业务和IT结合在一起。我们在科技上也拿到了一些奖项，比如说银监会信息科技四类成果奖，"燃气收费支付机构集中交互平台与燃气大数据分析"获得上海市支付清算协会课题一等奖。

转型是我工作生涯最大的一个特点，所以我觉得自身适应性要强，要培养自学能力，进入新的领域，要选对学习方法，要去了解这个领域，从学习框架再到具体钻研某一点。

涓流成海扬风帆

关于应届生择业，我想说道路很长，你现在看到的山顶不一定是你的目标，当中有很多迂回曲折。比如你在爬山的时候看到这个山顶挺高，以为肯定是你的目标，但是你转过一圈以后发现那个山顶好像更高。毕业生找工作第一步要找个好平台，去大银行、大企业，工资暂时低一点没关系，但是你的眼界会打开。因为这种大平台会有很规范的培养机制，整个发展是在一个高起点上，不要太在乎一时的待遇，特别是我们做财务的，起点很重要，起点好了，人的眼界就更开阔，基础一定要打好。

另外，大学4年一定要注意以下能力的培养。

一是表达能力。我们学校一直很注重实务能力培养，但我觉得良好的表达能力是很关键的。我看到一些来评高级职称的财务管理人员，做了很多实务但是讲不出来，或者无法提升高度。你一问他问题，他要去翻稿子，就好像这个事情不是他做的一样。面对考官是这个态度，那面对总裁可能也会这样紧张。做了很多事情却不能很好地表达，不能好好去总结，这样很吃亏。好的CFO、财务总监要去面对投资者，要去跟股东大会、投资者、机构、基金经理沟通，因此表达、沟通能力是非常重要的，是高层财务管理人员必备的技能。学校应该加强这方面能力的培养，如辩论赛、演讲比赛等，多开展一些有助于提升自我表达能力的活动。学生应该有这种自信，不但能做也能说，不然很难进入决策层。

二是业财资税信息化一体化的能力。从目前我们高等教育的会计学科来说，大学4年，理论基础是做财务的基本，但是如果说想适应大型企业对高级财务人才的要求，

那就要做到"业财资税信息化一体化"。"业"——业务。你要了解自己公司的业务，了解业务可以更好地安排预算，去整合公司的全部资源。"财"——财务核算。财务核算的方向是财务共享化，基础的操作会在共享中心被财务机器人所取代，很多业务核算只要有规则就可以用机器来取代，但是你需要学习这些规则怎么定，需要能够理解会计政策，并且能够判断不同业务适用不同会计政策的人员。"资"——资金管理。一般大型企业都会有集中管理要求，怎样组织管理资金池模式、境内外资金怎么通过跨境资金池来管理，还要与银行、券商、交易所、银行间市场交易商协会等进行沟通，所以我们需要具备一定金融知识的财务人才。"税"——税务规划。你不仅要注意案例，还要善于沟通。税务的政策都是要去与税务机关或者业务部门沟通的，你首先要了解有什么优惠政策，而后要去争取优惠政策，使得企业的税负最优化。"信息化"——所有这些东西都要落到信息化，因为财务数字化是未来的发展方向。我们需要会计信息化人才，懂会计也懂信息化，你不用写代码，但你要知道数据从哪里来，怎样使用数据，怎样让数据变成"数据资产"。目前大型企业财务共享发展的高阶版就是财务数字化。当然一个学生刚毕业有以上能力里的1～2种就是不错的，其他方面的能力可以在职业生涯中去完善。但从学校培养的角度来说的话，最好这几方面都有涉及。

感谢学校对我的培养，学校三年的教育为我打下了良好的知识基础，学校的校训对我的人生影响深远。现在学校有更广阔的发展前景。希望我们学校尽快从学院升成大学，我也愿意为母校做出更多贡献。

用心走好每一步　感悟人生路

郑海宁

阿里巴巴集团菜鸟网络资深财务总监，ACCA（特许公认会计师公会）成员，ACCA中国区专家委员会成员；上海立信会计金融学院1997届校友。

口　　述：郑海宁
采　　访：孟鹭依　曹安琪　蒲　鹏
整　　理：孟鹭依　曹安琪
指导老师：黄　嵘
时　　间：2020年10月18日
地　　点：上海市中山西路2230号

学"证" 学"套"逻辑分析

　　从母校毕业后，我选择去新加坡继续深造，锻炼自我。正值留学假期，我得到了一些关于ACCA的资料，了解到当时国内的会计准则与国外相比有一定差距，这促成了我毕业后去新加坡和英国留学。最后，我也成为ACCA的成员，现在还是ACCA在中国区的专家委员会成员。

　　我认为，海外考试和国内考试还是有很大差别的。海外考试没有选择题、是非题，只有案例题。国内学生在读书时，可能接触不到相关案例，考试时更关注学生的公式写得对不对，结果对不对。海外考试不同，更注重考查学生的决策能力、解决实际问题的能力，比如它会让学生去探索商业逻辑，做出正确的决策，而且最终的决策并不唯一。举个例子，ACCA的卷子有4个案例，然后给考生一本工作底稿，老师阅卷时看重的是考生怎么把工作底稿写清楚，没有答对也没关系，哪怕要用的具体模型忘记了，考生同样也可以引用这个模型，然后假设一个数据，再继续做下去，也可以拿到应得的分数。就像工作中，我们遇到问题，不应该放弃，而是借助其他的资源去更加灵活地解决问题。

ACCA是一套分析逻辑,在工作中很实用。以前ACCA有门课叫绩效考核,学生需要学习如何对公司进行业绩考核,这套方法论的学习对我之后的工作产生了莫大帮助。我在复星地产集团担任财务总监时,曾带领一家公司完成了IPO,这个过程对我的综合性知识以及实际操作能力的要求很高。所以学习ACCA时的那套方法论对我影响很大,比如怎样跟监管机构、中介机构和投资人沟通。

我觉得在互联网领域或者一个新的独角兽企业里,如阿里巴巴和腾讯,他们的管理层并不一定都有很多证书。证书最多只是敲门砖,比如我的团队成员并不是每个人都是CPA,我们会更关注他对经纪业务的感知能力和独立思考能力。一个好的CFO会花很多时间和同行业的CFO以及各大投行的投资人在一起交流。我就会和他们经常性讨论很多案例和经济问题,总之会花很多时间在学习当中。

此外,我会花很多时间和ACCA的专家们一起讨论公会在中国的发展,也会和他们去全国各地的大学给应届大学生上课,不仅是专业知识,还会有一些经验分享,如怎样面对考试,应该以怎样的心态进入一家企业以及如何在工作当中提升自己。

思量、取舍 直面机遇

成为一名优秀的CFO的路径有很多,现在CFO的职能越来越多样,非常考验个人的综合能力,比如怎样面对资本市场,怎样让投资人满意等。在公司的治理架构方面,我认为权力不能高度集中,所有权、管理权一定要分离,管理权可以充分地授权,但是一定要高度地监督，比如设置内控、内审制度和部门来对权力进行监督。CFO 和 CEO（首席执行官）是不一样的，CEO 更有大局观，更关注公司的发展战略，考虑怎样开展一些新的业务并把业务做深做广。CFO 面对资本市场更多一点，更注重做一件事情所要付出的代价以及会遇到的风险。另外，一个好的 CFO 不是要去拒绝风险，而是要学会怎样去和风险共存。

结束新加坡的留学生涯后，我进入当地的安永会计师事务所工作，那边留给我最深刻的体验就是对工作时效的要求和对个人抗压能力的检验。如果任务完成不了就会被淘汰，没有太多的缓冲期，也没有太多的感同身受。同时，如果一件事超出我的能力范围，我会审时度势，该放弃时就主动放弃，否则对公司和对自己都是不负责任的，而且只有这样，我们才可以全力去规划下一步的事情。

归国后，我选择在复星地产做 CFO，那是首次尝试这一职位。看财务报表只是我工作的一小部分，大量的流程和审批以及业务会议会占用我 90% 的时间。复星集团算是上海最大的一家民营企业，对于地产板块，我从没觉得它的逻辑很复杂，我反而觉得它很简单。它分为四步：投、融、管、退。"投"即投资，这一阶段要对未来做一定的预测，比如项目的回报率以及风险性。"融"即融资，这一阶段要考虑以什么方式来筹集项目的资金，多少是债，多少是股。"管"即管理，建设过程当中需要考虑要怎样管理并控制成本。"退"即基金以及项目的退出。这当中的任何一个环节，财务人员的作用都很重要。后来到阿里巴巴工作，阿里巴巴有一个"361"的规则，考核绩效的时候，要挑选出 30% 超出预期的人，他们可以得到更多的晋升机会；有 60% 符合预期的人，可以继续工作下去，拿到合理的收益；还有 10% 低于预期的人，他们在年底的时候享受不到福利，也会失去下一年度的晋升机会，如果连着两次都是那 10%，就会面临被淘汰。最痛苦的事情是，当团队越来越成熟的时候，每位成员都很优秀，可是还需要淘汰末位的人，即便他可能比新来的成员更优秀。可是这就是规则，也正因为有这样的规则，大家才会更努力地挑战自己。

在职业发展的过程当中，对我来说很迷茫、很艰难的一段时间是在前述公司上市后的高光时刻过去之后的瓶颈期。公司本身的业务并没有因为上市而发生很大的变化，反而市值在往下走，又回到了上市之前那种感觉。作为一个 CFO，我可能会跟其他管理层的理念不太一样，我很纠结，究竟是换个环境，还是在这个舒适区里继续待下去。之后我就去了杭州，来到了阿里巴巴。换了环境之后，我放弃了原来所拥有的一切，要去面对一个陌生的团队和一份不那么熟悉的工作。在一个未知的情况下，我很迷茫、很担忧。每换一份工作对自己来说都是巨大的挑战，而不是像现在很多人，把换工作当成家常便饭,哪边收入高就去哪边,我反而每次会非常担心,会考虑很多的风险。但是我觉得自己的运气比较好,遇到了很好的老板和团队。

未来物流　数智化先行

物流业未来的趋势肯定是数字化、智能化。之前配送快递都是手工填写面单,没有数字化存储,顾客买了东西后也无法查阅物流信息。现在大家在天猫等线上平台买东西,从出库到运输,所有环节全部可以查到,这就是菜鸟这么多年来在做的数字化和智能化,把整个包裹运输的每个节点都数字化,大大地提升了效能。

另外,我们也通过多年积累下来的数据,通过算法重新规划,这有利于更进一步地提高效率。同时,我们也在末端工作,无论是校园还是社区,基本都分布着菜鸟驿站,解决了最后一公里的问题。特别是在疫情期间,大家也有深刻的体会,送件人根本无法进入你的住所,而菜鸟驿站可以让大家无接触取件,在提升配送效率的同时也很好地保护了客户的隐私。

菜鸟的国际化进程也做得非常不错。菜鸟在全球7个主要的机场都已经设立了中转站,通过它们把全球的物流网都建起来,在国际上提高进出口包裹的运输效率。比如比利时的列日机场,在多数航空货运公司的航班在疫情期间都取消的情况下,我们通过包机或者航空公司将货物集中运到欧洲,以列日机场为中转站,再转运到欧洲其他地方。7个这样的中转站就能让我们建成全球物流网。

菜鸟在新冠疫情中承担了一个企业应有的社会责任。菜鸟驿站保障了很多社区的民生需求,菜鸟国际配合各个合作企业向全球运送医疗物资。我们也通过数字化去帮助一些快递公司恢复生产资源。我们的每一位扫件员、派送员,每一位卡车司机,每辆车、每架飞机都有数字化管理的资源,所以当疫情刚来的时候,快递公司能够通过数据化管理的 App(手机软件),使一部分人回到工作岗位并能够协调一些车到资源紧缺的地方。我们通过数字化手段来帮助行业尽快恢复到疫情前的状态。

目前邮政行业日均快递量已达到2亿单,整个物流业需要以大数据、物流要素数据化为主的科技公司来帮助物流行业更上一层楼。

我们也遇到了不少艰难时刻,但每一次都顺利向前,每一次逆境都是一次新的机遇。一切都发展得很快,我们当初描绘的蓝图都在逐步实现。

求学之路　学专业、学兴趣、学会生活

学校在人才培养方面，我认为可以设置一些商业案例和分享课程，请一些成功的企业家或管理人员来分享真实的企业场景，让学生体会职场和课堂学习有何不同，进而帮助学生尽快地适应工作。另外，在课程设置方面也可以让大家接触一下海外的相关课程，如会计准则等。对于财会专业的学生，产教融合是很重要的，学校一定要根据需求，对口培养学生。

站在学生的角度，我建议学弟学妹们在大学不仅要培养自己的兴趣爱好，还要注重积累资源，提高沟通和交往能力。男生要注重体育锻炼，这样也可以释放学习压力。例如踢球，踢球中有输有赢，同学们可以从中学会怎样正确面对胜利和失败，这一点在工作中很重要。

阿里巴巴的总部在杭州，我目前是往返上海和杭州两地的状态，生活是要有所牺牲的，这点不可否认。生活和工作的平衡在人生的不同阶段也是不同的，我目前还是以工作为主。阿里巴巴的员工非常年轻，平均年龄30岁左右。我相信大部分像我这样的人在50岁之后会把机会留给更年轻的后辈。今年阿里巴巴集团面向全球优秀的毕业生开放了百年阿里财务的校招计划，作为委培生正式编制3年轮岗，3年后到正式岗位，有意向的同学可以多关注。

居仁由义　知行合一

周勇峰

现任上海报业集团人力资源部副主任，上海市新闻工作者协会青年新闻工作者委员会副主任兼秘书长；上海立信会计金融学院 1998 届校友。

口　　述：	周勇峰
采　　访：	王　莉　倪昊云　吴昊娜
整　　理：	王　莉　倪昊云　吴昊娜
指导老师：	夏慧勤
时　　间：	2020年11月1日
地　　点：	星巴克（上海市曹路宝龙店）

机缘巧合择所安

　　我于1995年进入立信，在财政金融系国有资产管理专业就读。这个专业名称有点特殊，好像在我们这届之后就没有再设置了。我们班级同学猜测设置这个专业主要是为了适应当时国资国企改革的大背景，大家对未来的就业前景还是相当看好的，换句话说都还对这个专业有所期待。我们这届学生毕业时，已经不包分配了，需要自己找工作。毕业之前，学校会推荐一些同学去参加企业招聘考试，推荐企业的方向主要还是集中在各大银行，我也参加过一些银行的笔试。机缘巧合的是，当时学校推荐了3名学生党员去解放日报社面试，我有幸在被推荐范围里。我现在回想起来，那时候自己的面试表现还是相当稚嫩的，一是不了解应聘岗位的职责，二是不熟悉应聘单位的情况，三是完全没有面试话术和技巧，自己就这样稀里糊涂地参加了面试，也算是无知者无畏。面试时，三位考官问我的一个问题就是："你学的专业和人事工作不对口，你怎么看？"说实话，那时自己对人事薪酬管理完全一无所知，只能硬着头皮作答。现在我自己作为面试考官，在筛选简历时会过滤掉那些一看就是海投的简历。而在面试过程中,如果发现对应聘岗位都不清楚的考生也会给低分。好在我当年面试的时候,面试考官们录取了我。刚进入报社,由于工作和所学专业完全不沾边,我也曾考虑过跳槽去财务类岗位。但过了几年,我发现做人事工作也是非常有挑战性的,跳槽的想法就慢慢地淡了,逐渐安心下来。

我们当时读书的校区是在中山西路校区,校区面积不大,大家几乎都是走读,住校的同学很少,所以课余活动、学生会活动和团组织活动也比较少。大学期间,我参加过一次学校组织的社会考察,当时是从学校6个系、不同年级一共组织了20多个同学去南昌、井冈山、武夷山考察。在这5天左右的时间里,大家同吃同住,让我有更多机会接触其他系的同学和老师。这次活动以后,我更多地参与学校的学生工作,后来还担任了财政金融系的团总支书记。这一年多团总支书记的工作经验为我日后在工作中负责青年工作以及组织跨界跨行业活动提供很多助益。

多年以后,因为工作原因,我经常有机会到各个高校走一走,一方面是和高校有培训方面的项目合作,另一方面是到毕业生就业指导中心了解生源情况。现在学校的校园氛围、社团建设比我们当时好很多,有各种各样的社团活动,而且现在的学生都住校,有更多时间参加活动,我非常羡慕现在的校园生活。

思变创新方通达

1998—2004年,是我职业生涯的第一阶段。我从一名学习财会的学生向一名人事管理者转换。在解放日报社组织人事处,我主要负责薪酬统计分析、编制人事报表、聘用合同管理等工作。在工作中我尽可能地把在学校所学的图表制作分析应用到日常工作中,积极推进各种人事信息化的建设。由于统计分析工作得到报社领导肯定,报社推荐我参与了当年市委宣传部组织的江浙沪三地新闻宣传单位薪酬调研,我负责数据分析并撰写调研报告。回忆这段时间,我感觉最大的收获就是培养了自己严谨和踏实的工作作风。我庆幸遇到一位好领导——报社组织人事处处长,我经常跟她沟通我的困惑和想法。领导很耐心地开导我,同时也鼓励我尝试学习了解人事领域的其他内容,并积极为我搭建平台。

第二阶段是2004—2006年。我参与筹建解放日报报业集团第一份财经类日报

《每日经济新闻》。这一阶段让我从一个部门业务骨干逐渐转变为一个管理团队的负责人,我开始独立负责一个基层单位的人事工作。在《每日经济新闻》创刊后,我起草制订各项规章制度,组织落实招聘计划,搭建采编和经营团队,并负责日常人事管理工作。在报纸创建之初,我跟团队成员一起不分昼夜地工作,见证了这一财经媒体从无到有的过程。这段独立运作管理一个部门的经历,让我进一步熟悉了人力资源工作的各个模块,了解了各模块间需要有机互动。我在人力资源管理方面也进行了一些有益的尝试,如制订并落实相关培训,针对离职人员建立谈话机制,并做好离职反馈分析。此外,我还积极为报社各种社会活动做好保障工作,参与筹备了FT时尚峰会和科特勒之夜等大型活动。回顾这二年,高强度、快节奏的工作大大提高了我的沟通协调能力,同时也让我有机会从另一个视角观察集团下属各单位的管理现状。

第三阶段是2006—2013年。我重新回到报业集团组织人事处工作。在这一阶段,我努力从一名普通管理者向创新型管理者转变。在此之前,我在工作中只是追求会做和做完,更多考虑的是结果,仅仅追求浮于表面的学术。经历了独立运作一个部门的工作并参与报社创建发展以后,我对整个报业改革和随之而来的人事变革有了更深入的思考。2006年,我着手研究和探索报业集团人力资源信息化建设。经过前期调研,我提出了在报业集团推行人力资源信息化管理的思路,撰写了项目可行性方案。我作为项目协调人,推进实施了集团人力资源信息化管理项目。2007年,解放日报报业集团成为在上海纸质媒体中第一家推广使用人力资源管理信息系统的单位。从2007年起,我还参与另一项人事创新项目"媒体进课堂"。这是一个产学研的延伸和对接项目,也就是让一线新闻采编或经营管理人员走进课堂,给学生讲课,这是解放日报报业集团加快队伍建设,特别是高层次人才培养的一个新举措。我负责这项工作后,积极拓展寻求与学校深度合作。部分学校根据学科体系和教学要求,吸收媒体实践经验作为教学内容的补充,纷纷开设了"媒体进课堂"的选修课。同时,我们也更广泛地招募采编人员赴学校讲课,形成了媒体与高校的良好互动。

2006年年底,经过选举,我担任了解放日报报业集团团委副书记,开始了5年的团委兼职工作。我主动把青年工作、共青团工作和人事工作进行对接,从大局出发,周到细致地把各项工作做好。我开始不断完善团组织架构,做到组织网络和全体青年两个全覆盖,不断增强集团团委的影响力。我注重发挥基层团组织的力量,通过合适途径，寻找特色角度，围绕服务世博、服务主业，策划和组织青年更好地服务世博，奉献世博，激励基层团支部通过活动创优争先。在搭建对外交流平台方面，2008年汶川地震发生后，我们团委联合"15集团兄弟联"，发起了向灾区捐帐篷的活动，一起捐赠1 000顶帐篷，并在第一时间送到灾区。这一活动被上海市团市委推广表彰。2009年12月，我们联合SMG（上海广播电视台、上海文化广播影视集团有限公司）、中国电信、中国移动等10多家团委，在上海市文明办和团市委的领导下，举办世博手势秀活动，让广大团员青年感受世博激情，为宣传世博、参与世博尽自己的一份力。我们还与文新、文广团委合作，开展了"红领行动——上海青年新闻工作者崇明支教行活动""上海青年新闻工作者世博报道创新大赛"等活动，均加深了与兄弟单位团员青年之间的交流，促进了合作。2010年，我被上海市团市委评为"青春世博行动"上海市优秀共青团干部。

回顾这一阶段工作，我一方面全面接触干部人事工作，另一方面也通过团委兼职更多地参与跨界跨行业的活动，这使我对项目的把控能力得到增强，对新时期传媒业人力资源管理也有了新的认识和思考。

第四阶段是2013年至今。2013年我担任了解放日报报业集团组织人事处副处长。同年10月，解放日报报业集团和文汇新民联合报业集团整合重组成为上海报业集团，我担任上海报业集团人力资源部副主任。在这一阶段，我逐渐向资源整合的角色转变，组织协调能力也得到进一步提升。集团整合之初，工作量比较大，我作为人事部门副主任承受了很大压力。当时两个集团的办公地点、工作模式和企业文化都不相同，而上级又希望尽快实现融合。面对人事管理工作的千头万绪，我主动融合，努力适应新岗位的工作需要；靠前指挥，注重发挥团队合力，积极面对整合转型的困难，有序推进人事各项事务。作为部门副职，我用"甘当绿叶不争功、细心耐心成就人"来勉励自己，主动配合部门领导完成部门日常管理工作，积极向老同志请教，熟悉相关业务及政策，认真梳理各项工作流程，努力做好工作的合理安排和协调。同时，我也努力搭建平台，为提升部门年轻同事的职业素养提供舞台，发挥每一位同事的积极性和主动性。从2013年以来，整个报业、纸媒发展进入一个低潮期，我带领团队运用人力资源管理的专业知识，积极应对报业转型发展，做好深化报业人事制度改革推进工作，破解报业整合转型中的各种新问题。我结合集团工作重心，围绕"深入融合，转型发展"，以"关键人才"为核心，为各媒体培养全媒体人才提供"养分"，通过岗位培养、

岗位锻炼,努力打造一支具有核心竞争力的人才队伍。

在这一阶段,我也继续做了大量跨行业、跨领域的工作,比如参加上海市委组织部工作组赴新疆、西藏考察援藏、援疆干部,参加市委巡视组巡视工作,担任上海市新闻工作者协会青年新闻工作者委员会秘书长等职务,这些经历都为我提供了从更高站位上思考全局的机会。

与时俱进积功力

从人力资源管理的角度来看,新进入职场的学弟学妹们要尽快完成角色转换,做好工作,有四项能力很重要。

一是终身学习的能力。这里不仅是指学校学习,更是进入职场后不断充电学习的能力。随着科技发展,每个人所处行业环境不断变化,新科技层出不穷,所以我们要适应这样的变化,不断学习新知识,掌握新技能。有可能的话,同学们还要多参与一

些社团活动和课外实践，学以致用，为进入职场做好准备。

二是跨界思考的能力。同学们要加强锻炼自己的思维，多从事物的另一面思考。进入职场，要努力学会从周围同事以及直属领导的角度思考问题，从更高的层面思考问题。跨界和换位思考其实是互相包容，互相融通的，所以不要局限于自己所学的专业，要更多地了解自己专业外的一些东西，为自己的职业发展助力。

三是解决问题的能力。在职场，大家要准确领会工作任务的核心要点，要有百折不挠的心态，要把自身能力发挥到极致，对于自己提供的方案和所做的工作反复打磨，追求完美，争取能切实解决实际问题。

四是沟通表达的能力。一方面，我们要学会倾听别人说话，善于让别人多说一些；另一方面，也要有效、准确地表达自己的观点，提出独特的见解。沟通和表达不仅是口头交流，也要关注书面的文字写作。写好一份公文是大家进入职场必备的技能。沟通和表达能力需要大家在学校和职场不断磨炼和积累。

立信是应用型学校，在专业实操方面考虑得比较多。立信的老师一直很自豪的是，立信学生应用能力强。立信毕业生进入公司，经过一段时间的适应，很快就能上手。我们不能抛弃好传统，要坚持应用型办学方向，同时要结合时代的发展要求，让新技术和新技能贯穿到课程中，力求课程设计与岗位需求相对应，帮助同学们提升竞争力，适应市场挑战。此外，还可以通过校友会的一些活动，让更多的老校友、优秀校友了解学校的发展、课程的设计、同学的能力，发挥各行各业校友的作用。

我衷心希望学校发展越来越好，有更多立信校友成为各行各业的骨干。母校发展得越好，我们在职场中的腰杆也能挺得越直。希望同学们牢记潘老先生的"毋忘'立信'，当必有成"训言，做到知行合一，不忘初心，把自己的工作做好，回报老师和母校。

立人经商　诚信为先

曾铁彬

东莞问甲文化传播有限公司（UNGA CHINA）董事兼总经理，东莞妙特塑料制品有限公司董事兼总经理，东莞悠意步儿童用品有限公司董事长，香港Unga Limited 公司董事，东莞思倍客实业投资有限公司监事；上海立信会计金融学院 1999 届校友。

口	述：曾铁彬
采	访：郭异薇　吕菁蕙　姚火俊　王梓禾
整	理：郭异薇
指导老师：姚晓东	
时	间：2020年10月18日
地	点：上海立信会计金融学院校友之家

君子养心　莫善于诚

我打算从事外贸行业时中国的外贸业务只能由国营公司来经营，我不知道自己究竟能走到哪一步，也曾回家乡做过几个月会计工作，后来发现自己不适合便又回到上海从零开始。我在上海找到的第一份工作是外贸会计，但是此后毅然决然转向业务助理的职位。在专业和兴趣之间，我选择了兴趣。也是因为兴趣，我在这家公司这一干就是5年，而在此期间发生了对我影响很大的一件事情。

毕业伊始，我一门心思扑在工作上，不问人际关系，卷入了一场盗窃事件。公司有一部非常珍贵的数码相机，当时价值12 000元。一次使用后，我把数码相机放在桌上，离开去复印文件，回来时相机不见了，怎么都找不着，最终确认丢失。丢失器材理应要赔偿，公司要求赔偿12 000元，相当于我10个月的工资（当时工资1 300/月）。公司每月留300元给我做生活费，剩余工资分12期抵扣，直至赔偿完。同事们纷纷建议我报警或者辞职，这样就可以免于赔偿。我当时打电话征询我父亲的意见，他是一位在公安局工作了一辈子的老共产党员。

父亲说:"你自己做决定,但是要做到问心无愧。"

我当时的决定是留下来,证明我没有偷窃这部相机——一个至今我虽然一点也不后悔却也会偶尔质疑自己的决定。如果再有一次这样的机会,我是否会做相同的决定呢?

彼时我与同学合租,房租每月一个人负担275元。为了解决每个月的早餐和周末吃饭问题,我每月需向同事借50元(到年底通过年终奖来还掉),平时除了公司提供中午一餐,晚餐就是通过每天加班来解决,因为加班有免费的方便面。而到了周末(单休周日),我只能炖一锅稀饭、买两包榨菜从早吃到晚。后来合租的同学也受不了,不再与我共同用餐。最痛苦的莫过于公司突然改成双休(周六、周日),我的周末口粮急剧短缺。谁曾想到人生 23 岁风华正茂时，最恨的居然是过双休日。这样的苦日子直到一年终了债务全清才算正式结束。

经过这些年的风风雨雨，回想这件事，我最大的收获就是：做人要讲诚信，讲担当，不计较一时的得失。也可以说，没有这件事或许也不会有今天的我，也许当时完全可以辞职走人，毕竟事实上不是我偷的。但是最后经手的人毕竟是我，我不能简单逃避而一走了之，人要有担当。当时我认为维持和证明个人的信用是十分重要的。对于信用的执着追求也成为我之后创业初期及守业过程中的法宝。

譬如若干年后（准确说 20 年后），我因为外贸采购的原因再次与原来东家的同事发生交集，我的供应商业务伙伴因为了解我当年的"壮举"而向其他伙伴为我的人品背书，甚至可以谈到先收货再付款的优惠条件。再如新冠肺炎疫情期间，很多和我合作的客户包括他们的介绍人都会说："我可以把与我的性命一样的信任交给他。"所以上千万元、上亿元的资金往来的信任，很大程度上归因于我当年遵守自己的承诺，而且这种信守承诺的精神自始至终贯穿了我的从业经历，个人口碑在圈内逐渐形成了信用，也带来了收益。

父亲给了我很多影响，他们那一辈对于奉献精神的践行非常之强烈。父亲也常说"吃亏是福"，做人要以诚相待，做事不要怕吃苦。有时你干得多拿得少，感觉是吃亏，但换个角度考虑，在这个过程中你接受了锻炼，别人不会的你会了，或许就豁然开朗了。

学无止境　世界需要复合型人才

企业需要什么样的人才，当然是复合型人才。什么叫复合型人才？就是不光有着较高的专业水平，还要有多方面的综合技能，包括管理方面的技能。我的公司每年都会招聘很多人，有毕业两三年劳务成本相对较低的，也有学业、技术能力强的。私营企业用人不唯学历，更注重复合型能力。高薪和学历的关联度并不很高，往往拿高薪的还不是学历高的。我从事传统制造行业、贸易行业，针对我们这个行业来说，你会英语，又会国际贸易，要是还有金融或会计专业知识，再加上懂电脑编程等其他技能，你的竞争力就会很强。我们在职场一定要多学习、多钻研，绝不要眼高手低，认为自己本身条件优秀，便经常会对自己有过高的期望。其实很多时候专业乃至其他你所认为的条件，并没有什么主次之分。我们在学好自己的专业知识过程当中努力培养自己，让自己成为复合型人才，这才是重点。

比如，1999年我毕业的时候在上海找工作非常难，因为没有上海户口，我投简历的成功率并不高。为了弥补这种劣势，当时我给自己制订了一个计划：别人去蹦迪的时候，我去加班，公司没有班加的时候，我就利用公司的资源去学习Photoshop（图像处理软件）、Flash（二维动画软件）等技能。我们必须要保持旺盛的求知欲，因为我们永远不知道什么时候会用上这些技能。所以我在后来的成长过程中，包括自己创业前后，经常会听到一句话：曾总啊，究竟还有哪些是你不知道的？

在公司，没有人能做到的事，你能顶上去；缺人手的时候，你有时间帮忙参与项目，让老板觉得我8 000元月薪招聘了你，仿佛请了个16 000元甚至30 000元月薪的人一样，而且几乎可以胜任任何职位。你能够把专业知识的学习方法应用到新知识的学习中，对于新的项目你能很快适应，那么你就保持了无限的竞争力，获得高薪是迟早的事。这点无论是在公司就职，还是在今后的创业过程中，你都能受益无穷。

家庭是我最宝贵的财富

男人们总是在问：如何去界定什么是好的另一半？是长得漂亮？性格是温柔好抑或强势好？其实对"好"的界定很简单，只需要她能理解你就足够了，她不仅能和你同甘，还能够共苦。在奋斗的过程中伴侣更多的是共苦，尤其是对于一些创业者而言，另一半如果对你失望了，你的婚姻家庭生活肯定会受到影响，对你的事业也必然产生负面影响。

在创业之初，我没有足够的客源和订单支持创业的理想，在非常落寞的时候，我正是靠我的另外一半来支撑，不仅是在物质层次，更是在精神层次。我同龄这一辈创业成功的很多，其中不少人很早就在香港等地的一些公司中工作过，在那里学到了很多先进技术与管理理念。但在他们当中我也接触过身价几千亿元的老板，却面临着夫妻分家产的闹剧的案例。一个人再成功，家庭不和睦，孩子不爱你，老婆不爱你，一天到晚需要在不同环境下用不同的谎言来维持家庭和社会关系，在我看来，这不能说

是成功的。

"不幸的事情有千千万万种,幸运美好的事情它只有一种",择偶不能只看物质条件和外在条件,而是要找和你有共同价值观的人作为你的另一半。良好的家庭氛围不是等来的,而是需要去创造,去发自内心地对家庭、对另一半忠诚。

家庭是我最宝贵的财富,我有一个贤惠的老婆,还有两个可爱的孩子。我和我的妻子都有各自的公司,是相互独立的。我们共同用事业支撑这个家庭。我们结婚已有10年,我相信我们能永远一起走下去,我身边永远是她。

初心如磐　笃行致远

杨文漪

上海浩丞管理咨询有限公司总经理；上海立信会计金融学院 1999 届校友。

口　　述：杨文漪
采　　访：周宇鑫　石雨轩　廖梓君　季玉鑫
整　　理：周宇鑫　杨　强
指导老师：黄　嵘
时　　间：2021年12月17日
地　　点：上海市延长中路801号新华园A座2023室（上海浩丞管理咨询有限公司）

天道酬勤，顺利使然

步入大学后，学习生活不再那么紧张，与高中阶段相比，我有更多的时间和空间可以自由支配。当时每周除周末，还有半天无课程安排，我们就利用那半天去体验最适合从事的家教和社会调研工作，所以很充实。大学校园是一个过渡型的小社会，加上大二下半学期我们就去校外实习了，免不了和各色各样的人打交道，慢慢地感觉自己也在无形之中成长，培养了与他人之间的沟通能力，这点我在创业阶段也是深有体会的。

我学的专业是会计（注册会计师方向），实习阶段由会计系安排对口实习去了立信会计师事务所。这也是会计系的特色之一，所以我校毕业生实操能力都特别强。到毕业入职阶段，恰巧曹中教授来我们专业选人，推荐我到代理记账的财务管理公司。我本打算要去事务所工作，但班主任给我提建议，女生进事务所太辛苦，同时代理记账行业刚刚兴起且与审计挂钩，还能学习更多的企业管理知识。经过考虑，我就入职了财务管理咨询公司。那家公司就是我现在这个公司的前身，名字由"成"改成了"丞"，寓意双手托起。

感谢曹中教授给我指了这条发展的道路，运气不错的同时也靠着自己的勤奋，我

在原来的公司从基础员工逐渐成为管理者，负责公司运营和业务。2006年左右财政部在管理中发现各级使用财政资金的项目"绩""效"不佳，评估标准和方法不尽完善和科学，甚至个别项目还存在资金使用不合规的问题，当时曹中教授也受邀交流并参与了调研项目。随着项目深入，机缘巧合之下，我公司也由曹教授引荐受邀，参与并正式进入绩效评价行业。公司在上海绩效行业起步较早，由此作为契机试点发展，研究如何评估资金使用才是对社会有效益的，浩丞品牌也应运而生。

目前，浩丞办公室所在园区是一个国家级的高科技园区。办公室以黄色为主色调的设计，给人带来一种愉悦的感受，也充满了希望和活力。闲暇时我喜欢练习书法，所以专门设计了一块可以练习写字的区域。这也得益于我们进立信时的传统，大一必修"书法课"，因为财务要和数字打交道，所以字要写得好看。我从小学写软笔书法，并不追求"宛然芳树，穆若清风"，除了闲暇消遣，也逐渐养成了习惯，从笔画中学会思考。办公室的中央区域，没有设计隔断，都是开放式办公桌，方便员工交流。

情商管理在咨询行业很重要。在咨询过程中，我们需要和对方进行沟通，越了解情况，最后的判断就越准确，交流过程越通畅。这会提升对方对我们的信任度，出现问题也可以在相互理解的基础之上来解决，缓和矛盾，避免"针尖对麦芒"的情况。而且在咨询管理建议提出后，对方对我们的接受程度会提高，并且可能会针对提出的问题来向我们进行深入咨询，寻求相关改善建议。企业后续出现相关问题或者有一些政策上的变化的时候，他们会找我们进行相关的咨询或者直接邀请我们团队去解决问题，达成一种"长期合作"。在我看来，这样才是一次成功的交流。

对于目前的大学生，与老师、同学之间的交流很重要。在交流过程中，我们会找到和自己合拍的小团体，找到属于自己的友情，这一份友情在以后是很值得怀念的。我觉得大家从四面八方走到一起，相遇就是一种缘分，能相识成为朋友会让我更加珍惜。同学们正处于这个过程，相信也能跟我感同身受。同时，友情也是人脉资源的一部分，交流就是拓展自己的人脉资源。自己不喜欢的人更无须轻视他或者踩低他，当然也无须刻意逢迎，给予每个人尊重即可。工作中就有"未窥全貌，勿下定论"的基本原则。

我比较注重对员工的培养，现在到我这边来的实习生，通过半年的时间就已经对行业有很高程度的了解。我会给实习生提供自主选择的机会，根据他半年的表现还有能力进行综合评估，达成"双向选择"。我们公司规模不大，尚属小微企业，比较像朋友、家人的氛围。我们这里有刚毕业的大学生，他们的情绪调节能力一般，平时我也会留意他们的情绪变化，帮助他们实现从学生到社会人的转型，克服困难、调节心理。就算实习结束离开了，我们也会有很多其他的交流。当然我自己也会去上课，去参加一些财政方面的讲座或者培训。只有不断地去提升自己才能带好团队。我认为，职业教育需要贯穿自己一生，仅学习课本知识是远远不够的，自主学习能力是不可或缺的。

丰富自我，与时俱进

德、智、体、美、劳全面发展是当今社会对人的主流要求，在职业中首先要学会做人，为人处世最为基本。每个企业都需要诚实正直的人，如果技术没达到，企业可以给时间让一个人好好成长、进步。其次，工作能力及生活能力都是需要的，这样一个人才能懂得独立解决问题以及承担相应的责任。个人的兴趣爱好、会玩的能力也同样重要。比如说举办一个活动，活动安排在哪个地点、活动费用的控制，等等，这些都是玩的能力的体现。因此，也不要忽略这些玩的能力和个人的审美能力，社会是考核一个人综合能力的平台。

现今是信息化时代，我们不仅需要掌握专业知识，语言也非常重要。真正有能力的人语言一定是过关的。英文是国际通用语言，语言不过关便很难沟通。更重要的是，现在处在信息化时代，要有一个信息化大数据的概念，适当了解对以后的工作很有帮助。同时在会计的基础上，我们要增加管理的逻辑，培养大局观。

我们公司每年都会有内部培训，一块是对过去工作经验的总结，另一块是关于前面所说的"玩"的方面的培训，包括礼仪、穿着、谈吐等方面的培训。我觉得，"玩"的过程也是一个学习的过程。如果你有这些小技能，审美也会有提高。以后你们也会有婚宴，需要跟对方父母交流，需要拓展社会关系，当中会有各种各样的人，要学会提高情商。

我是一个崇尚自由的人，也有很多爱好，包括喝茶、做瑜伽、听流行音乐以及写文章。我爱读各种文学作品，不给自己设限，读各种文字。通过阅读增长见识，这是一种有效的方式。小时候暑假，我去北京亲戚家玩，他们的文化程度非常高。我刚到他们家的第二天，他们就让我到新华书店买一本《古文观止》，并要求我用一个暑假背诵，背完会给我讲解其中的意思。当时年纪小，我也不知道这个事儿跟写作文有什么关系，现在理解《古文观止》的魅力就是言简意赅，能够用简约的文字表达准确的含义。我一直就很喜欢唐诗宋词，特别是词。而且我现在非常喜欢看《红楼梦》，通过这些阅读，不断"三省吾身"，提升认知。

真实展现，阔步向前

真实展现，勇于表达，这也是很重要的能力。人的第一印象很重要，所以我个人在生活上是比较自律的，随时保持自己的仪容，这既是对别人的尊重，也是自信的体现。比如说外表，在这里我说的不是长得好看与否，而是说需要恰当地"收拾"自己，穿着干净、仪容整洁，去哪里都会加分。另外，我倒不觉得现在"过度"PS（美化处理）的照片适用于简历，真实展现是重要原则。谈吐方面，建议要侃侃而谈，不要怕自己的一些意见被别人否定。可能你的意见会被别人否定，是因为你不在他那个层次上，但是勇于表达会让人觉得你是个积极思考且能够充分表达的人。我们咨询公司往往是要出具咨询报告的，洋洋洒洒的报告最后结论如果用"不太好""基本达到完成"类似模棱两可的词汇，会让客户觉得专业度不足。所以我认为，我需要的人要有主见，要敢于表达自己。

  我觉得专业知识扎实是做好工作的基础。每一份工作都会一定程度地仰赖你在大学获得的专业知识。假如你毕业求职，上班的时候带教老师说："你读书的时候这个都没学过吗？"我想你会觉得挺难为情的。我以前碰到过有同学去银行工作之后，老师说："你这个都不会，你们学校怎么教的？"那么与其在工作之后补缺，不如现在学习的时候就把专业知识学扎实，我觉得挺重要的。

  我觉得不要过分去看一些什么面试技巧，希望全部应对如流。面试官往往阅历深厚，在选择人才的时候，希望看到真实展现的候选人，而不是"牙尖嘴利"的应对如流。人须知进退，应届生工作经验有限，面试官认为你什么都会了，容易引起误判，所以要让人家有真实的感受。一些日常行为方式积累起来形成的习惯，不是面试的时间突然就能够改变的，总会暴露的，这个东西不用刻意去改变。

  每个人都有长处，那你的核心竞争力是什么？我觉得这个很重要。有团结力，然后有智慧，遇到不会的东西，大家一起来学，不要不愿意去尝试。所以我的团队都是很年轻的，从经验来说，我们的客户也是喜欢我们的年轻化，觉得年轻、有活力、好沟通，远比墨守成规、循规蹈矩强得多。

卷舒意何长　得趣心自怡

吕　辉

现任天津东疆航运交易市场有限公司副总经理；曾任中国进出口银行上海分行航运融资处处长，在航运、造船、航空等领域的融资经验超过10年，任职所在的航运融资处获得2017年"全国金融系统青年五四奖章集体"称号；上海立信会计金融学院2001届校友。

口　　述：吕　辉
采　　访：李文晶　王　颖　季千子
整　　理：李文晶　王　颖　季千子
指导老师：夏慧勤
时　　间：2021 年 10 月 28 日
地　　点：上海市浦东新区银城路尚悦西街隐溪茶馆

张弛有度　相得益彰

　　今年是我大学毕业的第 20 年，在工作和生活上有一些经历，现在回过头看这 20 年，脑海中浮现的第一个想法是"成为一个有趣的人"。在工作当中，有趣的人是一个接地气、坚持以人为本的积极工作者；于生活而言，有趣的人是一个丰满的、乐观的生活探索者。

　　人不能被当作工作机器，在繁忙的工作中培养几个有活力的、年轻化的兴趣爱好十分有必要。我们在工作以后会发现，其实爱好并不那么简单，它能起到充实内心、缓解工作压力的作用。在面对挫折时，人们通常会感到孤独，这时可以通过爱好或者其他的活动来转移压力，用内心坚强乐观的情绪去克服那些困难。我的兴趣爱好比较广泛，如桌球、网球、音乐、跳舞等，这些爱好都会让人更加年轻。在工作中，良好的兴趣爱好会带来意外的收获，如果你的同事、客户同样喜欢打网球等，那这些运动就可以成为你和同事、客户交谈的一个话题，从某种程度上来说，这已经成为一种社交办法。

兴趣爱好不应该被贴上年龄的标签。我有一段时间压力比较大，所以我选择去一家专业的舞蹈机构专门学习街舞，那里大部分的学员都是二十几岁的年轻人，我虽然年长，但我和他们一样都在努力练习且乐在其中。这可能和我小时候喜欢跳霹雳舞的经历有关，兴趣让我一直保持一颗律动的心。在一次同事活动时，我和同组的3个"90后"同事合唱一首歌。在选歌时，我推荐周兴哲的《永不失联的爱》，三位同事都举双手赞同，而另外其他组的"70后""80后"同事往往会选择年代感较强的《甜蜜蜜》《套马杆》等曲目。音乐的律动让我和年轻同事的交流、互动更为融洽，也让我的心态保持年轻。除了有形的兴趣爱好，我还在追求做一个有趣的人，在生活中也应该讲究一些品位和趣味，例如关注日常的饮食品质、保持良好的身材、养成自律的习惯等。在我看来，有着"有趣的灵魂"的人都是认真生活的人，我们应该真正地去追求生活的乐趣。

志存高远　自胜自强

对我来说，在工作中没有舒适可言。我在进出口银行上海分行担任航运融资处处长期间，一方面，工作压力非常大，作为负责人，我不仅要管理激励好团队，还要协调部门关系。我时常会想，如果回到学生年代，是不是许多烦恼就不再存在。另一方面，当时的工作对我来说已经有比较多的重复，我正好39岁，想在40岁之前闯一闯，追求一个突破，实现我个人的理想，于是萌生了创业的想法。我从银行这一从业已久的行业"舒适圈"中走出来，其实也不舒适，因为面临着很多更大的挑战，例如，如何迎合市场需求、组建团队以及筹集资金等，我一直在积极寻找应对这些问题的方法。

市场方面，就是要寻找市场的痛点，满足从事船舶租赁的公司或银行以及船东的需求。一是提供一个船舶交易平台。于是我们成立了东疆航运交易市场有限公司，也建立了网站，让船舶交易往线上走。这种方式打破了地域的限制，通过VR（虚拟现象技术）也能更好地实现信息的展示。二是充当中介的角色。我们帮助船东进行项目分析，与金融机构对接以解决融资问题，同时这也促成了船舶的交易。关于团队组建，在创业初期我们很难用金钱去吸引人，只能寻找一些志同道合的伙伴，靠共同愿景走到一起。为了应对筹集资金的问题，我们与天津东疆保税港区管委会合资成立公司，他们主要出钱，我们主要提供技术，帮助自贸区实现从1.0到2.0的功能提升。我认为这是创业的一个很好的方向。

创业过程中会有很多困难，但有一点一直激励着我。尽管中国沿海城市的集装箱吞吐量总和能排到世界第一，但长久以来伦敦一直保持着世界航运中心的地位，像波罗的海干散货指数（BDI）和拆船指数都是英国在掌握，航运问题的纠纷基本也适用英国法，许多航运咨询公司和经纪公司都在英国设立。世界航运中心的本质就是世界航运的控制中心在这个城市，它拥有调配全球航运资源的能力，而上海距离成为世界航运中心还有一段路要走。为此，我希望贡献出自己的一份力。说到这就不得不提到平安，他是我的大学同桌，从会计学院出来成为一名歌手，这条路也很难走。其间他当过会计，做过大型酒吧驻唱歌手，但他就是完全冲着自己的梦想去努力，那些曲折丰富的经历和自强不息的奋斗过程都是他的成功之路中不可或缺的。

对于年轻人创业，我持保留态度，如果创业的想法很强烈，我的建议是创业一定要谨慎。因为创业意味着很高的风险，需要分析自身的资源、能力，是否具备创业的优势，如果没有就不要考虑创业。关于就业，做好充分的面试准备是必需的，另外就是选择第一份工作要慎之又慎。一份好的工作兼具可观的收入和广阔的平台，对个人的成长有很大的促进作用。从一定程度上讲，第一份工作大概率上决定了以后的工作会怎么样。

用心入微　立己达人

学生毕业后进入社会怎样调整状态才能尽快完成成长蜕变，结合这些年工作和生活上的一些心得，我大致总结出四个词：独立、协作、用心、严谨。独立和协作是配合在一起的，用心和严谨又是另外的一个组合。

独立分为两个方面，即思想上的独立和工作能力的独立。思想上的独立，就是不能再依赖任何人。到了单位，尽管是刚毕业入职的学生，也不会被人当作一个学生看待，而且同一批校招进单位的学生都会是竞争对手，也没有人会像学校老师们一样无私地给予你帮助，所以在思想上我们要先独立起来，要学会独立思考、独立学习。这些独立的能力是工作中最重要、也是最基本的。在日常工作中，我们经常需要起草文件。在我对工作亲力亲为的几年里，我意识到自己完成的初稿是整项工作的基石。其他人会在我初稿的基础上进行修改，自己完成工作的质量在一定程度上决定了他人的质量。独立的第二个方面就是工作能力。现在很多单位如外资银行，内部的竞争比较激烈，甚至公司对使用的A4纸都是有考核的。为了防止复印时浪费纸张，每个人都有一张打印的时候插到打印机里的卡，1 000张纸的限额，用完之后就需要再去领。电脑和其他办公用品等所有东西都是单位的，如果电脑因为使用不当出现了损坏，请IT部门修理电脑的成本也会算在自己头上。这样的文化其实是在强迫自己发挥主观能动性去完成工作，这就凸显出"独立"的重要性。

再说协作，协作的前提是自己要独立，否则，别人是不会和你协作的。首先，我们要有自己的想法和能力，但这不是说要在协作时多么高调，很多时候我们需要高调做事、低调做人，在一个团队中尽量不要太锋芒毕露，要发挥大家的能力，集众家之所长，一起把事情做好，这就是成功的协作。我在立信求学时就读于财经系，其间一直担任班长，其实除了桌球，我的其他体育项目是较为一般的。在大三时担任财经系的体育部长之后，我就想要筹备一些系内、学校内的体育赛事。当时我们班级里有一些喜欢打篮球的同学，有一支篮球队，在同其他班级、系部开展的几次足球、篮球联赛中，取得了较为不错的成绩，这种良好的体育氛围也逐步扩展到整个财经系。后来恰逢2000年学校举办第一届体育节，我们财经系的足球和篮球等多项比赛均取得了全校第一名的好成绩，整体积分也位列全校第一。这些离不开同学们的平时训练以及同其他班长、体育委员等的相互协作。

在工作中，还需要用心，有一些新意和思考。我刚进入银行工作的时候，在一次帮行长完善工作汇报时，将一些数字用EXCEL图表的形式呈现出来，行长看后很惊喜。可能因为行长当时对电脑的熟练程度相对弱一些，而我那时刚刚毕业，正好利用在学校里学过的办公自动化相关知识，将汇报作了简单的修改，变得直观，也更精简。通过这件小事，领导也许会觉得我们是用心且有新意的人。在校期间，我会做好自己体育部长的分内工作，同时也会积极去举办新的体育项目，希望做出一些创新的内容，这是我在学生时期对用心待人的理解。在工作中也是如此。我在银行做信贷时，会尽可能细致地做好每一笔业务，提前为客户准备好贷款申请报告、电子合同，提醒客户准备好所需材料，将客户需要签字、着重阅读的部分做好标记，尽可能地给予客户方便。久而久之，客户心里就会认同我，认为我是一个值得信赖的人。不论原

来做信贷员时还是后来担任处长时,我都会用心对待他人。例如,因工作需要,在公司外部的酒店等大型会场开会时,我会提前查看酒店附近的路况以及酒店内的一些情况。在开会的前一天晚上,我会去会场检查桌椅是否布置妥当,电子设备等有无问题,一切检查好以后才能回家安心休息。等第二天开会时,我们中层干部会先到会场,在等待领导的过程中,我仍会提前将不整齐的桌椅、茶杯归位。有趣的是,有一次被其他同事看到,问我是不是处女座。其实在现实工作中,我们以这种细致的方式对待客户和领导即是换位思考的最佳做法。因为领导每天需要处理好很多事情,客户有业务以外的许多事情要做,我们应该用心做好自己职责内的工作,与人方便就是与己方便。

立信的定位是应用型大学,要多培养复合型人才。另外,学校要多组织在校学生与毕业校友的交流,准备一些主题举办专题讲座,可以谈银行、证券投资、办公行政等。这些活动会给学生带来更多不同于大学课程的帮助和见识。从立信毕业的学生对母校是非常有感情的,我们以母校为荣,希望切切实实地为母校做一些事情,需要校友会这个组织来提供凝聚力。校友返校活动是物理上的行动,但更多的是内心的情怀。这种情怀可以在一定程度上帮助母校和学生的发展。

脚踏实地　敢于追求

徐凯杰

上海明魅广告有限公司总经理，上海重岚商业保理有限公司市场部副总经理，上海今皓投资管理咨询有限公司策略总监，浙江海洋大学大学生创业青年导师；上海立信会计金融学院2001届校友。

口　　述：徐凯杰
采　　访：禤宇良　魏亚婷　谢祺　吴秋君　李晨瑶
整　　理：禤宇良
指导老师：黄　嵘
时　　间：2021 年 11 月 10 日
地　　点：上海市文翔路 2800 号

立足当下　放眼未来

　　大学的生活对于我来说还是很值得回味的。我算是比较活跃的分子，加入了学生会。让我印象特别深刻的一件事是作为学生会的成员，我参与了一个校车计划的运营，在我们那个交通不发达的年代是非常难得的。当时，我和朋友们承包了几辆公交车作为我们的校车，用来接送同学们上下学。当时的学校没有现在这样的住宿条件，学生们都是以走读为主。我们创立的这一形式的运营在当时各大高校中是唯一的，对此我特别自豪。看着同学们开心地坐上校车，看着自己努力的成果获得认可，我的内心感慨万千。播种一定会有收获，或多或少，也许只是干瘪的谷粒，也许是满树的硕果。但不论如何，一分耕耘一分收获，我们用学会和掌握的知识在不断努力，收获与否，结果都是属于我们自己的。努力的过程中我也有过悲伤，有过泪水，也有欢声笑语的陪伴，这段经历让我结识到了更多优秀的人，学会了更好地表达，我们挥洒汗水，尽全力付出，让青春不后悔。

　　我算不上是老师眼中爱读书的好学生。即便如此，我还是花了很多时间泡图书

馆。我经常对自己说一句话：做好自己，不用去想太多的事情，下一件事永远是下一件，把现在这件事做好了才重要。很多事情不是单一的，而是关联的，我们总能在经历某些事情后学到很多。学生会的工作让我学会如何组织运营，如何去与社会和其他人沟通交流。在和朋友们夜以继日地努力的过程中，我们像一个团队，更像家人，我们收获的不仅仅是成功的喜悦，还有同学之间最纯真宝贵的友谊。

不管怎么说，我们的青春永远不会浪费，我们在各自的领域成长，我们在生活中历练，认识自己，找到自己的方向，做好眼下的每一件事，这些过程和回忆都是值得回味的。

信心是眼睛尚未看见就相信

四年的大学时间真的很短,如白驹过隙。我毕业之后开始自己创业,携手几个朋友一起开了一家信息技术公司,主要负责弱电工程,包括网络、监控、电脑局域网等,我具体负责公司的财务融资和管理工作。正式踏入社会,难免会受挫和碰壁。但是当时的我们并没有把这些问题当成困难,心怀梦想,满眼憧憬,即使再累也不会觉得苦。我们也有过自我怀疑,毕业后选择创业而不是受雇于其他企业,没有经历制度健全的公司的管理制度和运营模式,没有一套健全的企业管理方法。我们慢慢发现学校学到的理论知识和实际工作有着一定的偏差。在经历过亏本经营,竞争对手总是棋高一着时,我们也想过放弃,但是最终我们坚持了下来。人人都有失意的时候,但绝对不能自甘堕落,生活的残酷不过是放大了失意的力量,让我们陷入困境,甚至绝望。庆幸的是我们从没失去信心,信心就是眼睛尚未看见就相信,有信念的人才经得起大风大浪。

在大家的共同努力下,我们的公司也在慢慢变好,虽然现在当初一起创业的伙伴们都有了各自新的工作,我也有了新的职责,但是曾经一起奋斗拼搏的岁月,一起大晚上熬夜吃泡面的时光一直是最好的鼓励和回忆。有一句话说得好,一切都是最好的安排。也许我们大学时期会选到不喜欢的专业,就业时会进入不尽如人意的行业,但这未必不是适合你的机会。我因为在学校时较早地接触到了社会,总想着如何在事业上超越别人,在学习上花费的工夫比较少,自身能力自然也就不够扎实。如果让我再回到那段时光,我会选择好好学习。但是过去的终究是过去了,我们每个人拿着各自的剧本在各自的领域中成长,时光匆匆,唯愿留住瞬间;长路漫漫,奢望定格画面。不过是多看了一片落叶,便蓦然察觉青春已逝,每个人的时间都是有限的,不可能什么都做。

无论天涯咫尺　祝福永存

现在的本科生在大学毕业之前面临巨大的压力。同学们身边出现的声音无非就是两种,一种是催促你赶紧走进社会就业,积累经验;另一种是好好考研,学历更

加重要。我认为选择考研还是就业，要根据个人能力和对未来的规划来做决定。最重要的一点就是不管你选择了哪一条路，切勿眼高手低，对自己的期望高度应该是基于自己的能力范围内的，我们只有提升个人能力，提高自己在选择的道路上的竞争力，才有资格谈立足。像我目前虽然在这个大公司的职位不低，我也会看看其他的老师还掌握了什么样的技能，哪些技能是我不具备的，哪些是我必须要去掌握的。

我们需要了解自己内心真正想要什么，无限接近自己，有限接近世界。没有人可以告诉你选择哪条路，我只能对想直接就业的同学说，当你决定要踏进社会，就脚踏实地，无论是学校里的各项工作还是外出实习，都是对个人能力的培养；对想考研的同学说，选好学习的目标，专心备考，毕业了你可以有一辈子的时间去工作。时间是需要我们安排的，我们要把最多的时间留给对我们最重要的选择。莫道浮云终蔽日，严冬过尽绽春蕾，时间是我们拥有的最大的财富。

进入不惑之年，回看过往的拼搏，我们得到的究竟是什么？所谓事业风生水起也已成为过往云烟；账户上余额再多，无非为了满足一日三餐；夜晚回归平静，不过一屋、一室、一床。事业的成功是一个自我证明的过程，但最终我们还是需要回归家庭。

我时常会反思自己，应该减少一些应酬的时间用来接孩子放学；应该放弃那些加班的时间回到家里给老婆做一顿丰盛的晚饭；应该减少一些出差的时间，带着家人旅游休闲。当我们一股脑埋头苦干的时候，得到的不少，失去的却更多，那我们的努力又是为了什么呢？如果家庭无法兼顾，那曾经的海誓山盟，婚姻的承诺又意义何在？有些东西我们可以争取，但是感情如果失去了就真的失去了。

一代人有一代人的想法，但是一个成功的男人背后一定有一个支持他的幸福家庭。很庆幸我现在有一个幸福美满的家庭，孩子上进，妻子贤惠，这是上天对我的恩赐吧。古人云成家立业，先成家方能立业不无道理。待到退休之时再和曾经的老友聚在一起聊天，值得羡慕的一定不是我们这一辈子赚得盆满钵满，而是我们有一个陪伴几十年的伴侣，有着孝顺懂事的孩子，有着和睦的家庭和一个健康的身体，这是事业所无法给予我们的宝贵财富。无论世事如何变迁，让真情常在；无论工作多么繁忙，让健康永驻；无论天涯咫尺，祝福永存。

逢时壮气展才干

潘宏凯

2005年6月进入上海立信会计学院工作,先后担任外语系辅导员,外语学院辅导员、团委书记,校团委委员,校党委学工部、武装部副部长,学生处副处长;2014年7月任上海市松江区环保局党组成员、副局长;2019年10月起先后任上海市长三角G60科创走廊联席会议办公室科创组组长、产业组组长;2020年9月任上海市松江区科创发展办党组成员、副主任;2021年8月起任上海市松江区中山街道党工委副书记、办事处主任。

口　　述：	潘宏凯
采　　访：	杨紫含　朱楠希　金澄玉　蔡姗姗　彭　莹
整　　理：	杨紫含　朱楠希　金澄玉　蔡姗姗　彭　莹
指导老师：	夏慧勤
时　　间：	2023 年 2 月 13 日
地　　点：	腾讯会议

时称立信 GTO（麻辣教师）　育人立新风

　　2005 年，我在中国科学院南京地理与湖泊研究所的研究生学习生涯即将结束，正摸索着毕业求职，恰巧遇到了上海立信会计学院的老师来南京招聘，这是我与立信结缘的开始。那次招聘会是一个大型双选会，起初我只是陪着同学前往，却意外地被立信和另外两所高校吸引住了。我在本科和研究生阶段，除了专业课学习成绩比较突出，还有很多校内外的实践、兼职经历，因此招聘单位的领导们都非常认可我的学习经历和专业方向。与其他两所高校不同，立信吸引我的地方有两点，一是它愿意给我一个站上讲台的机会。立信的带队老师是当时的学生处副处长解丹阳老师，她跟我说："小潘，如果你来立信，不单有学生辅导员的岗位，同时我们也会提供你擅长的人文素质课的授课机会。"二是我听招聘老师讲述了立信灿烂辉煌的校史，受到潘序伦老先生建校精神的感染，最终选择了立信。经历了几轮测试，我于 2005 年 7 月正式入职，在松江大学城迎来了我的第一份工作——立信外语系（后升级为外语学院）辅导员。第一份工作总是意义非凡，很多故事令我至今印象深刻。

在立信工作时，大家觉得我比较另类，说我是立信的GTO，这个称呼来自日剧《麻辣教师》，剧中的老师总是打破刻板印象与学生相处，可能当时的我与之相似。我认为新生从高中到大学要有一个过渡期，所以试图把同学们的向心力、凝聚力和纪律规矩做起来。我半强制地要求同学们上晚自习，当时很多同学不理解，甚至还有同学给我打电话翻毛腔吵上几句。立信的大合唱比赛成为这种情况的转折点，外语系之前没有拿过比较理想的名次，同学们觉得走走过场就行了，大学生应该张扬个性，这种大合唱活动不必那么较真。可我非常重视这个比赛，我在每次自习课上都会穿插大合唱排练，我还发现并鼓励了几名有音乐特长的学生一起努力做这件事情，并请了专业老师来指导他们。最终当我们的同学站上舞台合唱《鼓浪屿之波》一举拿下第一名时，大家仿佛忘记了自己是大学生，都像小孩子一样开心，这也是我们外语系第一次取得第一名的好成绩。除此之外，我还带着外语学院的学生打校级辩论赛，亲自参与了一场拔河比赛，都拿下了第一名。那时每当外语学院举办迎新晚会，其他学院的同学都要抢票进来看，因为我们学院有获得校园十佳歌手冠军的同学、有跳现代舞的同学，我们凭借青春活力的形象引人注目，打响了外语学院的品牌。以前如果问同学是哪个学院的，大概率会计学院的同学会骄傲自信地回答，毕竟会计学是立信的王牌专业，而文法和外语学院这些小院系的同学自信心可能没那么足。但我们外语学院在一些活动中取得了几次理想的成绩后，同学们的自信心和凝聚力都变强了，往后再问同学是哪个学院的，我们外语学院学生一样回答得很响亮。

　　回想在立信就职的时光，我常感怀于其灿烂历史中蕴含的立信精神，感激时任的领导，感谢学生对我的支持。我曾获得"上海市新长征突击手"称号和上海市育才奖，能够获得这样的荣誉要特别感谢立信。因为前去领奖时，我发现很多获奖者是学校的校级干部比如党委副书记、副校长，而我只是一名普通的辅导员，可能学校领导认为我的工作可以达到立信的标准，或者说取得了一定成绩，所以就推荐了我。2009年年底，我凭借公平竞岗的选拔方式，进入了学校中层干部岗位，担任了校党委学工部、武装部副部长和学生处副处长。这3个部门是一套队伍，主要负责学生工作，比如组织人文讲坛、大学生暑期社会实践等。这些都让我觉得来到立信是一件非常幸运的事，在对得起自己这份工作的同时，学校也成就了我，推动了我后续的发展。

助力科创 G60　纳贤促就业

2013年上半年，上海市各级政府向学校开放了一条通道，高校可以选派青年干部进入政府的干部序列挂职。我清楚记得看到松江区教育局的挂职信息时，我就在想自己已经在高校工作了9年，可以到基础教育部门学习学习，接接当地的地气，所以就报名了。经过了一系列严格的选拔程序，最后我被选定去挂职。我的领导还跟我谈了话，说这是立信第一次选派青年干部挂职，我代表立信，出去要向地方政府的领导多学习、多请教。

我的挂职志愿本来是松江区教育局，但松江区委组织部发现高校来的7个人中5个人都报了教育局局长助理志愿，而我的研究生专业是环境方面的，所以就安排我担任环保局局长助理。我挂职期间刚好赶上了全国自上而下大力开展环境整治工作，要全面贯彻习近平总书记的"两山"理念。以前很多地区都是先发展不治理或者边发展边治理，所以现在一定要把以前的"环境债"还掉。当时的工作特别锻炼人，好在我上手比较快，加上老局长和领导班子对我很爱护，出去办公也会带上我，让我更好地适应了环保局的各项工作。

半年挂职期结束以后，原则上我们7位同志都要回到原来的学校。当时，松江区委组织部征求了我挂职所在部门的意见，环保局回复："潘宏凯老师可以，我们想看看能不能延长挂职期。"于是我向学校党委组织部以及我的分管领导报告，学校也很支持，这样我又从2014年1月1日工作到了当年6月30日。到了7月要决定是否留下的时候，松江区委组织部的领导找我谈了话，环保局的老局长也非常希望我能留下来，这时需要和学校进行商讨。立信很重视这件事，又专门开了一次党委会，通过反复商议，最终同意我留在松江区环保局。我被任命为松江区环保局的党组成员、副局长，开启了为期5年的松江区环保局工作生涯，中间经历了立信"外语系"牌子摘下换成"外语学院"，国家环保总局改为国家生态环境部，各地方环保局改名为生态环境局的情况，还经历了"回头看"，包括到中国台湾地区和欧洲学习。虽然经历了很多，但我从未忘记自己是立信培养出来的干部，从未忘记潘老先生的24字校训和立信历任领导对我的关心、爱护和支持。

2019年，松江区作为长三角G60科创走廊国家战略的策源地，组织选派我到其联席会议办公室挂职任科创组、产业组的组长。2020年新冠肺炎疫情暴发，我们积极运用"G60科创云"平台抗击疫情，设立G60"共同抗疫"专区，服务疫情期间的产业链供需对接、抗疫产品研发、科技联合攻关；设立"九城纳贤"专区，为做好"六稳"工作，落实"六保"任务，作出长三角G60科创走廊的贡献。"九城纳贤"这项工作很有意义，当时国家提出"六稳"和"六保"，其中就包括稳就业。受疫情影响，来自五湖四海的学生们都在家里，老师只能远程来指导就业，那么我们就在学生和用人单位之间架起了一座桥，也给院校之间架起了一座桥。我记得当时上海工程技术大学有一位同学家在新疆，他通过"九城纳贤"找到了一份在上海的工作，当时还受到了各级媒体的报道。"九城"顾名思义，就是G60科创走廊的九座城市。招才引智、招贤纳才，我们通过"九城纳贤"这个专区，定期邀请一些单位到现场来进行招聘，同时，相关的高校和毕业生，可以在线收看和在线投递简历，时间久了就形成了一定的量的积累。

此外，我们还探索制定了这九座城市间的高新企业互认办法，打通了科创要素流动屏障，探索推进"九城"大仪共享和创新券互认互通，推动科技政策协同和科技资源共建共享；大力推进"九城"工业互联网协同发展，评比设立优秀平台和专业服务商、标杆园区和标杆工厂；推动成立长三角G60科创走廊高水平应用型高校协同创新联盟，搭建了校企合作平台。挂职结束后，组织上安排我留在松江区科创办继续工作，任科创办党组成员、副主任。

2021年8月，松江区委换届，我出任中山街道办事处党工委副书记、办事处主任一职。除了经济发展和社会保障相关的工作以及执行上级安排的任务，我还会到高校做一些环保方面的宣讲，以及到居民区、村居宣讲党的十八大、十九大精神。

赠语学子寄厚望　执要终成器

成功难以复制，但失败可能相似。我的职业经历对于同龄人来讲，或者对同时进入立信的青年教师来讲或许算是成功的，但我的职业经历也是受很多偶然因素影响，最终才有了现在的发展。这里从我的角度给立信的同学们几点建议：

第一，立信的同学必须要"大气"。我做学生工作时，就致力于改变同学初进校时"我不是主流学科的，我没学会计，分不够所以才到了文法、外语学院"的想法。放假

时我积极争取经费带学生们出去实践，去观察东北老工业基地是如何振兴的，考察温州现代东方的犹太人是怎么走出来的，还到过河南、福建、云南等地考察学习。这些考察学习活动能够锻炼同学们的辨别力，考察实践的地方多了、眼界开阔了，同学们才能大气，才能有勇气去改变自己。

第二，立信学生还要"小气"。"小气"的"小"是"精准""聚焦"的意思，同学们要抵挡一些玩乐的诱惑，要有一种对学业的坚守。不管是外语学院还是其他小专业的同学都不要忘了学研并重，在所学的专业上要钻研，要把老校长和历代老领导、老专家们打造出的这些精品课程、精品教材，包括那些一流的、品牌化的甚至是金牌教学内容吃透。

第三，立信的学生还要有"精气"，就是要有积极向上的精气神的意思。具备了"大气"的眼界和"小气"的专业素养，同学们还需要修炼外在的格局素养，这样，10年以后同学们就是能够代表立信的一件作品。我之前和学生开玩笑说："潘老师不仅仅要求你们是立信的毕业生，是一件产品，我还要求你们是一件作品，更是潘老师指导培养出来的一件精品，这样你们到社会上才敢讲我的辅导员老师是潘宏凯。"我也经常跟他们讲，老师要求的、你们也愿意干的叫锻炼，老师要求的、你们不愿意做的叫磨练，这两项加在一起就是修炼，这样才能让自己成为一件精品。

其实对立信的孩子也不用讲太多，牢记"信以立志、信以守身、信以处事、信以待人、毋忘'立信'、当必有成"，在大学四年及以后的人生中实施就很好了。我接受过立信的熏陶培养，始终坚持毋忘"立信"，带着立信一代代人的精神再出发。

绮年芳华　且歌且行且从容

沈绮华

中国东方航空股份有限公司客舱服务部高级客舱经理、上海客舱服务部乘务五部示范组大组长，曾荣获 2019 年上海市五一劳动奖章；上海立信会计金融学院 2005 届校友。

口　　述：沈绮华
采　　访：曹安琪　刘火枝　詹思涵
整　　理：曹安琪　刘火枝　詹思涵
指导老师：张海琼
时　　间：2020 年 11 月 1 日
地　　点：腾讯会议

从新出发　仍不忘立信时光

我大学时学习的是涉外会计专业，最后却进入了空乘服务行业，其实是缘于一次很偶然的机会。我当时和大部分毕业生一样，对职业的选择很迷茫，没接触过社会，并不清楚自己的性格和沟通能力究竟适合哪方面的工作。当时我的计划是大学毕业后留校担任辅导员，后来在留校实习时期，正好赶上东航在应届大学生中招聘，在综合考虑自身情况后，我抱着试一试的心态去应聘了乘务员，最终经过选拔留了下来。回过头来看，虽然我认为相比做财务工作，空乘服务行业其实更适合我，这个行业能让我的视野更加开阔，接触到更广阔的平台。但是这并不意味着我的专业知识对我的工作没有意义，恰恰相反，正是大学时所学习的专业内容让我能够在工作中体现自己的价值并有所成就。

一方面，大学时在对财务知识的学习过程中，我常常和数字打交道，最终练就了我严谨、细致的学习态度。由于我的专业知识和我的职业关联度并不高，所以刚开始工作时，想要把一份任务做好对我来讲是很有挑战性的。但这是一个重新学习的过程，战胜了这些困难后，我发现自己在工作当中变得更加从容和自信了。2020 年，在新冠

肺炎疫情期间,我负责了一些紧急且重要的航班,比如直飞武汉的医疗队航班和援疆干部的包机。在执行这些任务前,为了保证工作的质量和效率,我总是会提前做好充分、细致的准备工作。正是这样,我才能出色地完成每一项任务。

另一方面,大学时的学习对我的价值理念也产生了深刻的影响。正如老子所说:"吾生也有涯,而知也无涯。"其实人生就是一个不断学习的过程,因为有挑战,所以我不断地进行学习,正是因为这样我才对飞行这件事、空乘服务这个行业始终保持一种新鲜感,在不断挖掘自身价值的同时享受着自己的工作。我们这一批属于社会招生的乘务员,从2005年进入东航工作至今已经有十多年了,我见证了东航从以国内航班为主转型到以国际航班为主的发展过程,这给予了我很多宝贵的机会,比如我参与了纽约、布拉格、芝加哥等一些国际航班的首航任务。能获得这样的机会或许有运气成分在,但更多的还是依靠我一直以来踏实认真的工作态度,让我能始终保持积极进取的学习状态,让自己在众多竞争者中脱颖而出,为自己的职业生涯添上了浓墨重彩的一笔。

迎风逆行　疫情中的最美摆渡人

2020年是极不平凡的一年，我们本对它寄托了最美好的希望，但是新冠肺炎疫情的暴发却打乱了所有人的脚步，打破了人们原本平静的日子。我们的国家经历了一场严峻的考验，走过了一个特别的冬天。许多医护人员放弃了与家人团聚的机会，不顾个人安危，连夜奔赴武汉争分夺秒地救治病人，而我作为一名中共党员，也早早地递交了请战书，时刻做着驰援武汉的准备。从除夕夜开始，我负责护送了一批又一批奋斗在一线的白衣天使，我感到很自豪，因为我护送的是一批最可爱的人，守护了自己的国家。

在新冠肺炎疫情期间，我负责了许多直飞武汉的医疗队航班，这些任务让我深深地感受到了自己肩负的责任。我记得第一次负责直飞武汉的医疗航班时的情景，从我接到航班任务后仅有15分钟的准备时间，加上路上30分钟的车程，前后只用了45分钟就到了公司，这是我出差准备时间最短的一次，仿佛是一种本能让自己拎着箱子就出门了。上了飞机后，我才得知很多医护人员都是临时接到的通知，但是大家都没有退缩。我在护送一名同行的男医生的时候，他告诉我们自己是凌晨3点接到的消息，整理好行李后就直奔医院集合，一路上都没敢和家里说要去支援武汉，怕父母担心。我看到他的行李袋中装了两大袋成人纸尿裤，那一刻我感到特别心酸，因为这些是为了配合穿防护服工作的必要"装备"，只要穿上了防护服就意味着他们会在8小时甚至更久的时间里持续工作，不能吃喝，不能上厕所，这对常人来说是难以忍受的煎熬。我们并不是万能的，但当我们穿上这一身制服后就变得无所不能。那么多的逆行者，他们穿着美丽的白大褂履行着医护人员的职责，我作为客舱的一分子，当我穿上这一身制服后，我也在履行自己的职责，做一位合格的"摆渡人"。

对我自己来说，新冠肺炎疫情的发生让我对自己的这份工作有了更为深刻的感悟，它让我真正明白了每一份工作都是有价值的，也让我真正意识到自己身上所肩负的社会责任。虽然我们的工作十分平凡，但它并不普通，当国家有难的时候，平凡的我们同样能为社会做出贡献。以前有好多人都说"做一行怨一行"，特别是长期在一个岗位上工作，时间长了可能对自己的工作没有太大的憧憬了。但是我觉得只要我的工作是可以帮助到别人的，哪怕仅仅是可以帮到我自己的，那么这份工作就是一份非常有价值的工作，从利己到利社会，利社会亦利国家。我对自己的任务从不感到倦怠，而且十分尊重自己的职业，正是因为如此，我才能在这个过程中发现并认可自己的价值且能够恰当地展现自己，始终以激情饱满的精神面貌面对自己的工作。新冠肺炎疫情给我上了一堂最生动的党课，我也十分自豪，因为我护送了一群最可爱的人。

另外，令我印象很深刻的还在于绝大多数逆行者都是"90后"。我是"80后"，这些特殊的乘客们的年龄都比我小，看着他们，我发自内心地敬佩不已，这让我对"90后"真正地改观了。我刚参加工作时，发现大家都在批评"80后"，现在"90后"来了，人们又转而诟病"90后"。我想，等"00后"参加工作以后，或许也要面对一些批评，但这其实是不对的。每一代人都需要一个成长的空间，比如现在的"90后"成长得就很好，我们看到的都是"90后"在激情饱满、斗志昂扬地支援武汉，他们真的值得被信任。我相信，经过时间的打磨和历练，以后的"00后"会更了不起。

恪尽职守　传承工匠精神

在工作当中我有时会遇到一些困难，时常有超出自己的专业范围的工作需要处理。所以我在每次完成任务的前期都需要做大量的准备工作，包括对人员信息的熟悉，以及英语能力等，这些都是有一定困难的，也是在工作当中要不断地去提升自己，增进各方面的知识储备才能完成的。让我印象深刻的一次经历是有一年进博会期间，因为要负责一些驻外大使以及各国领导人的重要保障航班，这个对我来讲很有挑战性，第一是对自己英语能力的挑战，第二是对不同国家和民族的生活习惯、饮食爱好要求非常熟悉，我在这些方面花了很多心思和精力。

另外，在飞行途中帮助救治一些突发疾病的旅客对我们空乘人员来讲也是很常见的，特别是长途飞行的时候，一些年纪大的旅客经常会出现一些血压增高或者呼吸困难等常见问题。其中让我印象深刻的是在温哥华飞往上海的一次航班中，我遇到一位有心脏病史的旅客。在发现她的情绪不稳定之后，我在帮助她按摩心悸穴位的同时不断地和她进行沟通。我了解到这位旅客此次回上海是为了看望家中生病的老人，因为缺少对老人的照料与看护，心中有些愧疚。在这过程中，我不断地安慰她，帮助她平复心情。没想到的是我的一次举手之劳居然影响了另一位旅客。两个月后，当我都快淡忘这件事的时候，我飞了一趟上海前往温哥华的航班，一名男性旅客认出了我，旁边坐着他的妈妈。他对我说之前坐过一次我的航班，目睹了我帮助那位有心脏病史的旅客平复心情的过程，听了我们的聊天之后，这位旅客意识到了陪伴亲人的重要性，所以这次他把自己的妈妈接

到了温哥华。这段经历让我很感动,原来,我做的每一件事情,旅客都会看在眼里、记在心上,并受到了正能量的感染,我觉得这正是乘务员工作最有意义的部分之一。

只要坚持努力,总有人会看到。不同的人可能看人的侧重点有所不同,在职场上,有的领导喜欢有点小聪明的员工,有的领导喜欢能力很强的员工,有的领导喜欢情商很高的员工,可是我就特别喜欢踏踏实实的员工,他们做每件事都会尽自己最大的努力,将自己的能力发挥到极致。机会来临时也不要错过,要努力地去尝试,如果这个机会你没能抓住,那也不要过于失落,后续还会有很多机会,因为人生并非只有一条路可走,还有很多的方向供我们选择。

另外,把自己的成果讲出来很重要。有的人可能做到了100%,但是他的语言表达能力只有70%,那么30%的成果就被埋没了;但是有的人如果只做到50%,他却讲成100%,那么总有一天他也会被别人识破。我们只管踏实地去做,但是一定要敢于去讲,如果我们只会做而不会讲,那么在职场上虽说会有所发展,但是发展得也会很缓慢。所以还是应当尽早地锻炼出推销自己的能力。

在工作当中抗压能力和快速适应环境的能力也很重要。相比较而言,"00后"这一代人所接受到的信息源很多,其中难免有一些负能量的东西,而且他们如今所生活的环境也要比我们那一代人好得多,所以当环境一改变,有的人因为抗压能力太差而一时间难以适应。从象牙塔般的校园生活到骨感现实的社会生活的过渡并不简单。一旦进入职场,对于工作,做得好就是做了,做得不好就是没有做,二者之间没有灰色的中间地带。当我们上交给领导一个已经完成的工作,领导不满意,对我们表示否定,这时候会有人不适应,这中间的适应阶段对我们的抗压能力的要求很高。因此要尽早锻炼自己,做足心理准备,让自己早日适应。

我乘旭日追清风

程 旭

  现任品牌中国集团总裁助理兼投资部总监、品牌中国集团下属产业基金总经理、品牌中国集团下属云堡未来市园区项目总经理；上海立信会计金融学院2007届校友。

口　　述：程　旭
采　　访：刘俊麟　孟　晓　康梦琪
整　　理：刘俊麟　孟　晓　康梦琪
指导教师：夏慧勤
时　　间：2021年11月2日
地　　点：上海市松江区云堡未来市

信心无畏　青春无悔

2004年我考进了立信的审计专业，那时松江大学城建立时间不长，没有地铁，我毕业了地铁都还在建，还没有通车。大学期间，我们基本上都是校车往来，出行很不方便，每天都在校园学习，我几乎没怎么出过校园，出去的话最多也就是到松江的镇子上逛一逛。除了交通不便捷，学校配套设施也不是很成熟，和现在大学生的条件相比，算比较艰苦的，没有这么多餐饮、娱乐、消费活动场所，社交范围也只在寝室同学之间。我们基本都以学习为主，学校的学习氛围也很浓厚，学生们会自发参加晚自修，毕竟当时也没有什么多余的选择。手机、微信都还没有普及，和家人联系用的是寝室插卡电话，而且还要出去买专用的电话卡，当时手机价格实在是太贵了。

我在立信读书时，学校有继续教育培训平台，我就一边读书一边深造，白天在学校上课，晚上就到培训班去上专升本教育课程。功夫不负有心人，后来我专升本考取了中国人民大学，实现了学历上的提升。我的家庭的情况比较特殊，父母是知青,我小时候跟着父母,在安徽读书,中考才考回上海。英文之类的基础教育水平和上海的孩子不太一样,进入大学后为了提升自己,始终保持着学习的状态不断地在立信深造。

从学校毕业后我进了立信会计师事务所做审计工作,这份工作确实很忙,一年中半年的时间都在外地出差。2012年我考取了上海证券交易所的董事会秘书资格证书,也考取了独立董事的资格证书,具有了出任上市公司董秘和相关职位的资质。后来我也一直进行继续教育,始终保持着学习的状态和热情,不断地进步,提升自我。毕竟我们这个行业处于政策前端,财税政策一直在不断变化,保持终身学习与积极进取的状态是非常有必要的。

现在的学习渠道比起以前来说丰富不少,线上课程、慕课,包括海外大学的一些课程,都可以随时随地学习,所以在我后续的从业中会对我的学生提出这样一个建议:"你们在校期间可以参与的学习或者一些资格的考试,不一定是以考出证书为最终目标,而是要重视参与学习的过程,这个过程会丰富你的知识面,让你不断进步,不断提升。"

博学明辨　慎思笃行

我从立信毕业后,工作的前5年都在会计师事务所。虽然有像海关、税务局公务员这样的职业可以选择,但经过综合考量,想着在会计师事务所能学习到更多的东西,我还是选择了会计师事务所。从会计师事务所出来后,就业经历完全是以审计师为专业条件,一直到后来转入投资机构,在一家私募投资基金任投资经理。我入职投资经理处理的第二个投资项目就是我现在就职的品牌中国集团,这个集团现在的业务是以广告文创为主,也是在中国香港上市的第一家整合营销公司。

我选择转型有两个方面的原因。一方面是视野瓶颈,如果一直局限在一个专业的角度去做一些专业的事情,你的视野是很受限的;另一方面就是太累了,可能在那个时点正好到了我个人的一个极限。会计和券商、律师不一样,券商、律师是帮公司解决问题,但会计和公司在解决问题方面,联系不如他们紧密。有时候我会问自己现在做的事情到底值不值得,是不是在浪费时间。但其实标准很简单,就是能不能学到东西，我觉得这是一件很重要的事。

从事投资行业要求在短时间内迅速了解一个行业和市场，判断这家公司在市场和赛道的价值，这需要建立一系列的完整系统与方法论，需要换一个角度去看待问题。投资这份工作可以让我不断地了解与选择一个行业，学习到新的行业知识，所以转入这个行业也让我逐渐锻炼出来一种顶层思维的能力。

投资行业有一句话："投资就是投人。"作为投资者，要有捕捉人性的敏锐力。判断这家公司是否值得投资，需要与创业者长时间地相处。第一，看创业者是否有创业的理想和抱负；第二，创业者是否有自己的坚持；第三，创业者是否有清晰的思路去做他想做的商业模式。投资人做的事情绝对不是雪中送炭，而是锦上添花，投资人的价值关键在于我投资之后，怎么让创业者把这些用钱能变现的资源产生价值，这个事最重要。我觉得这一点是跟我们做基础学科工作差别很大的部分，对我后期的发展也很有益处的。投资投的是未来，所以我们看到的项目都具有很强的前瞻性，基于此，我自己还是非常喜欢这份事业的。

后来，因为我一直在做投资和公司上市这方面的工作，这使得我个人产生了一种情怀，我经常会与创业者建立朋友关系，给他们一些指导，或者偶尔担任顾问。我早些时候在一个叫作"在行"的 App 上做老师，主要是给一些创业者指导答疑。做导师使我认识了很多创业者，现在我自己创立了一家财务公司，主要业务就是给这些创业企业做融资和财务顾问。我从最开始的两眼一抹黑，从对资本的一无所知，到现在所处集团成功上市，在遇到困难的时候，我抱着一种问题总能解决的心态，相信不管是用什么方法，有些事情时间到了就解决了。在整个工作和交流过程中能帮助企业和创始人少走弯路，逐渐变成一种被需要的角色，是让我觉得很有成就感的一件事。

要说做审计的时候有什么有意思的事，我举一个更具体的、形象的案例。我在做百联集团审计的时候，每年年底要去盘点它的存货。百联集团是一个商场，有自营的金库，每年盘点它的金库就是去数它的账面资产和库存是否一致。这些工作就很有意思，进到百联集团的金库，会发现劳力士的手表是用橡皮筋一捆一捆扎起来的，顿时就觉得好不值钱。

至于说品牌中国在这个时代的作用，其实我们能做的事很小很小。因为所谓的品牌，如日本品牌、欧洲国家品牌，基本上都是有百年传承的历史和文化，有非常系统化的家族管理制度，从产品到工艺都深入人心，比如提到德国就会想到汽车，

提到瑞士就会想到军刀和手表等。但中国市场是一个四种水平同时混杂存在的市场，我们的农业还有很落后的地方，我们的工业在进步，我们的消费需求已经走在了世界的前端，我们的互联网金融等又占据了优势（国外哪有支付宝和微信），这是一个很奇特的状态。所以我们很多的品牌生命力不长久。我们能做的就是不断思考怎么能让中国品牌有持久的生命力，走得更远。国内家族企业的运营其实是很不成熟的，有很多家族企业的管理模式采用的是家族传承、二代接班等有限的方式，但很多知名的品牌到二代接班就会出现很多问题，然而中国制造的新的消费势力又很强势。

怎么才能让这些来之不易的创业成果一代代传承下去，这些消费势力怎么让它长久延续，如何走向世界，其实还有很长的路要走，还需要很多人的努力。

悦迎工作　乐享生活

我是一个很喜欢生活的人，平常就比较喜欢做做饭，弄弄花，运动一下。我认为在专业工作当中培养一些生活情趣，是一件很有意思的事情。我现在运营的这个项目，一开始是因为我们认为在整个上海没有一个特别的、专业的艺术园区，更多的是二房东的模式——租一个房子做改造，变成创业园区然后去招租。同时我看到很多青年艺术家因为经济、环境原因很难找到良好的展示渠道。所以，我们想做一个自运营的文创艺术园区，希望解决青年艺术家最后一公里的问题，给他们提供展示平台，这是云堡未来市诞生的契机。挑选这个园区时，我带了很美好的希望和祝愿的心情在里面，游客进入园区能看到的所有细节和设计都是我亲自把关的，包括整个花园，每一株花都是我去花圃里选的。

我现在已经30多岁，结婚生孩子都是在一个很短的时间内接连完成的，我人生到了一个新阶段，有了一个新的角色。我觉得目前怎样在家庭和事业当中平衡，是我新一轮的人生挑战。我工作很忙，希望跟孩子在一起的时候能给她一些高质量的陪伴，让她觉得自己的成长是一个很美好很快乐的过程。我希望我的女儿未来有更多的职业选择，我现在会带她去看一些艺术展览，培养她对艺术的兴趣爱好，我觉得女生培养一些艺术气息对她自己是很有意义的。除此之外我希望她以后学习一些金融方面的知识，可能未来做艺术品拍卖师或者其他什么职业，我希望她的人生有很多的选择。

工作中最重要的是为人处事。记得我第一次见老板，老板进来时，所有人都站起来跟老板打招呼，就我这个小姑娘埋头弄电脑，看起来非常不懂事。当时我不太懂这些，也没有人教我基本的商务礼仪。我觉得不管是工作还是生活，人与人之间的相处是非常重要的。在业务沟通的过程中，总会遇到自己喜欢或不喜欢的人，但无论怎样，至少在工作这个层面，必须尊重对方，要以完成工作为目标。每个人的个性品性各不相同，只要你尊重对方，大多数人都不会刁难你。

应届生就业，首先要做一些基础的工作，比如搜集行业背景、大概薪资的水平、公司状况等行业信息，要对自己负责。其次，每个公司招人的要求都不一样，一开始可能要牺牲掉一些眼前的东西，比如说你想去的是这个岗位，但实际上现阶段只有最底层的岗位可以做。如果明确想要坚持进到大平台去看一些不一样的东西，这个时候就应该放弃一些东西，包括薪资和其他岗位需求。应届生还没踏上社会，未来还有很长的路要走。现在回过头来看，我觉得最宝贵的还是时间——在有限的时间内看更多的人，看更多的事，参与更多的项目。还是那句话，不管通过什么样的方式都要坚持去学习。坚持是一个人想要成功所必需的品质，就像我接触到的大部分创业者一样，坚持和自律是他们的共同特质。

壮志凌云"敢想" 脚踏实地"敢干"

李斌鑫

上海圣扬实业有限公司创始人；上海立信会计金融学院 2007 届校友。

口　　述：李斌鑫
采　　访：谢祺　曹政东　冯禄懿
　　　　　张天越　师盼帅　黄嵘
整　　理：谢祺　张天越
指导老师：黄嵘
时　　间：2022年5月6日
地　　点：线上访谈

沉淀自我　守得云开见月明

　　刚考到上海读书时，我感觉和上海本地的同学最大的差异是见识和思维方式，以及对社会上一些现象的认知。自己从农村考到上海这样的国际化城市，很多东西没有见过，甚至大一时上计算机课，我连开机都不会。但我不甘心，就申请去机房勤工俭学，在计算机系的同学的帮助下学会认识电脑、组装电脑。我的性格太好强，或者骨子里面就是不愿意服输，我能把感受到的大部分压力转化成动力。我们要相信自己的真诚，要相信自己的努力。奋斗这一件事，是需要一直坚持的。

　　2007年本科毕业之后，我马上就考了上海交通大学的成人教育，又学了4年的会计，这也为日后创业打下了财务知识基础。人生是一个不断学习的过程，社会的压力或者生活的压力，逼着我们不断前进。有时候人走得太快了，就失去了原动力，这时需要问问自己的内心，阶段性地给自己做总结，找回初心。要把自己的知识结构、思维方式、世界观、价值观等梳理一下，并经过不断重组、整理，形成自己新的思想，处理事情的时候，才会变得越来越简单，越来越得心应手。

我们在沉淀自己的同时，也需要不断调整心态来适应不同的人生阶段。我刚上班时，只要自己管好自己就好，不需要管其他的事情。后来，在带团队时，我就想一定要把团队带好。自己开了公司后，我就想着怎么样可以让员工生活更好一些，同时也会思考去做一些更有意义的事情，人只要不断锤炼和提升自我，处事格局就会变大，认识维度也会变宽。

设定目标　拨开云雾见天日

记得刚上大学时的入学教育课上，心理老师让我们伸出5个手指，记录下在大学期间必须完成的5件事。这给予了我很大的启发，后来的每个学期，都会写上几项本学期必须要完成的计划。我建议同学们大学4年里每一年都制定一个短期目标，让自己每天进步一点点，4年之后大学毕业时，会发现自己已经进步很多。同学们制定目标的时候也不要眼高手低。如果想要在毕业之后直接就业，那么现在就要有计划地去实习，或者参加学校里的一些社团活动，去学习和人打交道的方法。无论你毕业后的选择是什么，都要去计划、去准备。

有的同学可能对未来的规划感到迷茫，经常去看《厚黑学》《三十六计》之类的书，觉得职场上肯定充满勾心斗角，但事实上，初入职场的大学生根本就没有斗的资本，对他们的录用标准，用人单位注重的是基础素质和基本能力。大家都是一张白纸，只有基础素质和能力不错的人，后续的发展才会更快一些，这在相当一段时间里可能是你的核心竞争力。总而言之，不建议同学们去研究一些教你"尔虞我诈"的东西，小成靠智，大成靠德。

电影里常说：谁的青春不迷茫。在迷茫的时候，我们要学会去沉淀自己的思想，锤炼自己的思维方式，实在迷茫到没有方向时，哪怕读一本经典之作也不错。《易经》里面把人分为九等，大学生就像是其中说到的潜龙，积累知识力量，厚积薄发，才会有鲤跃龙门的时刻。工作以后，建议大家不要频繁换工作，要把心沉下去，积累行业经验，积累行业人脉，达到行业专业人士的高度。这个过程是艰辛的，甚至对有些人来说是痛苦的，但哪一个上坡的人不是辛苦的？山高有攀头，路远有奔头，希望同学们都能在坚持中沉淀自我，及时制定目标，并为此付出不亚于任何人的努力。

自我超越　建立通往成功的桥梁

在大学的时候,学校工商管理学院曾举办过营销策划大赛,我负责这个项目的开展。这是我第一次近距离接触社会的实践活动,需要找赞助商拉赞助。我敢于突破,主动找当时分管工商管理学院的何乐年副院长交流汇报,终于获批 2 000 元基金。这些经历在我毕业后的工作中都有积极影响。我工作以后做了 8 年多销售工作,销售就是要不断突破自我,完成不可能完成的指标任务,或者说完成指标是销售的天职。在这期间就要善于分解指标,敢于主动突破,找到方法,并坚持不懈地执行下去,正是遵从这几点,我在大学毕业后仅一年就开始带销售团队。

人要不断地自我超越,不断地改变自己的心智模式,打破思想的桎梏。《第五项修

炼》这本书我读了很多遍，不断自我超越的人有着广阔宏远的胸襟和格局，他们有着清晰的目标和愿景，不以挫折和困难为敌，而是以积极的心态拥抱这些困难。

很多时候我们的目标会不那么清晰，甚至会随波逐流。社会压力、生活压力蜂拥而至，这个时候，人是处于一种负面愿景的情况下，往往会选择以摆脱、逃避、离开的思维模式去生活。面对压力，有人选择离开，有人选择躺平。其实躺平也需要资本，大道至简，知易行难，但我们还有责任在，还有理想在。如果我们刻意锻炼自己的心智模式，系统思考问题，也就有了源源不断的动力，去实现自我，不断突破，结果不会差的。

吃亏是福　失去和拥有只在于自己内心的定义

塞翁失马，焉知非福。学生干部经历锻炼了我的工作主动性，毕业后在工作中处理与客户的矛盾和冲突时，我会有更多的责任感，会有全面看待问题的思维。别人不愿做的事情，自己去做，看似吃亏，但其实吃亏并不是一件坏事，"利用价值"并不是一个贬义词，这只是基于客观的描述。对于我们而言，一定要不断提高自身素质，做一个有"利用价值"的人。

以这次疫情为例，当时校友群里面说学校缺物资，我也没有想其他的，只想着仓库里面刚好有这些物资，就赶紧组织其他校友们一起把物资送到学校，包括防护服、84消毒液、KN95口罩、酒精喷雾等。

再从工作中找例子，我现在从事企业运营，从来不给自己设置每年要赚多少钱的目标，挣多少钱仅仅是一个结果，我更注重努力的过程，得到或者失去都仅仅是个客观存在的结果而已。如果得失心太重，那么这个过程就会无比痛苦。我们要敢于面对自己的失败、接受自己或者团队的不足，只有接受了，才可以更好地改变。不足本身不可怕，可怕的是面对客观不足内心的焦虑。努力的过程就是变现的过程，只要在过程中尽力就好，不以物喜不以己悲，珍惜当下幸福和努力拼搏的生活更重要。

顾往年师恩　盼来日华实

顾晓华

上海裕耕企业管理咨询有限公司执行董事，拥有16年财税管理工作经验，以服务科创型中小企业为己任，擅长业务流程梳理及规范化，致力于提高内控及服务质量；上海立信会计金融学院2003届校友。

口　　述：顾晓华
采　　访：高润琳
整　　理：王雨彤　刘嘉琪　黄乐瑶　高润琳　美　拉
指导老师：陈　婷
时　　间：2021年10月20日
地　　点：上海市浦东新区懿德路519号3号楼502室

孑然求学　亦师亦友

与大多数大学生的住宿生活不同，我在校时因为客观原因选择了走读。走读生相对于住宿生来说，更多的是两点一线的生活，在学校就是安心上课，下课了就去图书馆里学习，就是一个简单务实的学习状态。虽然课余时间我也会和同学们一起娱乐，但因为走读的原因，没有办法和同学有更多、更深入的交流，无法享受独立自由的大学生活，这也是我大学生活的一大遗憾。所以如果有机会重新选择的话，我更愿意选择住校。

在大学的学习生涯中，我印象最深的老师是班主任曹颖老师和教税务课程的王瑶老师，这两位教师是我们立信非常有人气的教师伉俪，夫妻两个人都是靠着自己的努力，去追逐自己的理想，在上海扎根立足的模范。我很荣幸成为这两位老师的弟子，两位老师始终坚持身教大于言传的思想，对待学生认真负责，讲课由浅入深、通俗易懂，不断给予学生积极正面的引导。一日为师终身为父，两位老师一丝不苟的工作态度一直影响着我，每当我困惑或遇到瓶颈时，都会和老师们进行沟通和交流，每次都受益匪浅。

此外，我当时在班级里面还担任了宣传委员，负责组织策划活动，这锻炼了我的策划与组织能力，为今后的就业与创业奠定了扎实的基础。

躬行实践 从"0"到"1"

我的第一份工作是自己投简历应聘成功的，在一家工厂里面做出纳。立信在社会上的知名度和口碑很不错，所以就业没有太大的压力，也就没有面试太多的企业。初入社会时，我是奔着积累经验、提升能力的目的去的。当时在工厂学习了一年之后，我带着学习提升后的实战经验，应聘到了一家香港的房地产公司做会计。做了两年之后，有个做商业地产的集团公司从猎头那里了解到了我的信息，于是我就进入了这家集团公司工作。

再后来，在机缘巧合之下，我走上了创业的道路，虽然过程坎坷，但现在回过头看，我仍然是充满激情和期盼的。当时我在那家集团公司的主要工作是对集团所有投资项目进行托管和监管，这是一段非常宝贵的经历，一方面锻炼了自己的综合能力，另一方面也让我意识到了单纯的财务核算不能帮助企业创造价值。这种现象在中小微企业中表现得特别明显，很多的创业者都是营销专业出身，缺少拥有专业财税知识和全局意识的人来帮助他们解决财税问题，所以我萌生出了做一家专业财务托管公司的念头。也很感谢当时国家"大众创业、万众创新"政策的扶持，给包括我在内的很多人带来了机遇。企业发展到不同阶段遇到的困难都是不同的，比如说，创业初期需要解决的是客户的来源问题，而当公司发展到有10个人的小团队时，团队的管理、流程梳理等问题又成了主要矛盾。想要克服这些困难和矛盾，就需要我们坚定地走下去，具体问题具体分析，保持清醒的头脑，不断学习新鲜事物，这样才能保持公司良性稳定的可持续发展。

因为我是税务代理专业毕业的，又从出纳开始自己的职业生涯，现在从事财务代理、税务代理的工作，我对财税这个行业的发展和变化有自己的看法和判断。简单机械的账务处理马上就要成为过去式，我们公司在2018年就已经配备了智能机器人，进行数据的提取以及自动做账报税业务，到2023年确税制实现之后，简单的手工记账会

计人员将面临失业。企业需要的是懂得税务筹划、业财融合的管理会计。

作为财税人，需要保持学习的心态和敬畏之心。我们公司对于高校毕业生有一套自己的培训方法，从每天1小时学习国内顶尖老师的财税课程、分享复盘，到实操流程讲解培训，最后进行实操训练。我们希望新入职的毕业生不单单只是会做最简单的实操，比如粘凭证、装订凭证、做外勤，更希望他们能在我们这里学到最新最前沿的财税相关知识，以及一种终身学习的态度。我们也会积极培养他们做一些新媒体的工作，如参与我们在小红书等媒体的内容制作运营及投放管理。通过6个月的见习生活，使他们能够切实有效地提升自己的专业水平，开阔视野、快速融入社会。

向外探索　向内成长

我创业的初心，第一是要做一家在上海有知名度、受业界普遍认可的财务托管公司，第二是想要做一家财务会计类的职业培训学校，帮助那些想要学习财税知识的小朋友或者社会失业人员学会能够安身立命的工作技能。所以后来在申请浦东新区青年创业见习基地的时候，我也找到了曹颖老师，希望能为母校贡献自己的一点力量。

当下社会越来越多的同学选择毕业就立即创业。权衡得失，我感觉工作一段时间之后再创业是相对稳妥的选择。无可否认，一些有洞察力、思维敏捷的同学，能够凭借一些项目得到投资和赏识，但绝大部分同学毕业即创业的结果是不理想的。所以我建议毕业生先踏踏实实地工作和实践一段时间，在工作中多思考、多学习，在拥有了一定的经验、社会阅历和可调动资源之后再去创业，这样可以大大减少创业者碰壁的概率。另外，我们是做企业服务的，我看到了太多以一页PPT（幻灯片）就唤起创业想法的初创者，但最后花光了所有的投资，以惨败而告终。所以，在我们创业之初，心中要有一套可持续发展的商业逻辑，足以支撑你的梦想，这样才能扬帆起航。

如果同学们选择先就业，首先要思考的就是具备哪些能力才可以获得用人单位的青睐。以我们公司的招聘要求来讲，除了对专业知识的掌握之外，良好的学习能力和踏实的学习态度是我们最想在应聘者身上看到的品质。刚刚毕业步入社会，如果要让同学们在工资薪金、稳定度、安逸度和学习机会之间做选择的话，我的建议是选择学习机会。因为只有怀着虚心的态度努力去学习思考，不断积累经验，进一步了解行业内相关知识，将大学获得的知识灵活运用在实务操作中，才能为你之后的工作之路打下良好的基础。同时，要心怀一颗"永远做学生"的心，学习能力不可或缺，大家即使在工作中也要保持每天学习。同学们还应该充分利用好大学的时间，和象牙塔外的世界多连接，打开自己的思维和眼界，多参加一些社会实践活动，慢慢摸索到自己的特点和优势，找到自己的定位，这样才能更快地融入社会。

其次，务必着眼于当下。你现在碰到的所有事情，包括学习的内容、接触到的人或者问题，参加的社会实践等，都可能会对你的未来产生影响，到那时，你就会感谢以前的你为现在打下的良好基础。

再次，在社会中，诚信是最好的社交名片。务实、诚信、坚持是一个人值得交往的标签，没有人会喜欢一个言而无信的人，所以，从现在开始做一个言必行、行必果的人。

　　另外,请你们相信10 000小时定律。芸芸众生中,许多天才之所以终其一生都不能实现自己的理想抱负,不是因为他们能力不够,而是因为缺少坚持的精神,所以,坚定努力地朝着既定的目标前进吧,这会让我们成为某一方面的专家。

　　作为立信的学子,母校不仅教给我专业知识,还让我一直怀有敬畏之心,行规矩之事,以信创业,以信立业。感谢母校像一座灯塔,时刻为我指引方向,让我可以不忘初心,努力奋进。

不忘初心行致远　不负岁月勇作为

薛淳琦

　　立信中联会计师事务所（特殊普通合伙）合伙人；上海立信会计金融学院 2008 届校友。

口　　述：薛淳琦
采　　访：吉新坤　王一帆　陈虹宇
整　　理：吉新坤　王一帆　陈虹宇
指导老师：宋　皞
时　　间：2022 年 11 月 24 日
地　　点：立信中联会计师事务所

怀想母校教育：诚信为本

在我读大学期间学校由专科升级为本科，所以我的大学读了 5 年的时间。我最想感谢的一位老师是我读专科期间的专业课老师郭加林。会计这门课程在刚开始学习的时候比较难入门，相对有些枯燥，我学的也不是很好，但郭老师鼓励我不断地进取，让我的学习能力在大学时期有了一个比较大的提升。毕业时，我因为备考注册会计师考试错过了学校的招聘会，面临着可能没有工作的境地，是郭老师推荐我去立信会计师事务所试一试，我最后也顺利地进入了立信会计师事务所工作。没有特殊情况，我每年都会回来看望郭老师，我结婚时也邀请了郭老师来参加婚礼。

毕业后重返校园，我印象最深的是学校的一个"红顶"，这与松江大学城的其他学校还是有很大的区别。包括后来建的体育场、博物馆，翻新的正门、后门都令我印象深刻。

我觉得立信教会我许多，收获是多方面的，包括学到的专业知识、健康的身心发展,其中我觉得最重要的是诚信。我们的校训就是"立信",不管是教学楼随处可见的标语,抑或是老师在课堂上的反复强调,都令我铭记:诚信是我们每一个财会人员的底线与立足之本。

畅谈职业规划:实践为首

对于应届毕业生选择工作的问题,我认为会计师事务所的审计工作并不是一份适合所有人的工作。这份工作需要具有坚韧不拔的品格,以及不断学习、接触新事物的求知欲。在会计师事务所做审计工作的前几年比较辛苦,可能有一些人来会计师事务所尝试了一段时间就会觉得这份工作并不适合自己,或者因吃不了这个苦而选择跳槽,这无可厚非。我觉得这从侧面反映了审计这份工作可以带给一个人很多的成长。在审计行业浸润几年,能锻炼出一个人扎实的财务功底,会帮你拓宽未来的职业道路的边界。

在我看来,审计学、会计学都是用实践来推动学科发展的学科。如果你考上了心仪的学校的研究生,你未来的2~3年里面对的仍然是学校里面的理论知识。而如果你选择本科毕业后就业,例如在审计行业先做两年,积攒两年的工作经验,相较于同届选择读研的同学,你将收获一笔很大的财富。我刚进入社会的时候,对于审计的许多工作不够熟悉,但在之后我陆续地参与到一些大项目中,从中学到许多。我起初也不会料想到如今的我已经能够独自完成合并报表的编制。大部分人选择读研究生的目的仍然是谋得工作,如果你选择进入相同的行业,那为什么不先工作,积累经验呢?如果你真的需要一个研究生学历作为进入自己心仪的行业、公司的敲门砖,那我认同你的考研选择。如果你考研是为了不工作、逃避生活,或者盲目跟风、满足家里人的心愿,我认为这意义不大。

我认为排在工作实践之后的是考证书。注册会计师资格证书拥有与否决定了你是否有签署审计报告的权利,这无疑很重要。而排在考证之后的,我觉得是升学。升学的途径有很多条,你可以选择稳健点的出国留学,或者工作后选择读MBA、在职的研究生等。

详谈审计工作：磨炼为重

我由衷地建议年轻人、毕业生，在毕业后先进入审计行业磨炼几年。关于四大会计师事务所审计业务的工资问题，我认为：由于国内会计师事务所的兴起，四大会计师事务所这几年的审计业务并没有明显地增加，中国的市场规模在扩大而四大会计师事务所的业务量却没有同比例地上升，所以他们的工资也上不去。对此，我展开谈谈我的看法。首先，审计行业是一个特别磨炼人的行业，刚进到事务所做初级审计员，不可避免的就是高频率、高强度的全国范围内的出差。这非常考验一个人的意志力与吃苦精神。其次，审计基本上都是团队协作工作，审计人员不仅要与小组里其他同事打交道，同时还要接触新的客户、第三方人员，这也非常锻炼一个人的社交能力。最后，在专业上，审计可以很好地强化你的财务思维。在审计行业浸润几年，会让你有一个很扎实的财务功底，这无论对于你个人的提升还是未来职业的不同选择，都是有很大帮助的。可能刚开始进入到审计行业，会面临"钱少事多"的现实，但审计工作会带给你许多非货币性的福利与提升。

另外，关于外地学生在母校学习之后是否应该留在上海就业的问题，我的建议是毕业后应该留在上海且至少工作5年。上海拥有无论是杭州、南京，抑或深圳、广州都比不了的优势。在我们国家的经济最中心，你工作所接触的客户、业务、公司都是很广阔的。你个人的见识、谈吐、胸怀也会受工作所影响。作为年轻人，刚开始几年都会很辛苦，但哪怕刚开始大部分的工资都得拿去交房租，也应该坚定地留在上海拼搏至少5年。这5年你会有非常多的成长，这些成长在其他城市可能是没有的，可能是没办法相比较的。5年以后，你再根据你个人的情况进行选择。你奋斗过了再进行选择，至少不会后悔。

回首拼搏之路：迎难而上

让我觉得自己可以在审计行业一直做下去的时刻或者事件有很多，其中最具有代表性的有两个。一个是我拿到了CPA证书，成为一名注册会计师。我在大学刚毕业的时候，就通过了两门CPA考试，然后进入立信会计师事务所工作。刚开始的工作很忙碌，作为初级审计员，全国各地出差是常态，我记得有一年我将近200天都在出差。而在这样的情况之下，我也没有停下考证的进度，我会抽出零碎的时间去学习，直到拿到CPA的证书。有了审计报告的签字权，让我更加坚定地在审计行业努力下去。第二个是我作为项目负责人首次完成了一家大型国有企业的合并报表审计，我认为这是一个转折点。合并报表本身就是财务工作的难点，在审计工作的前五年，审计员根本就接触不到合并报表业务。当我带领同事，完成了这次合并报表审计之后，我心生一种很强的成就感、荣誉感，而这正是支撑我此后在职业道路上行进的强大力量。尽管那段时间全部的心血都投入在上面，甚至完成审计后我的头发基本上都白了，但我仍十分感激这次经历，因为我从中获得了很多继续在这个行业做下去的动力。

我还了解到许多财会专业的学生在考ACCA。如果从有用的角度来考虑，不可否

认的是在中国最有用的证书一定是CPA。有了CPA你才会获得一个签字权,这个是ACCA给不了的。此外,ACCA的课程设置有十几门,考出来的代价很大。从过来人的角度来看,考ACCA只能起一个锦上添花的作用。

母校即将迎来95周年校庆,我祝愿母校培养出更多财会方面的人才,越办越好!早日成为上海最著名的财会人才发源地之一!

仰望星空阔　奔赴山海远

郑海山

"上海百强企业"——上海闽路润贸易有限公司财务经理、上海闽路润钢铁贸易有限公司财务负责人、上海闽路润国际贸易有限公司财务负责人、天津润达贸易有限公司财务负责人；上海立信会计金融学院2010届校友。

口　　述：郑海山
采　　访：徐晨语
整　　理：高润琳　美　拉　劳桂婷
指导老师：王　亭
时　　间：2021 年 7 月 14 日
地　　点：上海市杨浦区五角场万达广场 B 座 11 楼

明志笃行　勤勉有加

我于 2006 年考入上海立信会计学院财税学院税务专业。大学的生活恍如昨日，许多人和事依旧历历在目。在大学的学习生涯中，我印象最深刻的老师是王瑶老师。王瑶老师不仅专业能力强，而且授课方式生动幽默，深受学生喜爱。起初，我所在班级的《中国税制》课程不是由王瑶老师授课的，后来我通过蹭课的方式，和下一级的学弟学妹一起上了王瑶老师的课。工作后我还在上海财经大学报了王瑶老师的 CPA《税法》课程，并且顺利通过了 CPA《税法》考试。可以说，在税法学习的道路上，王瑶老师给了我莫大的帮助。班主任闫锐老师、辅导员孙黎黎老师等许多老师也在学习和生活中给了我很多帮助。虽然老师们只陪伴了我人生中的一小段路，却成就了我青春中最浓墨重彩的一幕，正是因为有了老师的殷殷教诲，才成就了现在的我。

专业知识的学习需要将理论和实践紧密结合。在理论学习上，学校的专业课是必须掌握的入门基础知识，在我们学习中起着十分重要的作用，但如果只是单纯学习教

科书上的知识还远远不够。比如所得税会计目前在我国使用的是资产负债表债务法，倘若只学习资产负债表债务法的基础知识，在多变的实践中也许会因为疏忽犯下不可避免的错误，这时，更好的做法应是停下脚步多观察，从别人的做法中取长补短，再结合自身所学的理论知识进行深入思考，这样成长的速度才会更快。

除了课业学习，我还参加了许多社会实践活动和比赛来丰富自己的课余生活。例如，我参加了由学校财税学院主办的首届税收筹划方案设计大赛并获了奖，与团队合作撰写的论文发表在了核心期刊上。通过参加一系列的活动，我更深刻地理解到了团队合作的重要性，正如大家熟知的木桶原理，团队是以各个成员的最长板组成新的木桶，个人需要把长板练长，这样才能使团队这个大木桶能够容纳更多的水，这就是团队协作的意义。众人拾柴火焰高，团队协作不只局限于学校，对未来工作更是非常重要，我在大学期间所培养的团队协作精神，对我之后的工作有很大的帮助。

除了学习和社会实践，实习也贯穿着我的大学生活。进入大学伊始，我就确定了目标——毕业后直接参加工作。我先后去了税务师事务所、资信评级事务所、税务局、会计师事务所等单位实习。不断的实习经历让我深化了自己学到的知识，了解了各行各业的规则，接触到不同的财务负责人，也让我内向的性格开始转变，逐渐善于与他人沟通。这些宝贵的实习经历都为我之后开展工作打下了基础。

锐意进取　张弛有度

选择职业本身就是一种"博弈"。初入职场的我处于迷茫的状态，在多位老师和辅导员的指引下，我最终选择了会计师事务所。起初我并没有选择大型事务所，因为大型事务所分工特别细，可能做了一年只做了一个项目，不利于个人的快速成长；我也没有选择小型事务所，因为有些小型事务所的工作属于客户导向型审计，存在业务不规范的问题。所以我把目标定位在了中型的事务所上，选择了上海排名前10的上海宏大东亚会计师事务所。我的选择结果没让我失望，经过两年的沉淀，我可以把从现场审计到出报告这一流程全部做出来，并且学会了各行各业的财务数据和做账方式。我深知事务所不是最终的归宿，只是职业生涯的一个阶段，所以在熟练事务所业务之后我就选择了离开。离开事务所后去什么样的企业？通过对各类性质的企业进行分析，从上市公司、国企、外企、私企中，我选择了国企，并分析了一些具有代表性的国企的规模和行业背景，最终如愿选择了上海闽路润贸易有限公司，主要从事供应链金融的业务。

作为一个新入职的员工，想要得到发展，必须要比企业里的其他前辈做得更好。我用4年时间把财务部各个岗位的职责全部搞清楚，自己的专业能力和踏实肯干得到领导、同事的认可。在公司出现一个财务经理岗位空缺时，我多年的努力终于得到了回报，公司领导选择了我。刚上任的时候，我的确遇到不少困难，也有不少做了十多年的老员工不服气。我更需要通过自己的能力证明自己，我在部门内部进行了多项改革，利用银企直联，大大提高了公司收付款的效率和准确性；运用金税软件，实现了公司自动开票；上线财务机器人，使目前公司99%的凭证可以由系统自动完成等。但是这绝不意味着财务人员就会失业，相反，这些改革对我们财务部提出了更高的要求——对业务风险进行更深层次的把控,这部分工作是机器人无法替代的,也是我们今后努力的方向。

在平时的工作中,我也会存在压力,这时候我就会通过兴趣爱好排解压力。我喜欢的是偏理工类的天体物理学,简单来说就是看星星、看月亮。这是一个很宏大的学科,它包含很多学问,也很有趣。如果你学习了它,你就会知道光速最开始是怎么测量的、宇宙膨胀会不会超过光速、太阳能不能被水浇灭等知识。我也特别喜欢看跟宇宙有关的科幻片,比如《星际穿越》《流浪地球》,而且我看这些电影时比较注重它有没有一些违背物理常识的东西。我还对飞行很感兴趣,参加了模拟飞行的培训考试,了解到飞机的各种装置:发动机、引擎、辅助动力系统等。既要仰望星空,也要脚踏实地。对于我来说,它们不仅仅是兴趣爱好,更是可以学习知识的途径。

静心善思　终将有成

作为一名毕业即就业的"打工人",我感触良多,有收获的喜悦,也有奋斗的艰辛。我从就业者的角度和自身经验出发,与学弟学妹们分享三个方面的建议。

第一,关于应届生择业问题,一定要明确自己的目标。无论是毕业后选择考研、考公或者就业、创业,都是要从个人的目标及长期发展中权衡。同时,选择未来职业时不仅要考虑目前国家发展状况背景下的职业发展前景,还要考虑自身的兴趣爱好。在我看来,创业是一种非常好的选择,但风险性也是最高的;考公其实也是就业的一种,毕业生在选择第一份工作时要挑选好的平台;考研则是一种对自己的深造,是一种不断学习及进步的过程。总之,我认为无论选择哪条路,只要下定决心,就要坚定不移地把未完成的路走下去。走自己喜欢的路,就不会后悔。

第二,面试是一种双向的选择,去公司应聘的毕业生要保持一种平等的心态,不能过于高傲,也不能过于卑微。在面试过程要注意面试的技巧,招聘者会用一些开放式问题及实际操作进行考察,比如招聘者也许会晚到一到两个小时,从侧面考察你是否能适应加班。进入职场后一定要脚踏实地地做好自己分内的事情,简而言之就是专心干活、把自己的活干好。同时,一定要有独立思考的能力,主动探索公司流程制度

存在的问题，积极地向领导反映。

第三，在就业的过程中，对行业背景的了解是非常重要的。学校可以设置针对企业实务操作的选修课，加强行业的专业知识能力培养，以利于毕业生择业时明确方向。如今智能化机器代替了更多手工化的工作，母校可以更多地完善IT方面的专业课程，应对财务智能化发展需求。

择业之路，七分靠运气，三分靠能力。希望学弟学妹们能够在大学期间夯实基础，学习更多的专业知识。在我毕业后，时常关注母校的动态，了解到立信的成绩一年比一年优秀，在这样的氛围下，相信学弟学妹将来会有更好的发展与未来。

以"信"立身　惟实励新

杨　远

现任南洋商业银行（中国）有限公司上海分行公司业务营销二部副总经理，兼闸北支行营销副行长；上海立信会计金融学院 2010 届校友。

口　　述：杨　远
采　　访：王　锐　朱思陶　杨雨洁　肖　瑶　顾振谕
整　　理：王　锐　肖　瑶　朱思陶　杨雨洁　顾振谕
指导老师：王　锐
时　　间：2021 年 11 月 3 日
地　　点：南洋商业银行上海闸北支行

忆往昔：惜青春，向未来

　　回望过去，难忘的是校园生活。谈起我对立信的印象，还要从高中讲起。高中三年我就是在松江度过的，对松江大学城有着自然而然的熟悉与亲切感。那时的立信校园，虽然占地面积不大，但当时还不知道名字的"诚信柱"让我感受到这是一所整体氛围沉静稳重的学校。谈起立信时，大家评价都很高，都说从立信毕业的学生会是一把财务好手。立信在业内有着良好的口碑。基于以上因素，高考那年，我抱着将来可以顺利就业的目标，选择来到立信。

　　立信的大学生活，和人们想象中自由且悠闲的大学生活有一定的差别，我和身边的同学大都是在踏踏实实地求学，把主要精力都放在了学习上，而对校内外活动则投入不多。总的说来，立信具有很强的专业性，是一所务实的学校，学风比较内敛低调。立信会让你明白进入大学就是来学习的，而立信的学生毕业后也会有更多机会。

　　在立信校园的日子，辅导员对我的影响是很大的，他们与学生"同吃同住同学习"，让学生们感受到了如哥哥姐姐般的照顾和陪伴。我对两位辅导员印象很深，一位

是邓娜老师，她作为一名新教师尽职尽责地关心着她带的第一届学生，也就是我们；另一位名叫朱盼的辅导员则与我住同一个楼层，虽然不是直属辅导员，却也经常同学生一起打球，关心学生的生活。

  在立信校园的日子，校园活动也给我留下了很深的印象，如参加"十佳歌手"大赛。身为校学生会文艺部部员的我，抱着尝试的心态报名参赛，虽然我平时外向乐观，但站上舞台的那一刻却感受到了紧张，后来渐入佳境，取得了不错的成绩。令我惊喜的是，那次比赛学校不仅邀请了校友平安压轴献唱，还请来了上海音乐学院的老师担任决赛评委。获得"十佳歌手"荣誉后，我还与松江大学城其他学校的同学组建了乐队，可惜随着几位学长的毕业，乐队最后解散了。现在想来依旧万分感慨。

  其实我从来没有接受过声乐训练，当时参赛纯粹是想挑战一下自我，没想到最后发展成了爱好。遗憾的是毕业后因为工作原因，没太多机会再一展歌喉。但我认为，人还是得有兴趣爱好的，它将是你未来人生路上的一处完全属于自己的"驿站"，让精神得以放松。另外，我真诚地建议学弟学妹们一定要坚持锻炼身体，养成爱运动的好习惯以应对未来几十年高强度的生活、工作节奏。

秉校训：守初心，尽责任

"信以立志、信以守身、信以处事、信以待人、毋忘'立信'、当必有成"，作为潘序伦老校长寄予立信学子的希冀，影响了我职场中待人接物的方方面面，"信"字贯穿了我整个职业生涯。

2010年毕业季，通过学校举办的招聘专场，辅导员邓娜老师的职业指引，以及自身的努力，我顺利进入招商银行，成为一名银行柜员，这是我的第一份工作。后因各种机缘巧合，我转岗至对公客户经理。2016年至今，我又先后到了盛京银行股份有限公司上海分行营业部、南洋商业银行（中国）有限公司上海分行任职工作。回顾职场经历，我始终秉持立信校训，将"信"融入工作。

金融行业可以分成券商、投行、传统银行，还包括保险、基金、资产管理公司、租赁公司等。在现有宏观经济框架下，我国中央银行通过制定货币政策来实现对国民经济发展的宏观调控，商业银行是货币政策的最终执行者，商业银行就像是金融行业这座"金字塔"的底座，起着奠基石的作用。无论货币政策的松紧，商业银行均可通过资产或负债端进行展业，最终优化社会资源配置。换言之，银行是现代商业运转的基础，加上目前国家日益重视商业银行对实体企业的支持，令我作为一个银行人的使命感油然而生。作为银行业从业者，天天与金钱打交道，说实话办实事是极为重要的品质，这与我一直以来秉持的诚信观念相吻合。

如果把我所在的银行比作一台大机器，每位员工就是机器中的一个个小齿轮，只有操作好每一个齿轮，机器才能运作，这就是整体与部分的关系。在各自的职责范围内，把齿轮转好，使得整体正常运作，是非常重要的。机器内部某个地方出了问题，就要马上检修。同时，每一个齿轮也要带动周围的齿轮一起运转。正所谓"单丝不成线，独木不成林"，踏上工作岗位后，我发现很多事情单凭一人是无法完成的，是需要团队成员互相扶持、互相协作的。更为重要的是，需要怀着一颗感恩的心，诚实谦虚地与大家沟通，这是各项工作正常运作的最好润滑剂。

从事一份工作，有一帆风顺的时候，当然也有荆棘满地的时刻。当工作中遇到困难，推动我继续向前走的是责任心。在银行工作，不仅有朝夕相处的同事，也会接触到形形色色的客户。至于困难，业务的繁杂只是一个层面，更多的则是在与人沟通时，大家基于不同立场所产生的分歧。一直以来，我也始终将"信以立志、信以守身、信以处事、信以待人、毋忘'立信'、当必有成"的校训内化于心，秉持着做实事说实话的理念。例如作为前台，跟中后台的沟通、跟客户的沟通，不可避免会发生一些争论。对此，不能避之不谈，更不能用虚假的话语掩饰，不然可能会造成巨大的伤害与损失。这也是我受到立信校风熏陶，受到校训引导的结果，是立信精神的体现。

寄箴言：提技能，强本领

新时代的青年有新的责任与担当，结合我所接触到的职场新人，我认为现在的应届生需要注重专业技能的提升与综合素质的培养。

首先，应当锻炼自己的思维及表达能力。夯实基础，是学生学习的基本要求，而能将自己的思维有逻辑地表达出来则尤为重要。在当今社会，科技的发展极大地降低了各种信息获取成本，建议同学们在大学时代就应当多关心关注时事、政治、财经新闻等，并有意识地融入自己的学问、思考和见解，养成多听、多看、多想的习惯，相信在走出校园后更能凸显自己的能力。立信毕业的学生，主要从事的是金融、财会等方面的工作，如果在面试时能把自己所关注到的，具有时效性的财经新闻与问题结合起来并清晰地向面试官表达，就能更好地展现自己的综合素养。其次，需要适时调整状态。比如在毕业前，大家应该逐渐把自己的状态向职场调整。而当步入职场后，则应养成定期复盘的习惯，发现错误并及时改正，为公司谋取更大利益。

一直以来，从立信毕业的学生都具有"务实"的特质，具有较强的综合素质。我非常感谢母校培养了我务实的作风，立信的校风、校训至今仍在不断地提醒我要脚踏实地、要讲诚信。如今，我坚守在自己的岗位上，便如社会大机器运转的齿轮，每天都在不停地转动。目前，许多大学生都在为工作、考研或出国深造而纠结。但我认为，学历只是块敲门砖，真正决定你日后在职场上能走多远的还是职业素养与综合素质，当然，"务实"也是其中重要的一方面。

如果非常坚定，或者能力可及，那么选择考研和出国深造当然是没有问题的。但只要在本科4年中脚踏实地读好书，锻炼财务水平，提高职业素养，那么即使本科出身，也可以找到适合自己的工作。选择职业的时候，一定要想好未来自己的职业角色。偏向平稳一点的工作，可以选择一些国有企业或大型公司的财会岗位。希望给人生多一些挑

战的话，金融行业也有许多机会。但无论何种选择，都必须具备一定的抗压能力。

现在的青年跟上一代大有不同，他们更加独立，也更有想法。作为学长，我建议学弟学妹们在工作中要发挥出自己的主观能动性。完成分内的事是人人皆能做到的，合理利用资源，将自己的特长转化为对团队的贡献，才能充分体现个人的价值。使自己的团队任务完成得更有效率，这是不容易的。

青年一代一定要脚踏实地，要把自己的职业生涯规划得远一些，目视远方，一步一个脚印，踏踏实实地把眼前事做好，事情做好了，机会自然也就会来敲门的。另外，现在的青年一代都比较独立，喜欢宅在家里通过各种在线的方式与人交流，但是我认为传统的面对面接触仍具有现代通信设备所没有的优势。同学们闲暇之余可以积极参加集体的活动，相信你们会对身边的"战友"有一个新的认识。最后，持续的学习能力也是非常重要的，我们在学校学的东西，在职场上可能只能运用到一小部分，其余都是要踏入职场后去学习的。这里的"课本"是一个很大的概念，可能就是一本书，也可能是一项任务、一次失误，甚至可能是某个人的一句话、一副表情、一个眼神。

饮水思源，我深切感激母校的栽培，也密切关注着母校的建设和发展，希望有机会为母校贡献绵薄之力。预祝立信95年校庆活动成功举办，祝愿母校积历史厚蕴，育人育德，再谱华章！

致知力行　踵事增华

张喆宏

2010年7月至2017年7月就职于立信会计师事务所，历任审计员、高级审计员、项目经理；2017年7月至今，入职华兴资本旗下的华兴证券投资银行事业部，主要负责投行相关的质量控制工作；上海立信会计金融学院2010届校友。

口　　述：张喆宏
采　　访：么萌萌　吴佳琪
整　　理：么萌萌　吴佳琪
指导老师：么萌萌
时　　间：2022 年 10 月 30 日
地　　点：上海市杨浦区五角场

缘定立信　孜孜不息

我当初选择立信是因为财经类院校是高考志愿填报的热门，回首过往，我很庆幸能够选择这所高校，选择就读财经、金融类行业的方向。当各行业的领域划分固定之后，专业对口在职业生涯中具有很大的优势。在立信的学习生涯中，学校整体的学习氛围和师资力量给予我正面影响，促使我养成了良好的学习习惯。大学四年，我习惯了下课之后去图书馆看书、学习，有不懂的问题及时向老师提问，这对我日后的工作、学习和生活都有很大的帮助。除了学习外，我担任了 4 年的班长，这一宝贵的经历使我在沟通、协调和组织能力等方面有很大的提升。

我认为大学 4 年时光中最重要的就是学习。我们班级一共将近 50 个同学，我印象中同学们的学习态度都很认真，学习习惯也很好，所以我们班级挂科比例低、均分高，每年都会评到先进班级或者其他相关的荣誉。我认为同学们只要在第一年步入正轨，之后就容易保持一个自主学习的状态，从而带动形成良好的学风和班风。

走出学校，进入社会之后，大家时常会比较自己的母校。有的同学会觉得出身立

信是减分的，于是选择隐藏。我却认为作为立信的学生，我们有责任传承立信校训，打响母校的品牌，传递立信的声音，讲好立信的故事。我们没有必要去刻意回避事实，我们需要做的是秉承校训，精进自身的专业水平，不断提升自我的综合能力，以提升母校的社会影响力。在日常的工作和学习中，我时常记起立信的校训，想起潘序伦老校长为立信做出的杰出贡献，以此自勉。注重维护母校声誉，增强母校的知名度，这是作为一名立信学子应做的事情。

初出茅庐　见贤思齐

　　大四毕业季期间，我进入立信会计师事务所实习，之后参加了事务所的面试，并顺利入职了立信会计师事务所，开启了我的工作生涯。初入事务所的一两年，我承受着从学生转变为社会人的转变，这使我压力倍增、心态变差。幸而这期间我也逐步学会了自我调整与适应，不再仅因外界的一些评价而改变自己。我提醒自己：做好应该做的和想要做的事情，确认今天的自己比昨天更优秀就可以了。面对差距，需要清楚别人可能累积了长年的从业经验，而这并不是自己能在短时间内能追赶上的，所以，放平心态，做好自己就可以了。

我们那一届毕业生去事务所的有135个人。我记得很清楚，其中有一个男生，在培训休息期间大家讨论休闲相关的话题时，他每次都抛出来与工作相关的专业性问题。我们当时会开玩笑地说："老师又开始讲课了"，但很快就钦佩于他的卓越表现。在工作的第一年，他就通过了CPA的全部专业考试，第二年就拿到了CPA证书。在工作的第三年、第四年，他得到了公司领导特批的连升两级职级的待遇。后来这位同学去了一个投资公司，并通过了司法考试。从他身上学到的两点经验，助推我在职场中加速成长：一是要有自信，他大学就读于工商管理专业而不是会计专业，可见专业之间并没有那么大的鸿沟，不会成为我们职场上展现才华的阻碍；二是要努力创造机会，路是自己走出来的，我们的努力决定着我们的职业发展和岗位晋升。如果我们尽可能地把时间和精力放在工作和学习上，激发出自己更大的潜能，就能收获比其他同事更多的成长。

做审计每天都会接触到不同的客户，时间长了会接触到很多中高层的工作人员，比如财务科长、财务总监等。在越来越频繁的接触之后，我总结出了他们的一些共有特性：他们的格局、谈吐与一般工作人员有很大的区别。这对我自身成长是一个不小的帮助。其次，与不同的人打交道能让我加速前进。与形形色色的人打交道，我能在每次的社交中思考、发现自己的不足并加以改进，这使我能从多角度、更全面地做好工作。

经验分享　共促成长

工作的深入开展，使职场人在各个方面都快速地成长。以外在形象为例，我记得刚参加工作的时候，有一次需要去漕河泾一家外资企业洽谈，处于12月加班高峰期的

我穿着一件羊毛衫、一条运动裤以及一双篮球鞋就准备出发了，幸而有同队师兄、同事的及时提醒，我抓紧更换了正装，从而没有误事。外在形象在职场发挥着重要作用，尤其金融财会行业做的就是与人沟通的工作，对外表的观察是第一时间建立彼此的感性认识和理解的重要渠道。客户无法短时间了解我们的工作能力，有时会根据最初印象判断我们对工作的重视程度，从而决定是否开展合作。

我从处理整个上市公司或者IPO审批过程的经历中，感受到了专业知识只是工作的基础。好比我们使用一整套的工具箱时，基础知识只是其中的一把工具，我们还需要动用其他诸如团队协调、客户预期管理等工具。我与客户接触是信任度的沟通，找上级领导签字属于我与合伙人之间的信任度沟通，与手下员工打交道还要注重团队稳定性的沟通。在毕业之后你会发现，主修课可能没有想象中那么重要。在实际工作中，同行中工作成果的巨大差异，体现的是一些辅修课程和课程考察范围之外的能力。特别当同行之间的专业知识水平持平时，产生差异化效果的就是其他环节。人外有人，天外有天。我从许多优秀的同事身上看到了他们的学习动力和职业追求，这对我自身的成长起到了很大的帮助，努力是无止境的。

我觉得对于毕业生而言，特别是在找第一份工作的时候，过于关注月薪是毫无意义的。为了区区几千块的月薪而选择从事一份职业规划并不明朗、发展前途并不清晰的工作，从长远来看是得不偿失的。有时候我们要多听听过来人的建议和经验分享，以就餐为例，只有亲身"吃过这道菜"的人的意见才更具真实性。当然，大家要结合自身的实际情况进行选择，不要人云亦云，随波逐流。

今年是上海立信会计金融学院建校95周年，我由衷地感谢母校提供的求学成长环境，希望母校未来能够越办越好，成为上海财经领域独树一帜的优质人才培育学校！

学弟学妹们在学校的求学过程中，要认识到机会和挑战并存。我希望大家能够把我分享的经验，作为前进的基石，能够超越我。我祝愿一代一代后浪比前浪更加优秀，引领之后的同学不断地向前开拓！

风好正是扬帆时

平　凡

　　自主创业，2018年开始从事海产品养殖、加工及出口业务，主要出口东南亚、欧洲等，公司年营业额超过10亿元；上海立信会计金融学院2010届校友。

口　　述：	平　凡
采　　访：	徐程骋　李萌萌
整　　理：	刘思琪　王思月
指导老师：	孙黎黎
时　　间：	2022 年 10 月 23 日
地　　点：	腾讯会议

不负韶华　厚积薄发

我认为，大学阶段是一个自我沉淀和摸索未来人生道路的旅程。在大学期间，我担任班级学习委员。我觉得同学们在学校或班级担任职务对以后的工作，包括创业都有很大影响。我在大学期间的成绩优异，作为学习委员，我产生了可以通过自己的学习积极性去带动身边其他同学一起进步的想法。在这种想法驱动下，我的责任心得到很大程度的提升。

在大学期间我还辅修了本校的会计专业，并且在这个过程中学到了很多实用的专业知识，这也给我的创业带来了很多优势。比如说跟其他的创业者或管理人员相比较，我自己在财务方面的专业度就比他们更高。我现在做的很多投资项目，在财务方面我所做的分析也比较到位。同学们对这些专业知识有所了解，可以帮助你们在投资项目时更谨慎，也会比别人更敏感。

大学阶段，我最注重培养的是自己的交际能力、学习能力以及自律能力。大学阶段的学习跟高中阶段的学习是不太一样的，大学期间很多内容是需要通过自学来获得的。如果在大学期间把自我学习能力培养好了，它能让你在之后的工作中快速融入一个新集体或是新团队。我认为，这一点对于求职者来说是一个比较重要的品质。

披荆斩棘　勇攀高峰

我大学毕业后从事了3年的商业租赁行业，赚到了我的第一桶金。因为做的是商业办公，其间我认识了各行各业的朋友。我的客户来自不同领域，与他们沟通让我在眼界、资源和人脉方面都得到了很大提升，这为我之后做投资提供了宝贵的经验。

至于创业的原因，来源于一次与朋友的聊天。当时我们谈到了一个海产品加工项目，在这之前我曾对这个项目做了大概半年时间的市场调研，认为这个项目从投资的角度看还是不错的。更加深入地了解以后，我进一步发现海产品加工有着很大的市场。人们对于食品的需求是刚需，而我所关注的产品也是比较有竞争力的。经过研究，我选择投资这个项目。而后项目也做得越来越好，从比较单一的客户发展到现在覆盖全球的客户，我们的产品供不应求。

在这次创业之前，我做过很多项目的投资，但是投资不是都能成功，可能10个项目里面有3~4个项目是会失败的。后来我总结了这些项目失败的原因，主要是因为自己在前期没有亲身参与，没有去做充分的调研。所以要想做好一件事就必须深入思考、亲力亲为。如果再给我一次选择的机会，我还是会坚定不移地选择创业这条路，但是不会急于开始，我会等到自己积累了更多的经验后再创业，这样更谨慎一些。

创业是非常艰辛的一条路。对于创业者来说，一定要吃苦耐劳，要有灵活应变的能力。创业者在创业的过程中需要随时面对不同的突发情况，所以创业者还要能够保持良好的心态去处理遇到的状况。一个企业的管理者，本质上更像是一个救火队员，所以并不是谁都适合创业的。创业路上还有重要的一点就是要不忘初心。若想把公司做得长久，企业的文化就必须要有诚实守信的精神，就像我们的校训中说的一样。

在工作之余，我也保持着自己的兴趣爱好。我现在基本上每年有一到两个月的时间在滑雪和潜水，平时一个星期会坚持3～4天的运动。有些时候工作特别忙，但坚持运动之后内心的很多焦虑或压力都会得到缓解，所以我认为运动跟工作是一种很好的互补。

行而有思　思而行远

大学四年是特别值得珍惜的，尽量不要让太多琐碎的事情耽误宝贵的学习时间，要努力去提升自己的专业知识水平和技能。如果有时间就尽量多地去接触社会，最好从大一开始就能给自己安排一些实习计划。因为我觉得在实际的工作中，我们更能发现自己欠缺什么，然后再围绕自己的不足回到校园里加强学习。要做到"知行合一"，实践经历与学习相结合，而不能仅仅是埋头苦读。在实践的过程中也要多加思考，要做到行而有思。在思考的过程中你会知道自己想要什么，未来想去做什么，从而找到自己的目标。同学们也可以多发展自己的兴趣爱好，多参加一些社团，这些都对以后

的工作有很大的帮助。

在做任何事情之前，无论创业还是投资，我们都要三思而后行，才能思而行远。大家未来如果想自己创业，千万不要盲目，要结合自己创业的项目多思考。比如在追一些热点的时候，要意识到很多东西在你能想到的同时，可能别人也想到了，所以大学生创业真的是需要多多考虑。自主创业也需要去实习，积攒更多的工作经验后再考虑创业。创业是需要谨慎以及一定的勇气的，同时还要脚踏实地地坚持下去。

我最想对立信的学弟学妹们说的是，要以诚为本，以信致远，以德为先，以才为备。其中诚实守信也是我个人最看重的品质，尤其是我们立信的学子在这方面更应该特别注重。就像潘老校长提出的"信以立志，信以守身，信以处事，信以待人，毋忘'立信'，当必有成"，只有具备了诚信这一品质才能有所成就，走得更远。其次，要有自己明确的目标。很多学弟学妹们经常会迷茫，不知道自己将来想要做什么，到底毕业后直接就业，还是准备考研。很多同学选择了积极准备考研，但首次失利后也会因就业压力等因素纠结于是否继续二战三战。对于这个问题，我们在做选择之前也要清楚地知道我们自己想要的是什么，千万不要因为害怕就业想要逃避而去选择考研。要想清楚考研的目的，如果说从大一开始，你就一直坚定毕业后要读研究生的想法，或者觉得自己现有的知识储备还不足以让自己找到一份很满意的工作，那我觉得就算是失败也应该继续坚持。因为失败一两次不算多，我们还年轻，一定要坚持下去，相信大家都能考上。另外，自控力对于个人的成功也至关重要，我建议学弟学妹们在学有余力的情况下都要积极运动，制订自己的运动计划。拿我本人来说，在学校时我一个星期要进行3~4次的健身运动。运动不论是对自己的身体健康、学习能力还是自律性等都会有很大程度的帮助。

最后祝母校95周年生日快乐！祝愿学弟学妹们能够顺利实现自己的梦想，不忘初心，方得始终！

行稳致远扎基层　进而有为筑青春

庄雪瑜

　　毕业后参加全国学生村官项目，在上海市嘉定区南翔镇开展为期 3 年的农村服务工作；服务期满后，通过国家公务员招录考试，目前在财政部上海监管局（原财政部驻上海市财政监察专员办事处）工作；上海立信会计金融学院 2010 届校友。

口　　述：庄雪瑜
采　　访：王欣仪　吴晟佳
整　　理：钟青格　王欣仪　李瑞鑫　吴晟佳
指导老师：陈　婷
时　　间：2022 年 10 月 22 日
地　　点：腾讯会议

饮流怀源　学成念师

　　在母校就读期间，我曾担任过班长，协助辅导员开展学生工作，这是我校园生活里快乐而又珍贵的回忆。在大学四年中，除了学习，校内的学生工作也给我提供了许多锻炼的机会，提高了我的综合能力。比如，面对百人演讲，站在许多人面前自己不会紧张；还有组织活动也锻炼了我的沟通和协同能力。

　　回顾大学生活，我需要感谢的老师有很多，最应该感谢的是闫锐老师。她当时是我们的班主任，也是我毕业论文的指导老师，我还在她的办公室做助理工作。她十分亲切，就像姐姐对待妹妹一般，亲切地叫我"小鱼儿"。我们经常交流，她不仅指导了我的论文，更是教会我不少待人处事的方法。记得有一段时间，我在闫老师办公室整理档案文件，其实那项工作做得并不好，她并没有责怪我，而是指出问题和教我处理技巧。直到现在，我在日常工作中还是用她的方法来整理档案文件。第二个要感谢是我的辅导员孙黎黎老师。由于学生工作的关系，我经常拜访孙老师并与她交流，孙老师的善良和温柔给大学时代的我很多温暖。第三个要感谢的是辅导员办公室的其他几位辅导员，毕

业报考大学生村官这件事就是在辅导员办公室时和他们谈起的。最后还要感谢王瑶老师以及其他任课老师。毕业多年之后，有一天我在地铁站偶遇了王瑶老师，他对我说："虽然现在做大学生村官工作，但是CPA还是需要继续考的，还是要抽出时间学习。"现在回想起来，我依然觉得王瑶老师的话十分正确。老师们从生活、专业、做人等方面给我帮助和指导，为我形成正确的人生观、价值观并对之后的工作选择提供了指引。

我在立信4年的经历是美好的，有亲切的师长，有友善的同窗，对大学的回忆是满满的幸福和感恩。我在大学阶段几乎没有遇到挫折，偶尔碰到一些小问题，在老师、同学的帮助下，最终也都顺利解决了。大学期间，除了注重学习、实践，还需要积极地锻炼身体。在校期间，有一次晨跑，我感觉很不舒服，当时有一位同学把我扶到了医务室，在医务室里我短暂地休息了一段时间。出了医务室后，我又走不动了，这时正好又有一个同学骑自行车，载了我一程。通过这件事情，我想告诉大家，无论是在学校里，还是将来毕业了，都要注意身体健康，健康才是最重要的资本。

扎根乡村　燃烧激情

或许每个人对第一份工作的定义不同，但对我来说，我的第一份正式工作比较特殊，与众不同。我从大二就开始实习了，去过行政机关、会计师事务所、两家企业的会计部门。大四求职时，进入一家做人力资源服务的国企工作，但工作内容对我来说缺少一些挑战，我决定考大学生村官，很顺利考上了。

毕业那年夏天，我正式和立信告别，真正踏上大学生村官的3年之路，这份工作成为我人生中最特别的一份工作。这份工作是一次不可多得的基层经历。那时的我刚走出学校大门，第一次接触到乡村基层工作，跳出理论转到实践，切身体会到农民生活之不易。成为村官的我逐渐明白，许多事情并不是我们想象中的那样简单，即使自己清楚应该怎样去处理，但过程中还是存在一些曲折。这需要我们转变思维来处理这些事，久而久之也锻炼了我的思维能力和工作能力。

之所以参加大学生村官这个项目，是因为我在实习体验各种工作后，已经定位好了自己的目标，那就是公务员和事业单位类的岗位。因此，我把目光聚集在这些相关的项目上，例如大学生村官、"三支一扶"等。幸运的是，我当时考上了两个项目，综合考虑后选择了大学生村官。这份工作的内容涉及许多方面，作为村党总支书记的助理，我当时所做的工作大多是辅助性工作，例如组织人事、宣传等。作为党建工作人员，每每穿行于乡间，我都切身体会到，在当下的时代，农村需要我们这些年轻人的力量。

为了考公务员，我从毕业那年便开始准备考试。在从事大学生村官工作的3年中，每遇到喜欢的岗位，我都会去报考。有时笔试分数不够，有时笔试分数只能达到部分不喜欢的岗位，我也不强求、不气馁。或许是环境的压力启发了我的潜质，在做村官的最后一年我同时考上了普通招录、上海对村官定向招录、国家对村官定向招录三个岗位，最后选择了国家对村官定向招录的岗位，来到现在的单位。现在我在这里工作已经9年了。尽管经历曲折，但我一直坚信，只要努力一定会有回报。大学生村官的工作锻炼了我的个人能力，同时也让我结识了一些志同道合的朋友。在工作之余，我也会弹古筝、玩数字油画，或品品香道、喝喝茶来缓解压力。

工作后我也有一些新的感悟，有些工作对于专业知识的要求并不是很高，作为本科生抑或研究生基本都可以胜任，关键在于需要不断学习来提升自己的能力。每当接触新的工作，就得熟悉新的内容，即使是同一个岗位也需要不断学习和时刻了解所在岗位的知识。这就像我们的人生一样，只有不断进步才能前行。

以梦为马　不负韶华

　　大学是很珍贵的人生阶段，我们一定要尽可能地学习知识。我们在上课的同时，学到的不仅有书本内容、财会基础知识，还会形成我们正确的"三观"，引导着我们以后的发展。当我们去面试时，面试官除了看你的简历，也会注意你的言谈举止。良好的品格和个人素养会让人眼前一亮，这些东西或许并不是一眼能察觉的，却是我们需要日积月累形成的内在涵养。大学考验我们自主学习的能力，在课余时间学弟学妹们可以多看看书，读读案例，考证书，为自己争取优势。工作以后你会发现，学习可能变得更为被动，所以一定是有了大学的知识作为基础才能在工作中更好地学习与发展。

　　许多同学会在就业与考研中踌躇，我的建议是：跟着自己的心走。没有哪一条是绝对有优势的路，更重要的是大家内心的真实想法。我们应当尽早规划好人生发展方向并为之做好准备，如果决定考研，那本科期间要多注重知识的积累；若决定就业，可以多参加一些比赛，锻炼实际能力；如果决定考公，一定要提前了解岗位内容再去报考。

　　青春虽好，但不能肆意挥霍。希望学弟学妹们都能把握好大学时代，规划好自己的人生，在未来的事业、生活、工作中发光发热。2023年即将迎来母校95周年校庆，这一路走来十分不易。常言道：守业更比创业难。希望立信继续擦亮这块金字招牌，100年后，200年后，愿"立信"品牌常青，继续为社会输送人才，可以在更多地方看到立信校友的身影。

心有鸿图便只顾风雨兼程

毛匡齐

  现任鸿荔集团董事长、创始人；率领团队进入科技、产业、金融、文化及教育等领域，将鸿荔集团逐步打造成为具有国际影响力和竞争力的综合企业集团；上海立信会计金融学院 2011 届校友。

口　　述：毛匡齐
采　　访：张馨予　任隽仪　李思寒　杨晓燕
整　　理：张馨予　任隽仪　徐浩洋
指导老师：孙黎黎
时　　间：2020 年 11 月 24 日
地　　点：上海市迎龙大厦鸿荔集团

读万卷书，行万里路
创业是一种因人而异的生活方式

　　岁月匆匆，今朝恍如昨日。我还记得那是一个秋意浓浓的日子，我们 2007 级新生在上海立信会计学院松江校区 2 号楼报告厅举办迎新晚会，那场晚会的主题是"启程"，那晚大家一起唱着叫着"想到达明天现在就要启程，只有你能带我走向未来的旅程，你能让我看见黑夜过去，天开始明亮的过程"。晚会伴着歌声结束在了黑夜里，梦想却从那天起逐渐清晰。所以说，大学是梦想开始的地方。

　　在大学期间我就开始创业了。最开始我做服装生意，说是服装生意，实际上就是"倒爷"。当时我到处找大型的服装厂，去和他们谈收库存货的合作，然后通过各种渠道联系各种档口、贸易商再卖出去。称重收来的服装经过分拣和重新包装，再按件卖出去便可赚到钱了。这个生意非常传统、低门槛，就是比谁勤快（要起得早、手脚麻利）、谁眼光准（款式好且残次品率低）、谁胆子大（果断），那谁就能赚着钱。记得2008 年年初中国南方雪灾，当时我已经赚着点钱了，过年前为了去广东中山进货，我

背着10万元现金、坐着绿皮车就去了……到了广州火车站换大巴车,到了下面县城还得打个摩的。在当时恶劣天气下,在人生地不熟的县城,我要完成和厂家的"货款两清",同时协调好当地物流公司,再想办法用最经济、最快速的办法回到上海,在上海仓库收货后进行"二次加工"……最后联系卖家把货尽可能多地出手掉,剩下的残次品还要再打包卖给其他收购方。现在我回想这个过程发觉很有趣,像极了现在我们集团的不良资产管理业务。

在大学期间"瞎折腾"难免会耽误学习,我特别感谢我的辅导员孙黎黎老师,她给予了我相当的宽容和关爱。孙老师甚至亲自替我求情,为我争取可以参加考试的机会。因此,"读万卷书""行万里路"是需要我们结合实际来平衡和把握的,不可埋头读万卷书,亦不可只低头行万里路。

我认为,创业是一种人生态度,累是很正常的,我选择的是习惯它,累了就停下脚步歇口气再前进,当然我特别注意的是不能把自己累垮了,所以我把这个过程当作一种生活方式。试想你在家"葛优躺",躺久了也会累,且一定不会快乐,而我的累是快乐的、有收获的。

心系公益反哺母校　　心怀梦想乘风破浪

为庆祝上海立信会计金融学院创始人潘序伦先生诞辰125周年和学校建校90周年，2018年鸿荔集团发起设立了上海立信会计金融学院财税与公共管理学院鸿荔学生发展专项基金。该基金主要用于支持财税与公共管理学院师生社会实践及综合素养培养，助力母校双创事业的发展。我期待营造一种"学以致用、知行并进"的氛围——在"校内"，心无旁骛、孜孜不倦，像海绵吸水一样汲取知识；在"校外"，专注于兴趣，敢于创新、勇于实践。

大疫当前，当义无反顾。2020年2月，鸿荔凭借资源优势购入了一批防疫口罩，集团内部就此开了一次动员会，组织各事业部在确保自身员工安全的情况下联络客户、供应商、合作伙伴等，向其无偿提供必要数量的防疫口罩及物资。我当时定了两个规矩：一是从中牟利的人一律开除，倘若违反法律的一概移交司法部门；二是只要联络到有需要我们帮助的单位（其中包括我的母校），我们尽可能地向其提供需求数量1.3倍的物资。今天回首往事，开玩笑地讲，我们错过了一次绝佳的"发财"机会。

虽然鸿荔上半年的业务表现受到了疫情的影响，尤其是教育板块的运营以及一些投资项目受到了一定的挑战，但鸿荔的整体业务已经随着中国经济的复苏而企稳，疫情的影响更多的是短期的，部分业务更是在这次疫情中寻求到了新的契机，尤其是电商、文化等业务板块会迎来强劲反弹。对于未来，我希望鸿荔能进一步通过科技创新驱动产业升级，逐步构建产业服务、产业投资及产业运营的全球化生态，继续坚持赋能未来城市更新，不断助力中国智造及企业客户数字化转型，从而可以为社会创造更多的价值。

明人生之志向　　筑诚信之基石

对我而言，从18岁离开父母来到母校报到就是真正的"成人礼"，这在我们古代对男孩子来说叫作"冠礼"，预示着"孺子"要开始承担责任、开始"成人"。所以母校不仅是我读万卷书的地方，也是我行万里路的起点，更是我真正意义上懂得去肩负

责任担当的开始——对自己、对家庭、对社会。

我们常传颂着"信以立志，信以守身，信以处事，信以待人，毋忘'立信'，当必有成"的校训。这个"信"字在我看来不仅是一种"诚实守信"的道德品质，亦是一种对"信念"的诠释，诠释着咬定青山不放松、持之以恒的信念。

我相信你们"有志者，事竟成，破釜沉舟，百二秦关终属楚；苦心人，天不负，卧薪尝胆，三千越甲可吞吴"。

我期待你们学以致用、知行并进。

我祝愿你们"不念过往、不负当下、不畏将来"！

知足且上进　温柔且坚定

孙诗雯

　　瑜伽导师，运动康复理疗师，心灵疗愈师，"虔瑜伽"品牌创始人；上海立信会计金融学院 2011 届校友。

口　　述：孙诗雯
采　　访：马娅君　魏亚婷　李晓满　朱怡琳
整　　理：李晓满　朱怡琳　马娅君
指导老师：黄　嵘
时　　间：2020年11月26日
地　　点：上海虔瑜伽会所

实现自我　从瑜伽中遇幸福

　　我在大学毕业后即从事财务工作，最初还有一定的上升空间，但是做了主管之后就觉得已经到了天花板。财务工作的性质决定了我几乎是每天面对电脑一直敲，从上班到下班一直坐在办公桌前，导致下班后全身酸痛。日复一日的劳累十分损害身体健康，经常使我感到颈椎酸疼不舒服。久而久之影响到了情绪，我觉得整个人都快要垮了。为了改善身体的状态，我开始接触瑜伽。那时公司楼下有个健身房，我每天会去练一节瑜伽课，这让我缓解了工作带来的身心疲劳，我开始喜欢上了瑜伽。在我换工作的间隙，我本想找一个瑜伽馆练瑜伽，机缘巧合之下发现了瑜伽馆有瑜伽教练培训，而我刚好又有空余时间，于是报了瑜伽教练班。一边工作，一边学习瑜伽，我慢慢意识到身体和心灵的健康愉悦比工作本身更重要，也渐渐萌生了转行做瑜伽教练的想法。当时我已经收到了另一份会计工作的offer，但还是毅然决然地选择了转行做瑜伽教练，并且一直坚持到现在。

　　原来做财务工作的时候，是以老板布置的任务为工作目标，我更多地觉得自己像

一台机器听由指挥行事，在这个过程中逐渐失去了自我，更失去了实现自我价值的机会。从事瑜伽教练这一行之后，所有的学员都会遵从我的想法和建议，按照我对他们的规划来进行训练，而当学员的体态和心情有了改善，我会觉得这是由我自己创造的价值。比如说，有学员存在颈椎痛的问题，经过我针对他建立的训练计划，学员的颈椎问题逐步改善，整个身体变得挺拔，我会觉得这是我创作的"艺术作品"，这会令我很有成就感。作为一个相对比较需要自我空间、更富有领导能力的人，我不太喜欢听从别人的指挥，而是更喜欢通过自我的方式实现自我价值。通过瑜伽帮助学员改变自我，实现自我价值的满足是我最大的乐趣和动力。

从事瑜伽教练之后，我自己也有很多变化。首先，我的身体变得比以往健康，没有了身体的不适和疲惫感。其次，与之对应的，心情状态也有很大的转变。以前我可能经常会因为一些琐事而生气，会把它无限放大，现在会看淡很多；以前会容易焦虑，担忧，现在也越发平静、平和。当初踏入瑜伽行业，我只是想要一个健康的身体和愉悦的心情，没想到瑜伽带给我的却比我想要的更多。我觉得，把兴趣变成职业是一件非常幸福的事情，只要你喜欢，并且能够勇敢去行动和坚持，你收获的会比你想象的多很多。

修身养心　以宁静心对喧嚣世

当前瑜伽文化的宣传存在很多不足。最初我和大家一样，对瑜伽的理解比较片面，认为它仅仅是运动的一种，主要训练人的体态姿势。接触瑜伽的深层内涵之后我才慢慢领悟到瑜伽的本质。在训练体式的同时，瑜伽更是一种信仰，是一种内心的修行。佛教的创始人释迦牟尼就是在修习瑜伽的过程中顿悟，建立了佛教。因此，修习瑜伽更重在修心，修正你的心态，消除你的杂念。

首先，瑜伽可以理疗身体。像我们平时保持同一个坐姿久坐，会导致脖颈痛、驼背、腰椎间盘突出等问题。其实，这是骨骼偏离了正常的轨道、肌肉失去了原有的平衡后带来的疼痛感。比如腰椎间盘突出，人体的骨骼本来是正位的、是平衡的，如果左右两边肌肉失衡，脊柱就会歪向一侧，两节腰椎间的椎间盘就会向外突出。只要通过合理训练，让两边的肌肉恢复平衡，腰椎自然也就会回到正确的位置。因此，瑜伽可以通过对体态的改善理疗身体的疼痛。目前，我主要是做私人教练，因为每个人的问题都不尽相同，需要花费很多的时间去钻研深究，我需要不断积累经验。这同时是完善自我，深入了解瑜伽的过程，我不仅不会感到厌烦，还会觉得自己用来学习的时间不够。

其次，瑜伽是一种心灵的练习。冥想过后再睁眼会觉得身体轻松，是因为当你专注于一件事情时，多巴胺、去甲肾上腺素等激素水平会得到调整，副交感神经会被启动，人体会在这些内分泌系统的影响下变得平静，从而得到精神上的放松。很多时候我们的疲劳不见得是身体的劳累，而是大脑的疲惫。大多数健身只能达到肌肉层面的放松，而瑜伽可以做到对精神压力的舒缓和释放。瑜伽引领着你向更深层次去冥想、去感受，最终达到内心深处的宁静。

现如今，瑜伽行业为了迎合市场的需求，逐渐划分成很多个派别，如艾扬格瑜伽、高温瑜伽、阴瑜伽等，每种派别对体式和力量的要求都有所不同。但其实在古代，修习者只是坐在树下晒太阳，闭着眼睛冥想，用心去跟大自然交流，这才是最本源的、最正宗的瑜伽。不过，通过对体态改善作用的强调，可以提高瑜伽的大众普及度，更好地完成传播瑜伽文化这一首要工作。先放松了身体，才能引领精神向内走，最后逐步达到修心的功用。

不惧异议　弃往日勇闯未来

我跨界跻身瑜伽这一行还算相对顺利，未曾碰到过什么重大挫折。最大的困难其实就是来自身边人的阻碍，不管朋友还是家人，几乎无一赞成。我原来从事的工作和专业相关，并且优异的表现也令我晋升主管。当时的我有稳定的工作和不错的收入，专业性也得到了同事和家人的肯定。抛弃这些转而跨行创业，受到的阻力可想而知。父母的观念相对传统，认为稳定更重要，这个职业不能算是正经工作；身边的朋友也在反对，劝我打消这"不切实际"的想法，我只能与自己为伍，坚定前行。好在父母长期居于国外，鞭长莫及，所以我的压力相对于其他创业者来说还是小一点。许是被我的决心打动，父母最终同意我放手一搏，也感谢他们的理解和支持，才有了我今天的成就。人生的轨道不是既定的，不同的选择其实才造就了生活的丰富精彩。跨行工作之后，我被幸福的感觉包围着。如果将幸福感量化，那么我做会计时只能说勉强及格，现在可以达到90分。而且在幸福感提升的同时，我的收入也有所提高，更让我坚定了当初看似莽撞的选择。

我的瑜伽私教课定价高于业内平均水平，但来上课的人依旧络绎不绝。有老学员从我创业之初一直在我这里学习，坚持了五六年，我相信他们一定是切实地感受到瑜伽的魅力和通过修习瑜伽获得的改变。因为课程的价格比较高，相应的，我所能接触到的学员的整体素质也很高，他们是一群有前瞻性、更注重修身养性的社会精英。他们很相信我，这使我感到很幸福。

创业最辛苦的时期，我每天要上9～10节课，想要证明自己的选择和能力。经过不断的积累、沉淀，不断地进修、学习，如今逐渐稳定下来，我会进行一定的自我调节，授课节数控制在每天5～6节。我们的教练团队每年会出去进修一次，前段时间就在云南进修了3个星期，收获良多。学员在学习，我们教练也不能停下学习的脚步。当我将自己的知识倾囊相授，就会渴望学习更多的知识，探索更多的未知。

在我看来，一直挑战困难的事情才能称得上坚持。我对瑜伽一直饱含热爱，并享受其中，所以自然而然坚持了下来。而且，拥有锻炼习惯的人突然停下运动，会感到十分难受。当练瑜伽成为一种习惯，它就已经成为我生活中的一部分，就像饮食睡眠一样不可或缺。在授课之余，我还会见缝插针地练习瑜伽。

开阔眼界　先自爱而后爱人

我们要用大学4年的时间去了解、学习自己的专业。现在学习的知识一定不是无用的，在未来某个时刻，它一定能促成你的机遇。我毕业后也先在本专业领域尝试了一段时间。从大一开始，我就在财务岗位上进行了多次实习，分别去过外企、证券公司等，目的是感受办公室的氛围和未来的工作环境。一圈尝试下来觉得它们不适合自己，又去了国企、民企、会计师事务所等，还是觉得不喜欢，这才毅然决然选择了瑜伽。因此，我们一定要多去尝试，才能发现这条路对于自己是否合适、喜欢。人生的每一步都不是徒劳，你所学到的东西、经历的事情，都是日后成功的契机。每个人的

追求、想法都是不一样的,有些人喜欢过得安稳,有些人则享受风生水起,你要在纷杂的世界中明白自己想要什么,不要去羡慕别人,也许你也被他们羡慕着。

我们学校的专业设置非常好,在金融、会计等行业,没有人会不认可"立信"二字所代表的深度和厚度。同学们要对自己、对学校抱有信心,只要认真努力,就算在人才充沛的大环境中也依旧能保持闪亮。不管身处哪个行业,只要认真勤劳、踏实肯干,静心沉淀三年以上,你一定会成为行业精英。

有条件的话,大家可以多去旅游,感受不同地方的风土人情、历史气息。这段时间我去了泸沽湖,认识了一个叫"摩梭"的族群,他们是现今仅存的母系社会部落。在认识世界的旅途中,我会看到很多不同于我的生活的片段,在了解、接纳的过程中,我的心境变得更加开阔、包容。同学们平日空闲可以多看电影、看书,"读史使人明智",生命也因此而变得更厚重、更浓郁。人生沧海一粟,与历史的兴衰、朝代的更替相比,实在太过渺小。所以要读史,了解若干年前的人和事,加深对人生的理解。如果只安于现状,目光所及尽是生活的琐碎,那么人是没有灵魂诉求的。

在爱情方面，我们首先要学会接受自己。女孩子不要觉得自己不够完美，一定要多给自己一点自信。"他爱你是他的福气，他不爱你是他的损失。"不要过度依赖爱情和伴侣，要把自己放在首位，先自爱而后爱人。如果看轻了自己，把别人的爱当作施舍，这样的关系是不平等的、不健康的。同时，也要客观认识自我，既不妄自菲薄，也不骄纵自满。我们要学会去争取、抓住机会，不断提升自我。建议大家可以在大学有选择性地谈谈恋爱，和异性接触之后，你就会发现男女在思维方面的差异，这会帮助你从不同角度考虑问题。谈恋爱的过程也是开阔眼界、提升自我的过程，在提升自己的同时，一定会有合适的人感受到你的吸引力，像你爱自己那样爱你。

奋楫笃行　拼搏向前

黄元超

  上海云上文化传媒有限公司创始人及执行总监；个人曾获得上海市静安区十佳创业新秀称号、2012 年 Love radio 全国 DJ（流行音乐播音员）选拔大赛季军、上海市朗诵比赛冠军，所在公司获得静安区百强创新优秀企业称号；作为知名阿卡贝拉团队默客人声乐团主唱，带队获得 Vocal Asia 歌唱大赛亚洲季军，2012 年中央电视台星光大道月冠军；上海立信会计金融学院 2007 届校友。

口　　述：黄元超
采　　访：管承瑜　刘晓瑜　王若虹
整　　理：管承瑜　王若虹
指导老师：管承瑜
时　　间：2021年10月23日
地　　点：上海立信会计金融学院上川路校区

筚路蓝缕　实践出真知

  对于工作的选择，我经过再三考虑后，最终选择了自主创业。我本科学的是金融专业，毕业时也收到了工商银行、上海农村商业银行和光大银行三家银行的录用意向，于是我选择去银行实习一段时间，去了解这个行业相关工作的内容和发展。同时，兴趣爱好广泛的我也兼顾了一些其他工作，例如在业余时间去参加一些商业演出和活动来增加更多的经验和技能。在银行实习期间，我始终坚持工作日上班，周末参加业余活动。但是长期连轴转的高强度工作之下，我逐渐发现工作和兴趣无法兼顾、平衡，也无法将所有的工作都高质量完成，甚至还造成了一些健康问题。基于这样的现实情况，我开始重新思考未来的发展规划，毕竟鱼和熊掌不可兼得，必须专注于一个方向，在银行工作和创业中做一个选择，并把事业专心做好、专注做实。

  后来，我选择了创业。本科期间，我在完成大学期间的学习要求的基础上，通过业余时间参加了不少校外的演出和活动，获得了一定的收入，积攒了一定的资金。相比于银行的柜员职位，我更倾向于跟随兴趣去创业。那时的我，也跟家人做了非常细

致的沟通，并得到了他们的支持。在家人的眼中，银行工作是个"铁饭碗"，收入稳定且压力不大，他们都希望我能够安于本分，留在银行工作。我根据银行承诺的薪酬待遇粗略地计算了一下每月的开销和存余，这距离我的人生规划有较大差距。综合考虑多种因素后，我和家人沟通了我的人生规划和发展想法，最终他们同意了我创业的选择。

  我认为，工作选择没有对错之分，只有适合与否。年轻人要在有限的时间内尽早进行尝试，在实际的社会工作经历中发现和总结经验，才能更精准地找到自己的人生定位和人生规划。但是要注意，在尝试的过程中一定不能盲目。我高中时代曾有一位十分优秀的校友，他的高考分数非常高，甚至可以达到复旦大学的录取线，可他选择了去上海财经大学并在毕业后进入了一家私人典当行工作。经过一段时间的工作，他发现那份工作并不适合他，便辞职了。这使他错过了毕业第一年的就业黄金期，四五年后他辗转于其他公司的不同工作岗位，几经波折才找到现在阿里巴巴的工作岗位。然而，他的很多同龄人可能早在一毕业就已经找到了这样的工作，他却晚了四五年。因此，大家一定要重视实践经验的积累和毕业后的第一份工作的选择。

接轨时代 开辟新征程

在我看来,要想在当下的市场中生存,最重要的是与时代接轨。如今是短视频和直播的时代,想要在时代浪潮中迅速成长的年轻人可以在这些方面去做一些尝试。比如,可以参考小红书 App 在这半年当中提倡的"打工人的实习"这个主题,这很贴合现在大学生的生活,当下的很多大学生对于这类内容的分享也很感兴趣。学弟学妹们可以根据自己的实习内容、实习经历去做一些相关的信息介绍、求职指南等视频分享。在新时代的背景下,大家完全可以自信地表达观点,只要有自己的见解,都可以分享出来,只要是积极向上的,观点本身并没有对和错。考研的学弟学妹也完全可以把考研过程和心路历程写出来或者拍出来分享给大家,共同见证成长。现在很多人都喜欢"种草",喜欢看"陪你成长",甚至一些公众人物获得的关注度并没有普通人高,人们会更愿意去看普通人一步一步成长的励志故事。

充分整合、运用资源是很重要的能力。我现在仍对十年前在学校课程中学习的政治经济学等很多金融学知识印象深刻,即使没有从事金融行业,也会在投融资和财务管理的实践过程中用到相关的金融知识。如果能对这些相关专业知识进行梳理和分享,既复习了专业知识,又增强了流量曝光,给自己增添闪光点,也许可以使自己在未来获得更多的机会与可能,可谓事半功倍。经过一两年的坚持和成长,磨砺好多方面的技能,使自己得到真正的进步,那么以后即使不进入传媒行业,也可以成为非常好的文艺和宣传骨干。为自己拓宽就业渠道,也会有助于自己的职业成长和发展。当前,各行各业都有丰富的活动需要会文艺、会宣传、能拍摄、懂得制作视频的工作人员。如果能够给自己多培养一些技能,对未来也会有所助益。机会总是留给有准备的人。现在学生的学习成长环境更加优越,我们可以借助平板电脑、网络软件等工具在网络信息平台上了解和搜索大量信息,以更好地辅助学习,不断提升自我。

百舸争流 敢拼搏者胜

我校学生特点鲜明:敢闯敢拼,有干劲。我们身上没有所谓"名校"的包袱,更有勇气去尝试,这也是我一直很自豪的一个重要品质。感恩母校的培养,这也成为我

未来发展中一个很重要的核心竞争力。其实我在大学期间是一个特困学生，靠低保维持生活。逆境中更容易成长，而这种成长靠的就是拼搏。刚进入大学时，我就想要在自己热爱并且擅长的事情上做文章。大一的我就已经开始在校外进行演出，成立了我们国内第一个阿卡贝拉人声乐组。在成员的共同努力下，我们在全国甚至国际拿了一些奖项。我想用我的经历鼓励学弟学妹，要尽早树立坚定的理想和目标，然后坚持拼搏奋斗。

2011年是我毕业的第一年，创业初始，我曾因为高强度的工作和压力透支了健康，去医院连续打了两个月的点滴。那时的我只有一个念头，就是抓住一切机会去闯、去拼搏。我有一位同学曾抓住短视频的契机，一点点起步和成长，发展到现在，她已经能够做到一条视频获得200万～500万元左右的广告收入。她就是一个靠拼搏奋斗而成功的典型案例，靠着坚持和努力，拼搏出一片天地，美好的生活要靠自己的拼搏来实现。

现在毕业生可以勇敢地去尝试不同的机会，对于自己想要发展的行业和职位都要尽早尝试，多些实习和实践，给自己的未来拓宽道路、增加机会。最怕的从来不是选择太多，而是没有选择。

破茧成蝶　绘灿烂人生

对学弟学妹们的大学生活，我综合其他大学同学的经历，有这样几点建议：第一，如有缘分遇到对的人，一定要珍惜美好纯洁的校园恋情；第二，去认识一些好兄弟、好姐妹，随着年龄的增长，想在社会上找到真正交心的朋友不会再像大学时代那样容易；第三，锻炼自己的一技之长，比如唱歌、主持，可以往文艺方向去发展，如果对金融特别有兴趣，也可以拓展金融方面能力，多利用抖音、小红书和B站（哔哩哔哩）这些网络平台来充实自己，因为这些加分项也许能在毕业时帮助你找到一份好工作。

现在的大学生正处在一个很好的信息化时代，不要仅仅将眼光局限于游戏，可以多花时间开阔眼界。我认为，大学生一定要在大四前想清楚未来的就业方向是什么，才不至于到时候手忙脚乱。

我们一定要清晰自己的定位，学会发掘自己身上的闪光点。当未来求职的时候被面试官问到你有什么特长的时候，能够自信地回应，比如参加过的比赛、获得过的奖项、身怀的绝技、优秀的实习经历，来增加自己的优势和竞争力。我印象很深的一次求职经历是在光大银行的最后一轮面试，小组讨论的应聘者都来自名校，每个小组只有15分钟的时间，这段时间里的发言决定了你能不能走到最后。那时的我抓住最后一分钟做了总结，这是我最擅长的部分。凭借现场表现我被录用了，这让我感受到清晰地了解和认识自己是一件非常重要的事情。

现在的年轻人可能比较关心自身未来的发展，尤其是受到新冠疫情影响，人们普遍认为找一份稳定的工作是非常有必要的，可以有更强的抗风险能力，因此大家会去考研、考公务员，以此来作为自己未来的就业方向。我也曾和考上了公务员、研究生的同学们交流，我们发现，在毕业时考进了哪个学校读研还是在哪里工作都不是最重要的，最重要的是你在毕业3～5年后这段时间里有什么样的成长经历，收获了什么，这才是对你的职业发展最重要的。

最后我想强调两点：一是一定要有前瞻性，提前做好未来规划，合理利用时间，为未来早做打算；二是一定要有主观判断力，有自己的观点，切忌随波逐流。无论是考研、就业还是创业，都是一种人生选择，不存在对错和好坏，只要坚定自己的信念，不断向前，一定能看到曙光。

既定心之所向　只顾风雨兼程

李建军

　　就职于华润置地华东大区财务部，从事税务工作至今，主要负责对接管理城市公司税务风险、投前税务规划、税务现金流管控以及土地增值税清算等税务价值创造工作；上海立信会计金融学院2011届校友。

口　　述：李建军
采　　访：徐晨语　王　骜　劳桂婷　黎灿灿　文海涛
整　　理：全体采访组
指导老师：王　亭
时　　间：2021年10月24日
地　　点：上海万象城写字楼

勇于尝试　全面成长

　　大学对我来说是一个迈向自我独立的过程。我是外地学生，所以在家人陪同我完成入校报到后即将离开时，虽然只隔着一条马路的距离，却让我感受到此次离别是从家庭保护状态下迈向自我独立的开始。财税学院的老师们非常照顾刚入学的我，给了我像家一样的温暖，我从大学生活中收获了很多，也变得更加成熟。

　　我学的是税务专业，大学期间我又报名了会计辅修，因为会计是税务的前提和基础，税务和会计紧密结合。虽然税务专业也开设了会计的相关基础课程，但相较而言，这些课程过于基础，无法满足我深度学习的需求，因此我选择报名参加了上海对外贸易学院的会计专业进行第二专业的辅修。辅修学习对我之后的工作用处很大，比如税法的规定和会计上会有很大的不同，我们称作"税会差异"。想要去理解它，只知道税法怎么处理或者会计怎么处理，是无法完全理解"税会差异"背后深层次的含义的。在学习的过程中，我认为法律和税务的结合很有必要，同学们可以在专业学习之余去掌握一些法律相关知识。同时，大学期间应在有时间和能力的前提下打好学科理论基

础，尽可能地多涉猎、多学习，未来才能更顺利地驾驭工作。

大学期间我参加了学院主办的第一届税收筹划大赛。在共同协作的过程当中，我总结了两方面的经验：一是对自己所学的专业知识进行系统整理和总结，要能够应用到实际案例当中；二是团队协作的精神，做好一件事情，不是"个人英雄主义"可以完成的，它是一个团队合作的结果。我认为，参加比赛、活动重要的不在于结果，而是参与的过程，能否在比赛中获得锻炼才是大家最应该关注的。

我在大学期间还有一段很难忘的经历是入党。初入大学还比较懵懂，但我始终认为入党的过程是一个追求进步的过程，所以我选择加入中国共产党，接受党组织的考验。通过对党章、党史的学习，我对党的认识更加系统化：中国共产党是中国工人阶级的先锋队，同时是中国人民和中华民族的先锋队。这决定了党的性质、宗旨和所肩负的历史使命。进入改革开放时期，党更是代表中国先进生产力的发展要求，代表中国先进文化的前进方向，代表中国最广大人民的根本利益，真正体现了立党为公、执政为民的执政理念。在党带领全国人民奔向"两个一百年"奋斗目标的历史进程当中，我作为一名大学生能参与其中，何其有幸。党的奋斗精神激励着我努力学习，进一步向党靠拢，希望能作为一名党员参与到其中，并做出力所能及的贡献。大学期间我首先把学业搞好，其次是在力所能及的范围之内帮助同学，比如我会在期末考试前帮助同学研究考试内容。为同学服务，就是在自己能力范围内帮助他人，以小见大，我认为，这也是中国共产党为人民服务的宗旨和初心的体现。

大学期间在外联部的经历也令我记忆犹新。当时我们刚进入大学，对外沟通、拉赞助都比较困难，但外联部的部长说了这样一句话，"谋事在人，成事在天"，这句话对我后续的学习和工作是一个很重要的提示：只要尽了自己最大的努力，能否成功也要看运气。还有句话叫"努力不一定会成功，但是不努力就连成功的机会也没有"，这对我影响很深。我从一开始的不敢开口到主动与社会上的人交流，这是一个锻炼自己沟通能力和性格转变的很重要的过程。此外，我在外联部还收获了很珍贵的友情，结交了几位可以互相倾诉烦恼的朋友，我们经常见面聊聊各自的生活和工作，排解压力，这亦是我人生中很宝贵的财富。

坚定目标　厚积薄发

大部分同学在大学期间或多或少都有过实习的经历。大部分实习工作，带教老师交给你的工作都偏重基础，这种情况下需要自己去主动发现问题，不要因为带教老师说"帮我订一下"，你就只是按一下订书机，这是一个非常机械的动作。同学们在实习的时候可以观察纸面上记录的一些信息，再回忆一下老师课堂上教过的知识，把理论和实际相结合，去对比理论与实际之间出现的一些差异，去理解为什么会存在差异。自己先去寻找答案，如果不能解惑，再去寻求带教老师或者领导的帮助。大部分情况下，实习生对企业的实际业务接触都是比较少的，带教老师没有义务主动去教你，也不可能像课堂里老师循序渐进、谆谆教诲。我们要学会发现问题，找机会去问，这样才会得到答案。

本科毕业后，我考取了上海财经大学（以下简称"上财"）的研究生。我认为，考研择校和备考是因人而异的，要看个人的目标和需求。我当时考上大学后就定下考研的目标，所以也就坚定不移地朝着这个目标努力。因为身处于上海，而且学的是财经类的专业，上财对我来说一个很好的选择。对于专业的选择，我想进一步研究我所感兴趣的税务，所以选了上财的税务专业。考研最重要的还是根据个人目标的设定，以及毕业之后想做什么工作，再去做相应的选择。

我毕业之后找工作主要有两个方向：一个是大型企业；另一个是税务师事务所。

不巧的是当时事务所给我的 offer 大部分都是有关审计岗位的，但是我想做税务方向的工作。而当时的背景下，房地产行业是税负成本比较高的行业，房地产行业实质是资金密集型、劳动密集型行业，通过统筹、协调设计、建筑、营销、金融等行业资源打造房地产开发项目，并最后实现投资回报。房地产行业是国家实现城镇化进程的重要参与力量，随着城镇化率的提高、增速放缓，房地产行业的发展也都进入了提质降速期。因此，随着项目精细化管理要求的不断提高，加强对财务方面资金、税务成本的管控也日趋重要。这可能更有利于我发挥我所学习到的专业知识和能力，所以我当时向若干个房地产开发企业投递了简历，最后被华润置地公司所录用。工作后我在领导的帮助下学到了很多，受益匪浅，领导对我也很器重，这也是我坚持了 8 年的动力所在。

想要自己的职业生涯发展得更好，第一，自己要有足够专业的知识储备，能够用自己的专业知识为公司创造价值。第二，领导最为看重的员工品质是做事要靠谱，出错不可怕，但要有回馈，做到"件件有着落，事事有回应"。你不能把不会的都压在自己手里，不向上级领导寻求帮助，最后任务都没完成。第三，要有一定的吃苦精神，大家都知道"996""007"工作制，想要在工作上取得成就，额外的付出确实是必要的。第四，领导眼睛都是雪亮的，如果能做到以上几点，你的努力他们都看在眼里，晋升或是加薪也都是水到渠成的。

初心不改　使命在肩

入党这些年以来我时刻用一个党员的标准来要求自己。中国共产党从成立以来，从初创的十几个人到现在 9 000 多万的党员，能够拯救旧中国于水深火热之中，离不开众多方法论的指导，比如做事情要有"钉钉子"的精神，我觉得这是一个很接地气的表述。做一件事情一定要从头到尾有始有终地完成，如果半途而废，任何一个项目都是不可能做成的。相反，只要肯坚持、肯钻研，那结果一定不会太差，这是我从党走过的百年历程中得到的一个重要的人生启示。

身为一名党员，我经常帮助身边的同事，其实这也是一个互助的过程。我是做税务的，工作中和做核算的同事接触比较频繁，他们有税务上不理解的地方我会及时帮

助他们,这样能够更好地提升公司业务水平。近期,以公司财务部为依托创建的"润税通"税务咨询志愿服务活动,我们税务团队通过前期调研,统计出同事困惑较多的买卖房屋、出租房屋、个人所得税扣缴三个问题,以翔实的案例深入浅出地给大家讲解了在工作、生活中遇到的涉税困惑。整个活动互动热烈,尤其是在杭州交付现场我们带来了业主关心的契税问题,既让参加活动的同事学到了相关税收知识,也让我体会到为群众办实事的意义。我想这就是作为一名基层党员践行为人民服务宗旨的行动体现。对我们基层党员来说,不要只想着做多伟大的事,从小处入手、从我们能做到的地方入手,把自己分内事做好就是在帮助他人。

如果要给母校在课程方面提一点建议的话,我认为,由于所有税务关系的产生,源头都在于法律关系、合同关系。希望母校今后可以多开设一些法律方面的课程,尤其是程序法、行政法、民法相关的内容,这对后续税务的学习是很重要的。

最后,我想对学弟学妹说,希望大家不负韶华,把专业知识学好,在学业之余多多参加实践活动,不断拓宽自己的眼界和沟通能力,为将来走上社会打下坚实的基础。祝愿母校能够越办越好,桃李芬芳,培养出更多财税方面的优秀人才。

厚积薄发　行稳致远

高　健

　　现任中国平安财产保险股份有限公司上海分公司财产险核保部产品经理及小微项目负责人；上海立信会计金融学院 2011 届校友。

口　　述：高　健
采　　访：刘宇皓　史佳鹏
整　　理：刘宇皓　史佳鹏
指导老师：张思怡　王志军
时　　间：2021 年 10 月 20 日
地　　点：上海立信会计金融学院上川路校区

"小透明"　默默努力　默默成长

我 2007 年进入上海金融学院，2011 年毕业后就职于中国平安财产保险股份有限公司（以下简称"平安产险"）上海分公司，目前担任该公司财产险核保部产品经理及小微项目负责人一职。在校期间，我可以算是一名"小透明"，大一期间默默无闻，有幸加入团委组织部，负责部门日常的管理工作。大二期间开始在外兼职并参与社会实践工作。大三期间担任上海世博会中国馆的志愿者，并进入东京海上保险公司（以下简称"东京海上"）实习。大四获得了东京海上及平安产险的 offer，最终选择了平安产险，一做就是 10 年。在校期间，虽然我并没有太突出的表现，但也收获了友情，这段友情陪伴了我 10 年。同时也获得了师生情，很多老师虽然已经许久未联系，但我仍不忘老师们对我的教导，今天再次回到母校，老师们依旧保持着当年的风采。

做行业内的引路人　成为行业内的指路灯

我从毕业至今，一直在保险行业工作，今年已经是我从事保险行业的第10个年头，即2021年已经是我的"纯平"+"纯核"的第10个年头。所谓的纯平，是指毕业后就一直在平安产险工作的毕业生，而纯核就是指毕业后一直在核保部工作成长的毕业生。作为一个保险人来说，尤其是财产险公司，应该都明白"核保和核赔"不仅是财产保险公司的核心管理部门，更是集专业能力、沟通能力、管理能力于一体的核心岗位。核保部是风险管控的最核心部门，同时也是为公司"赚钱"的重要部门。首先，核保能力体现了一家保险公司的核心价值，核保人对于风险的把控及管理必须站在公司角度进行统筹规划，一切以公司利益最大化为出发点。其次，看清业务风险、管理产品风险、严守合规风险是核保人最重要的职能。在这个环节中，考验核保人对行业的研究判断、对具体企业及潜在风险的判断及对利润的测算和再保排分能力。最后，如何推动蓝海市场发展、提升产品竞争力、把握公司大项目的承接及招投标能力，也是一名优秀核保人的必备条件。

作为"纯平""纯核"的我，先后担任企业财险核保、责任险核保、信用险核保、综合经营分析、再保、小微战略项目管理等工作，见证了公司财产险从5亿元保费规模发展到如今42亿元的保费规模；参与了由中国保险监督管理委员会及上海市商业委员会牵头的上海市预付卡共保项目，具体参与了条款报备、政府立法、共保协议签署、承保方案流程拟定及重点赔案服务工作；参与了由上海市金融服务办公室牵头的上海市黄浦区巨灾保险项目，具体参加了巨灾招投标、共保协议签署、承保方案流程拟定及重点赔案服务工作。除此之外，上海承运人责任险、旅行社保证金方案等我也重点参与其中。在担任小微项目组负责人一职时，我对上海中小微企业进行深度调研，并创新设计了小微免核组合类产品、"保险+服务""小微赠险"等创新产品及推动模式。新冠肺炎疫情期间，平安产险上海分公司共为超5 000家小微企业赠送了"平安复业保"产品，保障企业用工安全及疫情暴发导致的营业中断风险。2017年，本人也参与了上海市金融服务办公室组织的上海市金融金才评选，与金融界的优秀人才一同阐述在金融界及保险界的点滴贡献。

一路走到今天，我所取得的点滴成绩都离不开母校老师及公司领导的帮助。在目前的工作岗位上，我也在积极地帮助每一位入职新人，关心在校生的实习工作，不断

尝试推荐立信的在校学生和毕业生进入公司实习及工作。希望我可以做一名业内的引路人，帮助我的学弟学妹们，成为他们成长道路上的指路灯。

不忘初心　方得始终

工作10年，回看自己一路走来，有一些实在的建议送给大家。

一是走专业的路线，在学校如此，出学校也如此。在校期间，应努力提升自我学习能力，无论是学校课程还是专业证书的取得。可能在面试官眼里，证书不能代表你的专业，但一定能代表你的学习能力及学习态度。毕业后，也希望能坚持走专业及管理道路，保持在行业内披荆斩棘的梦想，而不是为了前几年的年收入而放弃正确的专业道路。

二是积极参与学校的各项实践管理工作，发挥及挖掘自身的潜力，去积极寻找自己的特点及特长，学会扬长避短。在校期间，思想上要积极向党组织靠拢，树立为人民服务的意识。

三是在面试及实习机会面前，要勇敢地说出自己的向往及需求，并通过自己的努力及表现去取得公司的认可。不用担心我们作为应届生的能力有限，应届生本就能力有限，但我们需要展示自己无限的进取心及该有的踏实及努力。长远看，更希望大家可以不忘初心，无论自己在社会中摸爬滚打了多少年，都还需要保持进取心及踏实做事的精神，不忘初心，方能得始终。

大学生关注的热点话题

以我自己为例，我认为大学生不能仅满足于完成学业上的建树，更重要的是锻炼专业知识的应用能力，所以我觉得实习经验是很重要的一点。现在很多公司在录用员工的时候也会把实习经历当作很重要的条件，所以我觉得大学生除了学习，不应该把时间都花在娱乐消遣上，多去一些优秀的公司实习，多积累经验这才是必须要准备的。

其实就拿我们公司来说，我们公司更看重的是个人能力。证书可以考，但是在我们做评估的时候，证书只是你个人学习能力的一个体现，它只能证明你学习能力很好。当然，不同的岗位会对毕业生有不同的要求，我更倾向于学生把基础的工作软件应用好。就拿我们公司的某些实习生来说，PPT和EXCEL的能力都没有达到要求，同学们应该抽出时间来学一学这些基础办公软件。

最后，衷心祝福立信的师生不断前进，心系家国天下，拥有锦绣前程！

忆流"金"岁月 感"信"仰力量

许丕婧

现任汉尔思（上海）信息技术有限公司执行董事，曾任平安养老险上海分公司客户经理、营业部经理，二十一世纪保险经纪有限公司上海分公司市场总监；上海立信会计金融学院 2011 届校友。

口　　述：许丕婧
采　　访：周雯洁　陈俊杰
整　　理：周雯洁　陈俊杰
指导老师：周文彬
时　　间：2022 年 11 月 10 日
地　　点：上海市源深路 1088 号平安财富大厦

风华正茂　在"金融"的美好校园生活

2007 年夏天，我通过高考，被上海金融学院国际金融保险学院保险学专业录取了。怀着对大学的憧憬、对校园的渴望，我迈进了校门，开启了人生崭新的篇章，开启了美好又难忘的大学生活。

初入校园时，我对学校的环境还是颇有些失望的。比如，我们报到那天，不是在学校里，而是在宿舍园区。为什么要强调这一点？因为我们的宿舍园区并不在学校里，而是在民雪路 108 号一个类似 20 世纪 90 年代的居民社区里，且是在临时清理干净的自行车棚里。在报到之前，我曾经幻想过学校的环境是如何的"曲径通幽""鸟语花香"，但现实还是给我泼了一点冷水。

不过这种情绪很快就被校园里朝气蓬勃的氛围冲散了，我也开始积极地融入大学生活。我在上大学前曾经是一名专业的乒乓球运动员，所以入学以后我就加入了当时国际金融保险学院团委学生会的体育部，很快就在其中发挥所长，连续 3 年在校运会的健美操比赛中获得一等奖。也因为我在体育部的出色工作，我在团委学生会一步步

成长为骨干力量。这些经历锻炼了我各方面的能力，让我至今都受益匪浅。

在校学习期间我经历过许多对我来说印象深刻的人或事，但最难忘的事应该是有幸成为上海世博会的志愿者。在我刚入校的时候，整个上海都处在世博会的筹备阶段，"城市，让生活更美好"的口号和"海宝"憨态可掬的形象随处可见。在大三的时候，校团委终于启动了世博会志愿者的招募活动，我当时作为保险学院团总支副书记具体负责我们学院的志愿者招募工作。在学院团总支书记宋老师、学生党支部书记周老师的鼎力支持下，志愿者招募工作顺利完成，我也如愿成为一名"小白菜"。

2010年9月下旬，我们进入世博园区，开始了为期17天的世博志愿服务。我和我们学院的大部分志愿者被分配到中国馆服务，这也是整个园区最热门的三个馆之一。这里每天排队的游客非常多，基本上需要排4～5个小时才能进馆参观大概半小时到1小时。作为中国馆志愿者，我每天从早上8点30分上岗，到下午5点30分结束志愿服务,除了每隔 2 小时能有 15 分钟的休息时间以及中午 30 分钟的午饭时间外,一直都在进行引导、讲解等各种志愿服务。这样的工作强度说不累肯定是假的,但这 17 天的收获却是我大学生活中无可替代的部分,也是我人生经历中异常宝贵的财富。如果没有母校提供的平台,我也不会有这么好的锻炼机会,所以还是非常感谢母校对我的教育和培养。

青衿之志　幸遇良师如明灯引路

2007 年夏天我孤身一人从长沙来到上海,虽然曾经的运动员生涯让我还比较顺利地适应了大学生活,但毕竟远离家乡,幸好有辅导员周文彬老师和团总支书记宋晓薇老师的陪伴,让我能更好地融入母校、融入上海。周老师作为辅导员,当时也是一名年轻老师,在工作上充满干劲,对我们关怀备至。在团组织活动中,宋老师指导我们开展工作,教会了我很多,在学习和生活上也为我提供了很多帮助。

专业老师方面,我所在的国际金融保险学院的院长徐爱荣老师是我当时选择精算方向的重要原因。大二开始接触到专业课,徐老师为我们全班讲过一次精算对于保险行业的重要性,从那时起我就决定在选专业方向时选择精算方向了。在大三、大四的专业学习期间,除了徐老师外,李鹏老师、张薏老师对我的影响也很大,他们在精算专业的教学建设上劳心劳力。2018 年我在和徐老师的沟通中得知,我们学院终于将精算方向升级为精算专业,在为母校开心的同时,我也确信当年没有选错方向。

在母校学习期间,我不仅收获了知识、还收获了职业技能和处世之道。母校教会了我很多,而我也希望可以通过自己的努力回报母校。我希望通过自己的不断努力,让更多人了解我们保险学院和精算学专业,希望可以为推进保险学院的进一步发展做出贡献,为推动中国的保险行业不断前进,强化大众保险意识,做出贡献。

职场历练　以"信"为基不断成长

2011 年夏天,我自学校毕业后,在学院当时的团委书记宋晓薇老师介绍下,有幸

进入了平安养老险上海分公司工作,担任客户经理一职。

应该说我自入行到现在,正好遇上了中国保险业的黄金发展期。这里有一组数据可以说明:我毕业前一年(2010年),全国寿险保费收入为2 467.3亿元,财险保费收入为887.6亿元,全国保费收入刚过3 000亿元大关;而到了2020年,这两个数据分别达到了5 450.2亿元和2 276.2亿元,全国保费收入接近了8 000亿元大关,且在10年间两项数据的年平均增速都超过13%。因此这10年称之为保险的黄金十年毫不为过。

我就是在这样一个黄金时期进入保险行业的,而在我从业的这十多年间,在母校及校友的帮助下,我个人也取得了一定的成绩。刚加入平安养老险时,我的带教老师是大我四届的校友张华学长,而我所在部门的领导范华也是老校友。在他们的悉心照顾和指导下,我很快就在行业中立足,并成为平安养老险有史以来最年轻的营业部经理。

回望自己从业至今，我觉得一个"信"字就能概括我的职业生涯。
　　首先是从业中的"诚信"。犹记得我在实习的时候，我的带教老师曾和我讲述：20世纪90年代整个行业在高速发展中，由于一部分业务员为了"冲业绩"，往往不讲诚信，为了多收保费而采用很多不合规甚至不合法的手段来"坑蒙拐骗"，所以在那段时间的高速增长，大部分是建立在"野蛮生长"这个海市蜃楼之上的，而后果就是普通民众对保险业和保险从业人员失去信心，一线营销人员都在哀叹业务难做。因此当时我的带教老师语重心长地和我说："如果你将来愿意从事这个行业，'诚信'是无论如何都要牢记在心、时刻放在第一位的品质。"在我真正从业以后，我的诸位领导也以"诚信"作为一个最基本、最重要的品质来要求我，我也时刻提醒自己在对待客户、对待同事方面都要做到诚信为本，老老实实做人、踏踏实实做事。正是这份坚持，让我得到了不少老客户的信赖，无论我在哪里从业，都有不少老客户愿意一直在我这里开展业务，这就是"诚信"给我带来的最大的财富。
　　其次是对行业的"信心"。在我刚工作时，保险业虽然已经有了长足的发展，但在保费总规模、人均保费和覆盖面等指标上，还是属于"第三世界"。面对这种情况，我多少有点心里没底，对自己的选择产生了一丝疑问。好在有领导、同事的支持与鼓励，加上工作开展得也比较顺利，让我坚定了继续从业的信心。同时，国务院在2014年发布了《国务院关于加快发展现代保险服务业的若干意见》，从宏观政策层面大力支持整个行业的有序健康发展。这也为我们这些一线从业人员注入了更加坚定的信心和信念。
　　最后是对母校、对老师们的"信赖"。在我两次面临职业生涯重大抉择的时候，我都和学院的老师们有过比较深入的沟通，这让我在犹豫不决时能冷静地分析自己的优缺点，并做出最终的选择。正是源于对母校、对老师们的信赖，让我在做这些抉择时，愿意和老师们交心、交流，最终做出正确的决定。同样的，这一份"信赖"，也体现在我和客户之间，同样也是支持我始终愿意在行业一线打拼并为之奋斗的动力。
　　我想和母校说一句心里话是：感恩母校的培养，我必当竭力回报母校，祝母校越来越好。希望学弟学妹们学业有成，给保险学院带来新的辉煌！

下 篇　**云程发轫**

踏前行　无问西东

卢冠文

上海果铭文化传播有限公司总经理；上海立信会计金融学院 2013 届校友。

口　　述：卢冠文
采　　访：徐　谦　谢瑜兰
整　　理：徐　谦　谢瑜兰
指导老师：黄　嵘
时　　间：2020 年 12 月 6 日
地　　点：上海市裕德路 165 号南洋 1931 广场

初展才华　踏尽春光不负时

　　大学时光让我懂得能力是经验与努力的积累。大一时我被推选为班长，任职 4 年。虽然当时对未来可能遭遇的困难一无所知，但我决心要把班级凝聚成一个整体，展现它独特的风采。怀着满腔热血，我和班委们开始策划起第一场活动：去佘山烧烤。组织集体活动令我深感压力。

　　首先是联络问题。因为那时候没有微信这种便捷通讯方式，而只能通过短信群发的方式把消息通知到每个人；其次是成本花销问题。为了节约成本，我们自己去采购食材，租赁车辆运输到活动地点，然后开始制备烤串。虽然麻烦，但这可以省下很多钱。最后，让同学们亲自参与活动是激发热情的关键。有过这一次成功的经验，大家对班级团建都充满兴趣。

　　大一的元旦我们班还组织包饺子活动。我们与宿舍楼旁边的"大学食代"里一个开饺子馄饨店的老板沟通，让他帮我们准备原材料。担心同学来自天南地北，每个人口味不一样，所以我们准备了 3 种馅，大家动手自己包自己煮。这次活动大家都很开心。算下来平均每个人只花费十几块钱，虽然不是人均几十、上百的游戏厅、火锅店，但大家脸上洋溢着更多的幸福。

我们还组织去乌镇旅行。我们考察了好几个旅行社，仔细比对每个旅行社给的方案和价格，最后再从中选择。恰逢班上有同学在做跟旅游相关的创业项目，有这方面资源，我们就让他统筹，价格便宜很多。

组织这些活动，过程确实很艰难。但作为班长，身负责任，要考虑到不同人的感受，调节好同学情绪；既要敢想敢做，又要勇于向前，尽心尽力完善每一次活动。组织活动不能走走形式，而是要让同学们真切体会到我们是一个整体，我们的班级很值得为之努力。也正因此，在大学毕业时，我们班级成为年级唯一获得荣誉集体称号的班级。

现在我从事的工作，需要与客户面对面地沟通、协商、讲解方案，让合伙人了解自己的想法。这些能力，恰恰都是在大学里锻炼形成的。

我是经贸学院篮球队的队员，因为身高较高担任中锋。大三时，我们参加了一场全校范围的篮球比赛，比赛是淘汰制，因此只能赢不能输。每场我都会拼尽全力。8进4的那场比赛令我印象最为深刻。对面会计学院的男生身高接近2米。而我们队伍除了我以外身高都相对低一些，因此这场比赛一开始我们就有不小的压力。对此，我们制定了不断地跑位的战术，用我们灵活的优点扬长避短。虽然比赛打得很累，但我们从未想过放弃，大家心中都有一股气，要赢下这场比赛。结果不负有心人，在第四节时我们就已经锁定胜利。

我现在还是很怀念大学生活。那时候我们常常绕着学校晨跑。长长的跑道，留下了我们青春的印记。偶尔出去玩通宵回来，也会先去晨跑然后回寝室去。工作后鲜少有时间去跑步，我只好请私教监督自己去运动。

我觉得不能"一心只读圣贤书"。很多能力不像分数那样能量化、能被直观感受到。我建议同学们在大学里能"折腾"就"折腾"。不管是成功也好，失败也罢，不要以短期的目光去看待这件事情，目光一定放长远，结果终有一天是能看到的，没有任何努力会白费。

此心若鸿　不因挫折轻易言弃

从大三开始，我决定要考研，早早地在考研教室占了一个位置。当时目标院校是北京对外经贸大学，想去首都感受大城市的氛围。但是当年那个专业只招4名学生，而且有

2个名额已经被保研生占据,所以相当于那年全国只招2名学生,竞争非常大,我没有考上。

考研失败之后,我一度心灰意冷,无所适从。后来我仔细分析同学们的成功经验,总结他们成功的点在于:一是目标院校选择合适,精准评估自己的水平和想要考的院校及专业的难度。二是目标明确,不是为了逃避工作才去考研。通过这些,我看到了自己失败的原因,也在反思中确定了自己真正想走的道路。我开导自己:考研是学习,工作则是另外一种学习。

我沉静下来,打算用三年时间,去做自己感兴趣的事。由于从小就喜欢赛车,我去了一家赛车俱乐部,开始慢慢做与汽车相关的公关活动。后来因我的父亲生病,我离岗回到老家照顾了他一年。父亲病情好转之后,我开始自己创业。我觉得我还年轻,可以接受失败,大不了从头再来,再去工作。

我选择广告公关活动开始自己的创业生涯,因为当时我已有了自己的客户资源。至于启动资金,一部分来自自己数年工作下来的积累,另一部分来自银行贷款。很幸运,我开始创业时,有一个比我年长很多的合伙人愿意与我合作。他的经验阅历和人脉资源弥补了我社会经验欠缺的弱点,我们分工明确,互相鼓励。他给我很多关乎事业、人生的宝贵经验,各方面扶持着我成长。同学们,如果在创业过程中有人愿意教你，你入行就会很顺畅。他告诉我不要急，慢慢来，现在这也是我跟员工说的最多的话，"做事，不要急，慢慢来，扎实踏稳脚步才能离目标更近"。

公司创业之初的业务主要是接各大车企的小活动，类似试乘试驾以及组织车友会活动，通过这些慢慢积累客户资源，直到后来我们成为比亚迪的宣传执行公司，专门承担制作广告、宣传策划这方面的业务，公司才逐渐走上正轨。

百亩藏春　凭核心资源独秀于林

创业的门槛不高，但要成功在市场中立足却不简单。我觉得创业成功最重要的因素就是积累，包括客户人脉资源，不能满足于现有的一些客户和手头上一些项目。如果不思进取开始吃老本，公司是走不远的。上海的广告公司很多，门槛也低，所以一定要有自身的核心优势，或者说是独家的资源，这是一个公司在激烈的竞争中能生存下来的关键。这也是为什么我要做上海高速公路的广告牌业务的原因，在这一领域我们是独家的。

当初在制定高速公路广告计划时，因投入比较大，前期需要大量资金，后期还需要5年的不断续约，我有些举棋不定。实际上当时这对于公司来说几乎意味着破釜沉舟。最后我考虑到公司的发展需要一个契机，如果不去闯一闯只能故步自封；再综合考虑这项计划的可行性，凭借自己的大股权我把这项计划定了下来。我们现在还准备将收费口的广告牌拿下，这样在高速公路区域的广告核心优势才能真正建立起来。不管从公司角度也好，从个人角度也罢，不求做到全才，但一定要是专才：一定要有自己的核心优势，这才是一个企业的根本。

90%的人创业都会失败，但我没想过放弃。创业中遇到失败，我觉得很正常。关键在于总结每次解决的问题的经验，找到没能解决的问题的原因。与其怨天尤人，自怨自艾，不如想着怎样去转型，怎样找准定位，做能做的事，重新尝试，卷土重来。

这次突如其来的新冠疫情对公司造成不小的影响，尤其是高速公路的广告计划，每天亏损2万元，尽管如此，公司仍在积极应对企业发展的困难。一方面向外寻求出路，与支付宝合作，为公司收入开源，分散风险。另一方面大部分的广告牌都无偿安排上防疫的公益宣传内容，提醒大家注意防护、勤洗手戴口罩，在疫情期间尽自己的一份力。

如果说对于公司在疫情期间的发展没有顾虑是不可能的。首先从大环境来说，大部

分企业发展都不顺利,我们只有坚持不放弃、相信国家能带领我们的生活走向正轨,才有向好的转机。现在下半年随着复工复产,我们面临的压力有所缓解,正不断发掘新的资源,比如收费口处的广告。明年规划在江苏浙江把高速公路广告按上海模式做下来。

任何一种成就,都是从零开始,慢慢积累,不要抱有投机心理。比如互联网,计算机,直播,小视频这些当下的热点,不要看到别人成功,就觉得自己也可以去试一试,你要看到在光鲜亮丽的背后是默默积累,怀有信仰。而我个人,成功的背后,所坚持的信仰就是"不断坚持"。

书本有味　动中取静雕琢心灵

我在公司招收新员工时,要求是具备能力、兴趣、团队意识以及责任心。同学们在校时要注意培养自己的兴趣,找到自己喜欢做的事情。除了一些基本技能外,要加强自己的优势能力,学会沟通,锻炼自己的团队合作能力。

大学生要多积累沉淀,不要浮躁。真正能做成大事的人,都是默默努力,由量变实现质变。大家要多看书,我喜欢的一本书是《平凡的世界》。在这本书中我能看到不同时代的坚持和精神,让自己静下心来。我们的时代略显浮躁,现在我们接收到的信息,不管抖音也好,今日头条也罢,都是碎片化的。在纷杂的信息潮中,我们需要去思考、去冥想、去关注对自身的挖掘与建设。还有一本书是《晚来寂静》,它记录普通人的生活。有句话让我有些感触,与同学们共勉,"当我们还年轻时,生命可能是苦恼的,却仍像一首牧歌,别有动人之处"。

路漫漫其修远　砥砺奋进花正开

邱　唯

上海银行长桥支行副行长，在校期间曾获上海市青年五四奖章；上海立信会计金融学院 2012 届校友。

口　　述：	邱　唯
采　　访：	刘天元　关喜龙　徐　洁
整　　理：	马　昂　关喜龙
指导老师：	王　洁
时　　间：	2021 年 10 月 25 日
地　　点：	上海银行漕河泾支行

笃志研思　广师求益

　　"每一件事情都要认真对待，否则就不必开始。"这是贯穿我整个学习与工作生涯的信条。我于 2008 年 9 月进入上海立信会计学院，就读于财税学院财政学专业。当我迈入立信的第一刻，我对周遭的一切都满怀好奇。大学一年级，我参加了许多校级和院级比赛，在当时的我看来，虽然这些比赛都输赢未知，但勇敢地迈出第一步，走出舒适圈，在尝试中找到自己擅长的领域，才是最有价值的事情。我记得，在大二上学期的时候，学院找到我担任一场晚会的主持人，这是我大学生涯中一件微不足道的小事，但这样的经历在我入职上海银行后被领导所注意，当时正值各个分行准备年终报告，我便被选去代表长桥支行前往总部进行汇报，最后也是通过流利的答辩给现场所有评委留下了深刻的印象。之后很多时候，大家遇到我都会打招呼说："你是当时年终汇报上的那个邱唯吧。"这个经历告诉我：一定要勇于尝试。一段经历可能在短时间内不能对我们有什么改变，但是长远来看，一定会在意想不到的时刻使你绽放光彩。

　　在校期间，除了学习本专业课程和完成学生工作，我还在大一第二学期申请进入华东政法大学辅修法学专业。选择辅修一方面是个人兴趣，另一方面是考虑到今后社会越来越需要复合型人才，必须不断拓展自己的知识面，才能够在竞争中更进一步。大学一、二年级正是课程最多的时候，我依然选择辅修，彼时我的课表不仅仅是排满了那么简单，甚至有时候，我在本校课程下课后，需要在10分钟之内赶到华东政法大学去上课，这样充实的课程安排快速地提升了我的知识水平。所以，时间管理很重要。拿我当时的经历来说，即便忙碌如此，在课程之外，我依然参加了"挑战杯"大学生创业计划大赛。回想起那段日子，紧张且忙碌，临近比赛的日子，经常是和几个队友通宵达旦地修改作品。那是一段充实且难忘的日子，我不仅收获了很多新知识，且锻炼了能力，这些知识和能力使我终生受用。此外，我还学会在学业、学生工作和比赛中统筹平衡，学会分配精力、规划时间。对需要完成的各项事务，我会按照紧急程度来分配不同的时间，凡事给自己一个最终期限，这样做不仅能增加动力，更能合理分配精力和时间，不把精力浪费到不必要的事情上。

要同时兼顾学业、学科竞赛和学生工作，时间的合理安排显得尤为重要。养成时间规划的习惯，克服拖延症，做到今日事今日毕，否则会影响工作的效率和质量。拖延的本质是没有制定清晰的长短期目标，如果目标明确，是不会拖延的，清晰的目标可以给自己无穷的动力。

我十分赞同大学生应当多读书，多走出校园开展实践、开阔眼界，去接触、接收对自己有益的新鲜事物，从而使自己保持一种精神上、认知上的活力。在获取新的知识时，也不要局限于自己在校所学的专业，而要拓宽知识面，去尝试、学习自己感兴趣且有益于个人发展的知识，因为现实中的工作是可以由多个方向的专业知识辅助完成的。只有多读书、多实践、多收获新知，才能使自己在看待问题时，站在比别人更高的层面上进行分析判断，从而占得先机。希望在校的学弟学妹们能够找到真正适合自己做的事，或者是想要尝试但还没有开始的事情，要大胆尝试、大胆试错。自己的人生从来不是活在别人的口中，未来会踏上怎样的道路都需要我们一步一个脚印奋力去争取。在这里我向大家推荐几本书，大家可以在课余时间去阅读一下，吴晓波的《激荡三十年》，大前研一的《全球新舞台》。

俯拾仰取　天道酬勤

进入大学三年级，我经过多方考虑，最终决定积极参加实习，为毕业后直接就业

做好准备。我在大三、大四期间,先后到过会计师事务所、企业、银行等各个不同类型的行业实习,并且参加了多个500强企业的面试,分析了自己在面试与求职过程中的优势与不足,并最终在这个过程中确定了自己的职业目标。我也十分希望现在的在校学生能够积极地拥抱社会,尽早通过实习和实践,找到自己最感兴趣的行业。很多大学生在校期间既想考研又想就业,这其实是目标不够明晰的表现。到了大三,我们一定要对自己有一个清晰的判断。如果想要考研,就要定好目标,为之努力钻研;如果想直接就业,就应积极投入实习,找到适合自己的领域。倘若到了临近毕业再去考虑考研或就业,时间上已经来不及了。除此之外,我还希望在校学生积极参加各类竞赛。如果在校的专业学习是基础,那么参加竞赛就是对自己能力的挑战。在比赛中,我们能够不断刷新自己的高度和认知。在校期间我参加过多项大学生科创实践项目,主持的创新实践项目还获得过上海市级立项。回想起参与科创实践的经历,虽然立项之初困难重重,但整个参与过程就是一个不断发现问题、解决问题的过程。我印象比较深刻的一件事是,当时我们遇到统计数据可视化的问题,团队里没有一个同学懂这个,我们就向指导老师求教、向前辈取经,通宵学习如何使用分析软件,最后在上报材料的前一天凌晨把数据做出来,顺利解决问题。这样的经历虽然很辛苦,但由此获得的提升也是巨大的,我们最终在"挑战杯"比赛中获得上海市市级奖项。

大学期间的种种经历都在告诉着我,我们面对的每一次挑战是难关更是机遇,只有选择直面困难不退缩,方有可能在征服挑战后迎来蜕变。这个信念我一直铭记在心,即使走出校园,步入工作岗位,我依然如此。银行的工作每半年都会有能力和成绩的考核，这就要求我在完成工作之余，仍需不断地学习最新的金融知识，以求在每次的考核中争取头名。所以我在闲暇之余，便会研究最新的银行知识和金融政策，正是这份超出其他人的努力和刻苦，使得我进入工作后，每次的考核成绩都能取得第一。当然，荣誉和奖励只能代表过去的成绩，取得荣誉后不能止步不前，而应将荣誉当作继续奋进的动力。永远不要停止前进的脚步，永远不要满足于已有的成绩！

拨云见月　进而有为

成功的花儿，人们只惊羡它现时的美丽，却不知当初它的芽儿浸透了奋斗的泪水，洒遍了奋斗时的汗水。

据我了解，现在大学的氛围可能不如早些年纯粹，当时大家相互学习，互相分享知识和资源。现在的校园内，竞争更为激烈，焦虑的情绪比较普遍，大家经常把"内卷"挂在嘴边，很多学生被这样的情绪裹挟着，迷茫不知所措。浮躁功利的风气如果在校园里弥漫，将会误导学生。我们应该明确自己的发展和目标，做有方向性的努力。要创业，就多参加比赛和沙龙，完善创业计划，发掘新兴行业；要读研，就多查缺补漏，和已经考研上岸的学长学姐交流；要就业，就多实践、多积累，找到能够发挥个人优势的工作。但是不论哪个方向，都要建立在扎实的专业基础之上。大家一定要重视个人学业成绩，很多学生为了参加校外的工作和比赛，荒废了校内功课，这完全是本末倒置。学习是基础，没有了基础，想要再多的提高也不能够。无论是就业还是创业，遇到问题时，校园中的学习成果和经历都能提供帮助。所以，在校期间一定要好好学习专业技能，了解专业发展趋势。比如在银行等金融行业，一定要学好计算机技术和金融知识，才能在竞争中无往不胜。

大多数人生来都是平凡的，现阶段我能取得这样的成绩，也是靠一点一点的努力得来的。在别人看不见的时候努力，取得别人看得见的优异成果，从而在人生这场"游戏"中收获颇丰。回想起刚刚进入上海银行的日子，我对于每个岗位都十分生疏，但转眼间工作已经十年有余。去年，我还选择在工作之余攻读上海财经大学的硕士研究生。我认同通过自身努力追求更丰富的生活、拥有选择生活的权利，而不是被迫生活。即使已经工作多年，也不要忘记初心，一直向着自己的目标努力，最终一定会绽放光彩。

结合自身经历和工作经验，我想对立信学子提出几点建议：第一，建议大一、大二

的学生学习本专业必用的相关软件（如金蝶、用友等），提早强化自身的技能水平；第二，积极参加学校的各类学生组织或社团，在任何学生组织中都有学习的机会，应该去接触和尝试，这对以后的学习和工作是相当有益的；第三，如果有创业的想法，就需要积累人脉，应从多方面发展，但不能耽误在校功课和学习，至少毕业后要有能够赖以生存的技能；第四，要明确发展方向并树立目标，如要考研，需提前做好准备，打好专业基础。

虽然已经毕业十几年，但是我和立信的联系依旧紧密。在2021年的6月和9月，我曾两次回到母校，一次是参加学生毕业典礼，另一次是上海银行在立信开展校招和宣讲。10年前，我是在母校的校园招聘会上初识上海银行，开始了职业生涯的序章。时光荏苒，现在我作为上海银行长桥支行的负责人，也希望能为立信学子提供一个了解银行工作的机会与窗口。其实每次回到立信，我的心中就会涌现出一种情愫：我从这里走出来，现在又回到这里，这可能就是传承的意义吧。

最后，我对在校的学弟学妹们寄予三点希望：希望大家可以在舍中求得，坚定战略自信；希望大家可以在进中聚力，赓续实干担当；希望大家可以在稳中求进，不断学习深造并学有所成，对社会有所贡献。同时希望我们的学校越办越好！

博观而约取　厚积而薄发

孙炳磊

现任青瓷游戏有限公司财务总监助理；曾任上海锦江国际旅游股份有限公司计财部会计、新华人寿保险股份有限公司审计部审计专员、太平洋保险（集团）股份有限公司投资核算会计主管、交银施罗德基金管理有限公司基金运营部高级基金会计；上海立信会计金融学院 2012 届校友。

口　　述：孙炳磊
采　　访：王子曦　王　婧
整　　理：黄佳玥　王子曦　王　婧　胡骏蕾
指导老师：王　洁
时　　间：2022 年 11 月 6 日
地　　点：腾讯会议

求学修业　感谢有你

我于 2008 年考入上海立信会计学院财税学院财政学专业，2012 年毕业。当时学校校址在松江区文翔路 2800 号。在立信校园中，聚集着来自五湖四海的学子，这里是我们梦想开始的地方。在立信学习生活的四年，我既收获了同学的情谊，开阔了眼界，也学到了专业知识，增长了见识。母校的校训"信以立志，信以守身，信以处事，信以待人，毋忘'立信'，当必有成"深深地烙印在我的心中。母校教育我们"诚实守信"是做人的基本原则，在人生道路上脚踏实地，行稳致远，进而有为。

回想过往，四年求学期间，想要感谢的老师有许多，我脑海中最先浮现、想要表达感谢的两位老师是崔文秀老师和闫锐老师。崔老师一直很受同学们的喜欢和爱戴，我们当时一直尊称她为"崔妈妈"。崔老师对我的学习成长和职业发展都给予了很多的指导和关怀，是我大学生活的一位重要领路人。闫锐老师，是我从进入大学校园开始便一直跟随学习的老师，我与她有频繁的互动和交流，一直以来接受了闫老师的许多帮助，是她教会了我如何形成更深刻的想法，确立正确的价值观。对于母校，我脑海中满是温馨美好的回忆，心怀无比真挚的感情。因此我想诚挚地对母校说声感谢，谢谢您的培育。

我在大学期间加入了学生会，担任过本学院的办公室主任、学生会副主席，曾荣获"优秀学生会干部"的称号。同时我也参与了不少志愿者活动，包括立信80周年校庆、中国足球协会女子杯赛上海赛区、2010年上海世博会等。这些活动丰富了我的课余生活，拓宽了我的视野，一定程度上提高了我的自我管理能力、人际交往能力、沟通表达能力和团队合作精神。因此，我强烈建议学弟学妹们，在校期间选择一或两个社团组织参与其中的活动，在丰富课余生活的同时也能历练自己。

突破瓶颈　接受挑战

选择职业这件事本身也是一场不易的"博弈"。我在立信读书期间，没有参与过校外实习，对于不同的行业以及它们细分的岗位工作内容等都没有形成完备的认知。因此我在进入就业市场的初期，尤其是前三年，工作并不是很稳定，频繁更换单位，这实际上是一个不太可取的做法，因为对自身而言，试错成本比较高，大部分事情都要从头积累经验。同时这也可能会给用人单位带来员工忠诚度不高的印象。若能够给我一次重新尝试的机会，我会选择会计师事务所或者是投行机构这两类工作环境。在这两种环境中工作，能够更为便捷地了解到更多不同的行业和领域。这些逐渐累积的宝贵经验，有益于确立自身未来的目标。就我个人经历而言，应先逐渐确定目标，然后再在这个领域里深耕发展，这样才会有更为深刻长远的收获。

在工作过程中，我也经历过不少坎坷。这些困难对我而言就是一次又一次的挑战，征服这些难关的过程令我感悟良多。

我在工作上遇到的最大挑战是工作是否需要转型。在一个单一行业中工作久了都会遇到瓶颈期，面临"上不去下不来"的尴尬处境。这既不是工作状态问题，也不是个人能力和公司的问题，但是这个瓶颈确实存在于各行各业，困扰着职场人。公募基金行业中，我担任过的基金运营这类岗位，工作内容重复性比较高，长时间反复做同一件事情，对人的意志力消磨得厉害。我前段时间对自身职业发展进行了深刻反思，

寻找跳出瓶颈期的解决办法,最后趁着自己还有份勇气,决定做出改变,我离开了公募基金行业,到了一个全新的领域去发展。从一个已经工作了 10 年、较为熟悉的行业领域转换到另外一个较为陌生的行业,很多事情需要从头开始了解和学习,与那些刚走出大学校园不久、充满朝气的年轻人拼体力拼精力。于我而言,做出这个选择充满了挑战性。

工作后我也不忘不断提升自己,突破自我。我成功报考了复旦大学管理学院攻读会计硕士。继续求学过程之中遇到过许多工作与学业上的冲突,比如课程开始的第一和第二学期,基本上双休日两天都要上课,而工作日除了工作之外还要完成周末老师上课所布置的案例,这对于我来说时间紧、任务重。因此加强自我意志管理和时间管理就尤为重要。我督促自己在下班之后坚持学习,经常和同学们讨论案例直至深夜。对此,我也想要感谢我的家人。这期间的成果离不开家人的支持,是他们让我能够更专心地投入到工作和学习中,没有被太多琐事打扰。

在平时的工作中,我也有不少压力。每每遇到这种情况,我通常会去跑跑步,让自己平静下来,再去思考产生压力或者导致焦虑的原因。或者约上三五好友聚一聚,一起探讨问题所在，然后告诫自己不要陷入压力和焦虑的漩涡中，要摒弃不良情绪，端正心态，再去思考真正重要的事情。因为一个人在负面情绪中做出的选择或决定会更容易出错。

博学慎思　明辨笃行

对于在校学生们可以为将来职业生涯做什么准备的问题，我个人建议，首先要认真学习专业课，打好专业基础。在学习知识时不能一知半解，要讲究精细多专，学以致用。在将自己本专业的知识学精了之后，还可以广泛涉猎一些其他个人感兴趣的领域，例如哲学、美学以及人文地理等。因为大学的时间还较为充裕，利用空余时间主动拓宽知识面，待到需要时厚积薄发，会给自身发展带来意想不到的收获。在此基础上，同学们可以考取一些较有含金量的资格证书，凭此来提升自身在就业市场中的竞争力。其次，充分利用寒暑假的时间去参加一些校外实习，感受不同的职场环境，了解不同岗位的实际工作内容，这些都能为自己未来的职业规划提供颇为有效的参考，尤其是可以去会计师事务所、投行机构这些较为锻炼和培养个人能力的工作环境中磨炼自己。通过多样化的实习岗位体验经历，再结合自身兴趣，可以逐渐形成更为健全和完整的个人职业观，并确定职业发展方向。再次，大家切记要结合职业方向，有针对性地学习补充相关的专业知识，学无止境。总体来说，建议同学们提前规划、把握当下，早着手、多了解，并注意不要贪多和太急功近利，因为越急就越容易出错。

最后，我还想强调，在学校中所学的专业知识和工作中学到的技能是有一定区别的。知识是我们平常可以从书本上获取的，但是技能往往是从实践中获得的，两者的掌握方式有一定差异，技能更偏向于在实践中逐渐掌握。同学们对于这些差异也应做到及时适应，不影响工作效率。

关于当下毕业生对考研、就业或创业做选择的问题，大家需要结合自身的情况作针对性地考量。首先，当今社会就业人口多，各行业受疫情影响大。在这个前提条件下，能够凭借自己的专业能力和综合素质找到一份理想的工作，是值得庆贺的。其次，大家可以根据自己意向职业的普遍标准来考量，比如我之前工作过的公募基金、

投行机构这类工作岗位本身对学历的要求较高，那么有此意向的同学就需要提升自己的学历。

关于创业，我的建议是先工作一段时间，在社会上积累一定的人脉和阅历后再去进行创业的尝试，这是一条需要经过慎重思考后再践行的道路。

最后对于母校我想说，回顾过去我们无比自豪，展望未来我们信心十足。在母校95岁华诞之际，愿母校不断开拓，再创辉煌，也愿学弟学妹们不负韶华，珍惜你们所拥有的岁月和幸福，早日找到自己的人生目标。博学之，审问之，慎思之，明辨之，笃行之，加油！

书山有路勤为径　七巧才识气自华

王建巧

  煜新控股有限公司执行董事，上海积分桥电子商务有限公司总经理；先后取得法国马赛商学院 MBA、上海交通大学 EMBA 学位；上海立信会计金融学院 2013 届校友。

口　　述：	王建巧
采　　访：	马娅君　任隽仪　蒋　诺　徐　谦
整　　理：	任隽仪　徐　谦
指导教师：	黄　嵘
时　　间：	2020年10月18日
地　　点：	上海立信会计金融学院校友之家

听从内心的选择做自己喜欢的

　　回忆大学时代我有很多感触，有教训、有遗憾、有收获、有成长。我们需要时刻保持一颗好学的心，时刻给自己充电。当下互联网时代，需要的是网状型专业性人才，想要成为一名优秀的人才，一定需要对各个领域十分熟悉。担任上市公司的执行董事，如果只有财务、税务、法律方面基础知识是远远不够的，还需要拥有商业分析、综合管理等能力。当我们自身足够优秀时，不论时代怎样发展，国际形势如何变化或者疫情是否暴发，我们都可以立于不败之地。

　　栽种梦想要有合适的土壤，放飞梦想也要有明确的方向。选对行业能降低试错成本。在毕业时大家都会面对这样的迷茫：我该做些什么？我喜欢这个行业吗？以后我能一直做下去吗？大学时的实习就是让你认清这些问题。如果是，那就坚持下去；如果不是，就该思考你想要的是什么，你擅长的是什么。这一点很重要，大学刚毕业的头几年都是探索期，一切皆有可能。毕业时选择工作的公司，以及前几年你在这个公司的积累和学习经历，是你进入这个专业领域的敲门砖。这段经历可能会影响你一生。

  有一段大型知名企业的学习和工作经历，你能长久地从中受益。在优秀的公司，你能接触到前卫的企业文化，先进完善的商业模式，这些是打造你眼界与能力的基石。

  在我毕业的头几年里有两件事是我印象最深刻的。一是在深思熟虑之后的转行。在宝钢集团财务岗工作半年后，我发现财务工作并不适合我。经过一段时间的内心斗争和多次自我对话之后，我毅然选择离开这个岗位和行业。我们要善于发现自身的优点，选择自己擅长的领域和专业，方向选对了会事半功倍。二是毕业后赚的第一桶金。从宝钢集团出来后，我同时做了三份工作，在平安银行做信贷审批，和朋友合作了一家贸易公司为商会做一些配套服务，还负责了一个做不良资产的平台在上海的办事处的业务。那个时候很辛苦，每天都很忙，没有周末，下班就要去忙项目，到家已经10点了，一个冬天瘦了十几斤，但同时也是自己的最大成长和收获期。第一个不良资产落地，赚得人生的第一桶金，让我兴奋了很久，更有对自己转行决定的肯定，也坚定了之后的事业道路！要想收获比别人多，就要比别人付出更多的努力。

认真的态度对待生活里的每一天

"你想成为一个怎么样的人？"这是一个令人感到迷茫的话题。我大学学的是金融会计专业，也在文汇报实习时拿到了记者证；后来在平安集团风险管理部门工作了两年，一直在各个行业中摸索着前行。我最终没有继续做会计，而是选择自己创业，在这个过程中收获了很多。我们应该拓宽自己的眼界，多接触各行各业，多去体验和了解这个社会，读万卷书行万里路，这会帮助我们认识自己、了解自己，同时也能更多认识和了解所处的外在环境。把自己的格局打开了，那么将来不管从事什么工作都没问题。

保罗·史托兹在《逆商》里把人分为三种类别：攀登者，扎营者，放弃者。"放弃者"，是指那些永远不冒险，一切都追求"稳定"的人。他们想尽办法避开所有挫折和困难，从一开始就选择最"稳妥"的路。"扎营者"，是指那些努力了一段时间的，却选择在某些逆境面前妥协，在某个舒适区域扎起了自己的营地，不再前进的人。很多创业者或者面临中年危机的人都会选择成为扎营者。

我觉得自己属于"攀登者"。前进的路上有时快有时慢，但我一直在砥砺前行。只要是我自己认定的，就一定会顽强地坚持下去。在创业过程中，务实和务虚同样重要，不只要脚踏实地地坚持和付出，也要适时进行宏观把控，去反思自己走过的路。学会理性判断，做出正确决策比坚持更重要，一个项目遇到问题或瓶颈，要懂得综合判断，是否值得继续坚持，适时止损未尝不是成功。

虽然事业是我们生命中重要的一项，但是除了工作之外我们还有更多重要的东西。如何平衡工作、生活和家庭，这可能是大部分女性要面临的问题。我创业的公司在北京，家和孩子在上海，两地分隔，现阶段我将重心放在了孩子身上。这样，对公司业务过问少了，但我并不后悔，因为我在孩子身上看到了回报。什么时间该做什么事，这一点十分重要。孩子对于我们来说，是家庭责任，更是社会责任，培养好一个孩子，带来的不仅仅是自我的成就感，在未来他将会为社会带来更多的意义。所以在孩子最需要母亲的时候，我会把所有的精力放在家里；当精力可以平衡时，再回到事业上。

对于事业和生活，我一直坚持三种观念。第一，认真对待生活的每一天，不将就。认真完成学习中的任务，认真完成工作，认真完成一切事情，你会发现，无论是生活还是工作都会变得非常有意义，同时还能养成好的工作和学习习惯。不将就也是一种人生态度，不求十全十美，但求尽到全力、不愧吾心。这样便能抓住眼前的机会，把握住人生的转折点。第二，永远保持一颗上进的心，时刻充实自己。正如我在前面说的，在大学时我一直没有放弃在学业上的精进，工作后也一直保持上进的心态。所谓上进心，就是让自己不断变好，上进的精气神会让人感受到这个世界有很多值得奋斗的东西，上进心才是真正让人快乐的东西。第三，生活需要仪式感。王小波说过："我们的生活需要一些仪式感，它是一种敬畏，一种美好，一种精致，一种态度，它无须做给别人看，只需要你从内到外的用心，让平凡的生活里充满着独一无二的感动。"用庄重而认真的态度去对待生活里的每一件事情，生活本就值得我们去热爱。就像一个私人空间，每个人都要有自己的兴趣，能在你最压抑、最难过的时候有所帮助。对我来说，家庭教育是我的爱好，我会在这方面做相关的学习和研究。我会关注国外的研究数据，也会在业余去学习心理学、教育学等相关知识。我们还成立了一个家庭教育的平台，帮助更多的家长解决在孩子成长过程中遇到的种种问题。由于对孩子成长的每个阶段进行了深入研究，我在教养孩子方面没有太多的焦虑。这也就回到了前面那个问题，应该如何平衡生活、工作和家庭。在充分了解了教育方法之后，花费在孩子身上的精力相对较少，却可以收获更好的效果。虽然我陪伴孩子的时间没有全职妈妈们多，但我和孩子们的相处模式是一个高效率的亲子互动。与此同时，孩子们也有更多自己的时间和空间，有利于他们学习知识、提高能力、探索兴趣。

一个企业家的最高境界是慈善家

邵逸夫曾说过：一个企业家的最高境界是慈善家。做公益，最大的是收获就是懂得爱与被爱，懂得珍惜。对于许多企业家来说，社会责任胜过企业利润。对于我而言，现在我有一定的能力可以帮助他人、回报社会，在看到被我帮助过的人们过得幸福快乐，我更深刻地感受到自己的价值和付出的意义。帮助他人对于我而言是习惯，更是长久养成的本能。我的原生家庭一直教育我要保持善良与热心，受此影响我从不吝啬自己的爱心。热衷公益，并不是就此标榜什么，而是的确乐在其中。大学里我唯一选择的社团是红十字会，当时作为学校红十字会第三分会会长，我带领我们的团队在各大医院、敬老院做志愿者，帮助过许许多多的老人。红十字会精神伴随着我，一直滋养着我的灵魂，使我受益良多。

　　那一年，我偶然从朋友圈看到他人转发的一个为帮助我们学校刚刚毕业却不幸得了重病的学妹而发起的水滴筹求助，看着她的照片，她花季的年龄、照片背景中熟悉的校园，让我回想自己青春时的样子、在学校里的欢声笑语，一瞬间五味杂陈的情感涌上心头。我立即联系了学校校友会的老师表达了我要尽我所能帮助她的想法，通过学校送去了我的心意和慰问。我只知道她是我的一个学妹，并不知道她的名字、从哪个院系毕业，但这又有什么关系呢？只要想到在众人的帮助下她能继续追求梦想、书写她的人生，我就已经满足了。这个时候，源自内心深处的喜悦油然而生。就如歌词唱的：只要人人都献出一点爱，世界将变成美好的人间！

　　做公益并不是为了取悦他人，而是让自己成为对社会有用的人，为社会做出更多的贡献。这里存在一个误区，其实公益不只是捐钱或者是有钱人才能做的事。公益作为贡献不分大小、不限场合，甚至有时不过是举手之劳，随便信手拈来为他人做一点什么，都是公益。做一个充满善意的人，永远保持一颗善良的心，一颗感恩的心，做自己力所能及的事。企业家的责任就是去唤醒人们的善意，善心永存，岸芷留香。

不甘平凡　用毅力书写青春

甘　毅

上海静谦文化传播公司董事长、CEO；上海立信会计金融学院 2013 届校友。

口　　述：甘　毅
采　　访：苏令仪　王开鑫　隋富斌　罗宁德
整　　理：苏令仪　李　萌　王开鑫　隋富斌
指导老师：黄　嵘
时　　间：2020 年 11 月 4 日
地　　点：上海市中山西路 2230 号立信书局

不甘平凡　与众不同的热血少年

2009 年 9 月，我从东北老家只身一人来到上海求学。那时的我对大城市充满了憧憬，带着属于少年人的一腔热血，怀着理想与创业的激情来到了这里。从小我就是一个敢试敢闯的人，和身边的朋友有些不同，到了大学之后也想做一些与众不同的事。

来到学校不久，我就要过 20 岁生日了。20 岁在人生中是重要的一年，我想着要给自己过一个有意义的生日，就开始了第一次的创业尝试。我二话不说，就拉上了一个朋友，开始了最初的创业之路。说来容易，做起来确实很难。首先遇到的问题就是商机在哪里？经观察，我们发现身边的同学们在考试时使用的收音机设备效果极差，就萌生了购买专业收音机赚取差价的想法。在向父母借了 2 万元启动资金后，我就去厂家进货了。我当时用的销售方式很原始，自己一个人挨个去推介，最终在被拒绝了无数次后，我成功地卖出了第一台收音机。从零到一的转变是艰难的，从一到一百，就容易许多了。而这次尝试，也让我真正感受到了创业的乐趣。

　　收音机销售成功后，我想要做一些更大的事情，于是就和朋友一起创立了网站，专门做校园周边餐饮的预约。我们不仅没有任何经验，而且时间紧张，只能在课余时间见缝插针地查资料、联系商家，经常路灯亮起时开始，结束的时候发现外面天已经亮了。在投入大量的精力和自己所有的资金后，网站有了些起色。但我们最终还是因为资金亏损严重无法支撑网站运营而以失败而告终。两年多的心血就这样付诸东流，我备受打击，也开始思考我是不是不适合创业，家人和朋友也都劝我好好读书，毕业后找个工作，去过安稳的生活。在消沉了一段时间之后，我还是决定再试试。因为22岁的我还年轻，人生不该被一次失败定义。现在想起来，很感谢当时不服输的自己，给了我一个不被定义的人生。

不被定义　满腔热血重回山巅

毕业后，我孤身一人继续着创业之路。在大学中我从未中断创业的脚步，收获了很多的经验，我的创业公司也茁壮成长。我日复一日地努力着，成功仿佛就在眼前，努力好像就快有了结果，但是世事难料，2016年我遭遇了创业路上的重创。由于当时市场形势严峻，加之公司管理不善，导致财务上出现了巨大亏损，往昔共同奋斗的合伙人和员工纷纷选择离开。个人恋情也宣告结束。这些变故令我深陷自我怀疑当中，固执地坚守让我看起来可悲又可笑，周围的一切变得熟悉又陌生。当偌大的公司只剩下我一个人的时候，我感受到了从未有过的绝望，当年的傲气少年已经不复存在，时间的不断流逝，年龄的不断增长，好像已经不允许我再试错。我只能蜷缩蛰伏，不知道该怎么继续。

都说失去后才知道珍惜，那时经历的得失，让我静下心去思考。遭受感情与事业上双重打击的我，仿佛人生已经到了谷底，我无法再像以前一样重新站起来，于是我向心理医生寻求帮助。在与心理医生的交流下，我逐渐走出黑暗，开始积极地思考未来的出路。我的年纪已经不容我继续蹉跎下去，我开始思考人生的意义。人生不仅仅是被失败或是成功所定义，更重要的是得到结果之前经历的点点滴滴。带着对人生的重新认识，我开始改变自己抑郁的心情，积极思考未来人生的规划，与过去那个颓废的失败者真正说了再见。

我既已跌落谷底，也必然可以重回山巅。当年那个不甘平凡的傲气少年，又回来了。

现在，我处于创业的稳定期，回顾之前经历的风浪挫折，我沉淀下来，对自己做一些总结。

从出生到十七八岁，我们大部分时间都是在接受外界的信息，学习书本上的知识。高中时期，我心中对于未来的美好憧憬、对独立的渴望达到了顶峰，创业的想法也由此萌生。进入大学，我踏入了第二个时期。这时候我将自己的想法付诸行动，思想伴随着人际网络的扩大、创业初期挫折的打磨进一步成长。当时辅导员对我们说过的一句话"大学是个小社会，社会是个大学校"对我产生了深刻的影响。大学看似比之前的学习都要轻松，其实不然。我曾因为与最初伙伴志向不同而分道扬镳感到失落，也曾因找不到合作伙伴而倍感焦虑，还曾因资金不足和太过稚嫩导致的失败而落寞沮丧。但是也正因为如此种种经历，让我理解了"求同存异"，让我在心理上更加强大，为真正进入社会做好了准备。毕业后的我依旧坚定地走在创业的道路上，经历了一次次风雨，完成了一次又一次的思想上的蜕变，逐步形成属于自己的思想体系。在这一时期我看待问题的角度和方法变得更宏观、更理性，我的生活和心态也更加平稳，经历风雨后，对于未来却依旧抱有希望和憧憬，也更加坚定自己的路，更加相信自己拥有面对一切的能力。

毅力前行　荆棘路上与自己相伴

现在最不想做的事，往往是现在最应该做的事。做任何事都是有惯性的，所以从根本上说，要做成一件事情的关键其实也很简单，就是"开始"。但是大多人因为缺乏勇气或是纯粹的惰性而导致迟迟无法迈出那最关键的第一步。有了开始，再说是否能够完成这一问题，其实在于一个人对自己理想的实现愿望有多迫切。当一个人下定决心后，一切就会变得容易起来，因为这个时候困难只在于解决问题，而方法也总比困难多。在决定好开始为自己的理想而努力后，首先是要梳理完成这件事需要什么以及怎么去做。将一个需要长期达成的事情分成多个短期任务，制定节点，每一阶段完成一个小目标，有体系、有逻辑地去做这件事情而不是零散地去做。每一个小目标的达成和积累虽然看似微不足道，但其实环环相扣，缺一不可。

除此之外，在大学除了人际交往外，在学习上更重要的是找到适合自己的学习方法，培养对事物的理解力和感悟能力。刚毕业的时候每个人的差距很小，做的事情大都相似。但当几年过去，真正脚踏实地有所积累的人，终究会脱颖而出。一个人掌握的技能越多，对事物的理解能力越强，所处的平台就会越高。只有站在更高的平台上，我们所看到的世界才会更加宽广。但一般人要去突破这个"天花板"其实并不是很容易的，必然是需要很早就开始下功夫的。态度和效率都很重要，但积极的态度是高效率的基础。比如两个人做相同的一个数据表，第一个人半个小时就可以做得非常好，但另一个人可能花了两个小时还是一片混乱，这是因为在做数据表的过程中，第一个人首先就把每一个数据都看仔细了，同时也捋清了思路，他在做的时候效率就会高。而第二个人没有认真地去想我这个东西怎么去做，就贸然开始了，结果自然是一团糟。在生活和学习中也是这样，当我们摆正态度去认真仔细地做一件事，效率自然而然就

会提高。而当效率提高后,我们会发现时间上和精力上会比以前充裕,可以完成的事情变多了。

  最后我想说的是,希望大家一定要珍惜大学这段无忧无虑的时光,不要因为失败的打击而气馁自责,少年的傲气与梦想不论何时都是我们身上最了不起的东西,保持坚定与热爱,总有一天会看到坚持的意义。在大学的校园里我们要做的不仅仅只有学习,还有尝试。只有不断地试错,最后才会成长。

扶摇而上　志在蓝天

姜　桢

中国东方航空公司副驾驶飞行员；上海立信会计金融学院 2015 届校友。

口　　述：姜　桢
采　　访：任隽仪　蒋　诺　田艳青　姚火俊
整　　理：任隽仪　蒋　诺　田艳青
指导老师：黄　嵘
时　　间：2020 年 11 月 18 日
地　　点：上海市中山西路 2230 号立信书局

时间回答成长　大学是美好的启航

　　大学四年的时光很美好，一切都值得追忆。那些细碎又扣人心弦的记忆让大学单纯快乐的鲜活日子，瞬间回到了眼前。

　　"我们宿舍的网卡了"，这是我们在看球赛时，最怕听到的一句话。而隔壁宿舍"进球了！"的欢呼为网卡的我们及时更新了消息。

　　大学四年的时光很短暂，一眨眼就过去了。刚进大学时我比较迷茫，像无头苍蝇一样，缺少一个整体的规划和长远的目标。刚入学的生活状态不是很让自己满意，经过一番反思和梳理，我决定重新寻找大学的目标。在完成学业的同时，我尝试参加各种活动和组织。有些人会觉得平平淡淡的生活也很不错，他们可能会选择独处，对我而言，多参加一些活动还是有很大的帮助的。通过学生会的工作，有了很多和学长学姐交流的机会，也学到很多课堂之外的知识；结识了许多其他院系的朋友，扩大了自己的社交圈，丰富了自己的生活，为大学生活添上了几笔色彩。我觉得大学这四年不要做一个只会老老实实读书的孩子。现在我在工作中每天都会接触到各种各样的人，

领导、机长、乘客，学会怎么和他们沟通交流很重要。

大学期间，我就意识到做事先要计划。毕业后学习飞行的时候，我也养成了提前做好一星期计划的习惯。我希望自己按照计划来生活，有稳定的生活节奏。拿看书来说，我会规划每天读多少页，每个月读几本，这样做事就会事半功倍。

另一点是做自己喜欢的工作很重要。可能你们在大学比较迷茫，对自己喜欢什么工作比较模糊，那么就多去体验，多一些实习和生活的体验，这样会更清楚自己的目标，选择也会更多，少走一些弯路。

我因为工作需要去美国波特兰留学。在波特兰我学到很多飞行技巧、积累很多经验，从单发的小飞机到双发，停落了大大小小很多个机场，体验了可以自由飞行的目视规则，了解了很多国外的飞行法规等。学习的过程很辛苦，但是很有意义。在波特兰，我也体会到了另一种生活的节奏。波特兰是个小城市，不像纽约、洛杉矶那样高楼林立。它的市中心很小，和上海的一个区差不多大，只有几栋高楼，其他都是平房。公交一般是半小时、一小时一班，如果不提前踩点过去，很容易就错过了，乘地铁也是如此。生活节奏反而也就这样慢下来了，这种感觉很像《从前慢》这首歌里唱的"从前的日色变得慢，车马邮件都慢"。

成长回答梦想　巧合改变"航向"

我是学日语专业的，大学时在人力资源助理、财务助理等岗位实习过，我原本以为我会像大部分同学一样毕业后从事类似的工作，而当上飞行员真的算是机缘巧合。大四找工作时我参加了一个在东华大学举办的松江七校联合招聘会，看到飞行员招聘，我心想：要不去试一试？即使没应聘上也没什么。我只是抱着试一试的心态投了简历，出乎意料的是面试、考核、身体体检等各方面都一一达标了，最后成功地拿到了飞行员的 offer，就这样踏上了飞行员之路。

在大家看来飞行员是一个很光鲜的职业，每天可以驾驶飞机这个大家伙，穿着帅气的飞行员制服看起来也很酷，然而我们的工作背后有很多不为人知的辛苦。

飞行员的学习训练需要理论基础和技术实务相结合，因为我是非科班出身，进入飞行员职业需要付出更多的时间，等于是从头开始，像再读一轮大学一样。理论学习没有太大问题，只是需要投入很多时间和精力去汲取大量的、全新的理论知识。而技术方面更多地需要日积月累的实操磨炼，还要一点领悟和天赋。在学飞行的时候，我们有一个必学科目，叫作飞机失速尾旋，就是在飞行中飞机出现突然失去控制的情况，一边下坠，一边偏侧反转。我当时训练时转了十圈，晕了一整个下午，处于一种找不着北的状态。一般我们所有的训练科目都是和紧急突发状况有关的，每半年一次复训。又如飞机失压，和飞机失速尾旋一样，训练过程很磨炼人。一次次复训，都是经验，都是成长。同时需要投入大量时间去学习的还有飞行手册，作为一名飞行员，不管做什么动作都要按照手册的规章制度来执行。飞行手册有几千页，里面包括各种航空公司的手册内容，如果你能够把手册研究得很透彻，完全吸收为自己内在的东西，当你和别人在一个问题上有不同观点时，就能利用手册里的知识有理有据地陈述你的观点，并使对方信服。

航班延误和倒时差对于飞行员的工作是一个很大的考验。有一次我飞一个"1+3 模式"的深圳航班：原计划过去一段，第 3 天飞回来一段，之后再飞一个来回。但第 3 天的第一个航班取消了，由于没有飞机过去，我们就要第 2 天坐飞机回去，去飞剩余的两个航班。第 2 天回去之后，台风来了，导致航班延误。那天飞回来过了虹桥机场的宵禁时间，我们只能备降去浦东机场，再坐车到虹桥机场，到了虹桥机场之后又开车回家。那天凌晨 3 点半到家，睡了五六个小时又赶去公司，因为下午 3 点还有个航班。然后一点接到公司短信：您的航班已延误，我们为您预留了酒店，请您到酒店休息。

后来一直到晚上10点才起飞。后来又因为航班不能在目的地过夜，我们要连夜接回旅客。当时是凌晨4点到达浦东机场，天还是黑的，5点半到达虹桥机场，天慢慢亮了，6点半到家。像这种打乱作息、不分昼夜的工作节奏对飞行员来说，是常有的事。

我记得首飞时既兴奋又紧张，熟练以后飞行更多地成为一种责任和使命。作为飞行员，需要特别谨慎细心。上机前需要先进行酒精检测，接着了解飞行任务。在这之后检查飞机，进行行情公告。比如，航班改变航线，我们需要通报给旅客。每天操作的步骤每一步都不能遗漏。

未执飞之前听飞行员同事们说天空的景色有多美，我并没有特别的感觉。但当我驾驶着飞机在天空中翱翔的时候，我明白了为什么飞行员对蓝天都有一种特别的情怀，坐在驾驶舱里，静静凝望着驾驶舱前的风景，听着发动机的轰鸣，深邃的蓝天，从地表到高空，千里之别，须臾之间，那种感觉非常特别。尤其飞行途中总能遇到很多奇特的风景。夏天的时候经常看到成片的雷暴，闪电围绕着乌云，场面十分震撼。让我印象最深刻的是途经积雨云时的壮观景象：灰黑色的云层中能看到几条抖动的光束，当飞机经过它附近时，挡风玻璃上会出现一道道静电的细纹。这种景象旅客不容易看到，因为飞机客舱座位窗户比较小，而我们坐在驾驶舱视野开阔，看到这番奇特景象带来的那种震撼和激动，难以言喻。

梦想回答生活　自我调整是万金油

成为一名飞行员后，原来的生活节奏会受到一些影响。要习惯经常不在家的排班，偶尔会熬夜等导致作息紊乱，这些都需要自己去调整好自己的精神状态和身体状况。

以前年纪小会比较排斥和父母的相处，长大一些后，就会觉得自己陪爸爸妈妈，甚至爷爷奶奶外公外婆的时间不多，当看着他们一点点老去时，会觉得自己没有好好陪伴他们，愧疚之情油然而生，所以还是希望多陪陪他们。

作为一名民航的打工人，我目前的目标是当机长。机长的责任更加重大，需要一个人把控整架飞机，这可能是我未来10年甚至几十年要去奋斗的一个目标。不仅为了有一个更高的生活水平，更为了实现自己的理想。现在民航业开始进入饱和状态，不像十几年前发展迅速。不想被时代淘汰，就需要不断地努力。

  我有意做一个斜杠青年,虽然目前还在探索阶段,但我会慢慢从基础开始学习。其实学习就是这样,一开始很慢,逐渐地会轻松起来,效率也会逐渐变高。一开始学习飞行员手册时,我有很多内容都看不懂,但必须要慢慢钻研。刚学习飞行时,仪表、电路这些都不甚了解,现在就没问题了。

  同时,健康对于我们每个人也很重要。我从大三开始健身,坚持到现在有七八年了。最开始健身是兴趣使然,后来成为一个习惯,慢慢地也变成了一个刚需。首先,健身能帮助我管理身材。随着年龄的增加,身体新陈代谢能力也会下降,稍不注意就会发福,保持身材是我对自己一个小小的要求,不想变成所谓的"大叔"。其次,健身对健康也有帮助。在大学你们可能体会不到健康的重要性,毕竟年轻人精力旺盛。我也是工作之后才体会到什么叫"岁月不饶人"。尽管年纪不怎么大,但自己也能感觉到精力不如以前,加上我们这一行又是比较耗费体力的,健身能让我维持一个较好的状态。再次,健身也不失为一种解压的好方法。当你在健身的时候,不会有心思去想其他事情,全力地去释放自己,平时的烦恼、压力就都不存在了。有时候迫于工作时间的不确定性,健身时间会难以保证,但我仍然在空闲时间坚持健身。我建议你们也去健身,不管是去健身房,还是跟着网上的视频学,或是参加学校里的健美操队、跳绳队之类的都可以。健身是一本万利的事。

所谓幸运　不过是敢想敢闯敢试错

张怡怡

唯寻国际教育教学服务部总监、联合创始人之一，复旦大学工商管理硕士（准读）；上海立信会计金融学院 2015 届校友。

口　　述：张怡怡
采　　访：李玉兰　吴子寒　肖玉莹　郑佳慧
整　　理：李玉兰　郑佳慧
指导老师：黄　嵘
时　　间：2020年12月29日
地　　点：唯寻国际教育

向更优秀的人看齐　自己也会变优秀

　　我出生于西北一个军人家庭，从小在部队大院长大，父母的管教比较严厉，养成了我比较独立的性格。高中毕业时，父母希望我优先填报军校，可我更想看看外面的世界。填报志愿那几天父亲身体不太舒服，没有细看我的志愿，让我从他推荐的学校里挑选一下。为了逃避被安排的生活，我故意从中选了一个不招女生的专业填报。结果自然是如我所愿没被录取。后来父母当然也知道了我的小动作，然而他们并没有责怪我，只是教导我既然做出了自己的选择，就要好好地走下去。现在回想起来，很感谢父母的开明、支持和信任，让我能够有机会追求自我，到外面更广阔的世界去看一看。

　　就这样，我按照自己的志愿选择来到上海，开启了4年的大学生活。初入学校，作为一个从西北考到上海来的学生，我的起点不高，我甚至连PPT都做不好，而我身边很多同学，他们从小就接触多媒体，有的甚至从高中就开始学习编程。我当时懵懵懂懂，想着大学四年马马虎虎过得去就行，寒窗苦读十多年，到了大学终于可以轻松

一下了。但一次考试的失利改变了我的这种学习状态。有一次期末考试，我的计算机课考得非常差，宿舍其他同学轻松就拿到八九十分，而我这门课差到我开始怀疑自己的学习能力。那一刻中学时代还留有的优越感被打击了，危机意识冒出来，意识到大学里混混日子是不可以的，自己比别人落后这么多，再不努力，怎么能超过别人，怎么对得起自己千里迢迢、"费尽心思"来到的大学呢？在经过计算机考试的滑铁卢后，我从一个"闹钟怎样响都听不到"的人变成了"闹钟不响，也自动能起床的人"。内心那种不服输、不甘心的斗志被激发出来，我开始认真对待学习这件事，也开始去广泛涉猎社团活动、实践活动，我要向更优秀的人看齐，也要让自己变得更优秀。

临近毕业，我以不错的成绩通过面试提前拿到了会计师事务所的 offer。说实话，这其实已经算是一个很好的归宿了，毕竟大家的理想大多是在自己所学的领域有所建树，然后进一个好的事务所，然后考证、努力工作、升职。但是我最终选择了放弃，身边的同学都很震惊，难以置信我会放弃这样的机会。但这就是我自己做出的、对我自己负责的选择。当时我更偏爱跳脱的思维和富有创造性的工作，而且不停轮换地方出差的工作状态会让我很没有安全感，于是经过思索后我还是做出了更适合自己而非更让大家认可的选择。

放弃了会计师事务所的offer，我虽然感到可惜，但并没有过多的犹豫与纠结。在大学期间，我曾在奢侈品店实习，曾去会计师事务所加班，也曾当过教育机构的助教，丰富的实习经历让我的脑袋里有更多的职业想法和规划。

我的前面还有一整片大海，因此不会囿于眼前的溪流。

勇于尝试　投身教育

当年9月放弃事务所的offer，11月在通过了五六轮面试后，我成功被世茂集团企划部门录取。一开始，我应聘的其实是品牌管理专员的职位，但面试时的面试官之一、公司营销部的副总裁出于对我丰富的想法和创造力的赏识，把我放到企划部去工作。这难得的机会看似是从天而降的馅饼，但只有我自己知道，在每一个机会来临之前，自己究竟付出了怎样的努力去争取才能抓住它。在面试之前，我反复查看500强公司出的各种各样的面试题，据此不断追问自己，反问自己，设身处地模拟面试时的场景。同时，我认为大学期间应该多干实事，参加了一些需要有策划力和创造力的大型活动，这成为面试过程中我优于其他竞争者的地方。我善于表达自己新颖的想法，展示可行性方案来赢得面试官的认可。认识我的朋友都说，只要给我一个面试的机会，我基本上都能得到面试官的青睐，得到心仪的工作职位。

进入世茂集团以后，我的舞台豁然开朗。我与顶尖的高管交谈，与优秀的人才共事，这种不断进步的感觉很棒，大平台的工作经历开阔了我的眼界，丰富了我的阅历。

原本以为自己会永远待在这里，像所有的员工一样，一步一步努力晋升，然后在某一个足够高的位置上停住脚步。一个偶然的机会，我接触了一个新楼盘的教育相关的工作。当一个楼盘出来之后，我们会整合各种各样的资源，打造一个与楼盘配套的资源环境，为住户提供入住后的便利，最终为住户带来更多的便利。为了把营销的看点做到完美，我花了大量时间去查阅与教育相关的书籍资料。在汲取知识的同时，我被国内教育大家陶行知先生"生活即教育"的理念所深深折服，也为西方杜威、梭罗的教育思想所倾倒。我发现教育并不只是为了应试，为了把前人的智慧变成生硬的答题要点；而应该是真正为了立德树人，为了教育本身。如果能把前人的智慧和思想践行下去，并通过我自己总结出来的方法帮助更多人学习，那该是多么有意义的事啊！就这样，内心对于教育的热忱和情怀终于破土而出。尽管当时的工作很不错，可我依然想要去尝试去挑战，去跑一条自己喜欢的赛道。

又是一次说干就干，我决定裸辞。

我所做的决定在外人看来似乎都很难接受。先是放弃来自会计师事务所的offer，后又裸辞一份月薪上万、前途光明的好工作。但我不在乎外人的偏见，因为我知道自己真正追求的是什么——我要投身于教育行业，我要去从事教育本身。在我看来，清楚自己的目标和定位，比安于现状重要得多。只有内心咬定青山，才能做到不人云亦云。在负责完这个楼盘项目之后，我递交了辞职报告。同事们不可置信地问我是不是疯了，而我坚定地回答，我就是想从事教育，听从我心，无问西东。

如今想来，当时的我当真是初生牛犊不怕虎。当初的场景放在当下，我或许会犹豫踌躇，那种不计成本、出于纯粹喜欢而奋不顾身的莽劲冲劲，可能再也不会重来了。越年轻，试错成本越低，年轻是我最好的资本，那时我才毕业两年，一定要拼命尝试一次，追求自己喜欢的事情才好！

离开世茂集团之后，我开始在教育行业寻找自己的位置。刚起步时，我的迷茫感和无助感非常明显，因为教育行业的空缺职位着实不多。成为一名教师？可我还没有那个基础和积累。成为一名教务？市场需求很大但是门槛不高，而我是一个渴望和优秀的人一起变得更优秀的人。最终经过慎重考虑，我选择降薪降职进入一家教育公司，成为一名项目助理。在新的工作环境中，一切又从头开始，我领着只有原来薪资三分之一的底薪，磨着性子开始投身教育。其实有一些成长是要付出代价才能获得的，可能父母、老师和前辈讲了很多道理，很多事情只有自己体会过才能更懂生活的真谛，裸辞带给我的不仅仅是和理想偏差很大的环境，还有来自身边所有人的质疑，甚至有时自己都在怀疑是否真的选择错了。在一次下班后等公交车时，想到自己种种经历和理想的差距，想到自己那些无所忌惮的放弃，我第一次觉得也许自己真的不适合教育行业，也许自己想做的教育只是存在于脑海当中。

就在我异常失意的阶段，我的两位现任老板向我抛出了橄榄枝。当时他们正在筹划创业，而我日常工作的努力和坚定吸引了他们，而他们想做的教育让我又重新燃起了对教育行业的希望，就这样阴差阳错，我成为唯寻国际教育的创始成员之一。

唯寻国际教育起初的规模并不大，十几个人凑成一个团队，而我是一名基础班主任，一个人身兼数职，各种事情都会做，真正体验了一把创业人的酸甜苦辣。短短两年间，我所在的教学服务部从开始的只有我自己，到现在浩浩荡荡也有了 70 多人，其中的艰辛恐怕也只有我自己清楚。教学服务并没有我想象中的那么轻松，没有人给我培训，也没有人在我不懂的时候指点我，大多时候都需要摸石头过河。在这期间，我也渐渐创造出我自己的价值，学会了很多新鲜的东西。我从不推脱任务，分配到什么就去做什么，不管是容易的还是困难的、熟悉的还是陌生的。因为我知道，当我完成一份任务之后，我就又多学会了一样东西，这样不断学习不断成长的过程，就是我自身创造价值的体现。

不得不承认，这一系列经历之后，我的思想愈发成熟，终于得以打破之前的骄傲，学会沉潜下来去深入思考。虽然说辞职很任性，但假如没有跨出这一步，那我的幸福感不会有这么强。哪怕现在的工作还是很忙，我依旧愿意在自己喜欢的事情上倾注时间，无论多少。也不得不感慨万事于冥冥之中自有安排，吸引力法则奏效了，我确实和更优秀的人共事了，后来也成为公司合伙人之一。就像 Steve Jobs（史蒂夫·乔布斯）所说："You can't connect the dots looking forward; you can only connect them looking backwards. So you have to trust that the dots will somehow connect in your future. You have to trust in something — your gut, destiny, life, karma, whatever. This approach has never let me down, and it has made all the difference in my life." 蝴蝶效应就这样反馈到了某个时间节点上，告诉我念念不忘，必有回响。

脚踏实地　敢想敢闯

作为半个过来人，我能提供的经验建议或许并不成熟，但是还是有一点"干货"想和毕业生分享：一定要努力提高自己的业务能力和个人素养。

  业务能力自不必说，如果未来是想从事财务方面的工作，那么证书一个都不能少，实习背景最好也和专业相匹配，不要过于花里胡哨，那会显得你三心二意，自身定位不明确。倘若自身定位都不够清晰，用人单位又要怎样安排你的位置呢？至于个人能力方面，首先是沟通能力。好的对话方式能提高你的社交能力，至少能让人明白你想表达的是什么，这是最基本的技能。其次是抗压能力。我们在用人时发现，很多应聘者都存在玻璃心的情况，经常接受不了领导的批评，这样的心态需要调整，要受得起表扬，更要挨得住批评。再次是领导能力。一些公司可能会在面试的时候问你，最有成就感的事情是什么，他会根据你的答案去评判你对成就的判定标准。譬如说，你可能觉得最有成就感的事情是期末考试考了第一名，这当然是对于自己努力的一种肯定，但是格局太小了，显得你太容易满足，公司也就很难指望你会有什么更大的成就。第四是团队协作能力。更高效地协调整合身边同事的资源，其实也是一种对自己工作的加速。最后是上进心。我经常碰见一些小白，得过且过认真划水，这对于自己的发展而言实在是一种浪费。企业中优秀的人是少数，每个人的能力也是有瓶颈的，如果自己不去刻意学习和提高，只是一味随心所欲，是很难有突破的。

另一方面，我推荐大家多去读书，不限于题材和专业。在我看来，读书不能太功利，不能一整天抱着晦涩的专业书啃，单纯只涉猎自己专业领域的书籍，也要重视其他所谓"杂书"给我们的积累。那些看过的书会在工作的其他方面一一体现，从其他的角度为个人素养加成。现在的我也在尽力弥补自己英语口语能力的不足，今年我去参加了复旦大学 MBA 的面试，拿到了两年有效的 C 线录取资格（个人面试、小组面试均为优秀）。最近我的笔试成绩出来了，已经拿到了心仪的 offer。在此希望大家多读书，多看电影，去探索其他的领域，去了解更全面的世界。

一步一步走到今天，我一直都觉得自己是个幸运的人。没有这些后天的努力，我不可能取得相应的成就，不可能成为现在的我。命运的确奇妙，它可以在一瞬间就改变一个人原本的生活轨迹。但每一次进步都离不开自身的奋斗，上天的垂青亦只能被脚踏实地、敢想敢闯的人所把握。

坚定步履　求索人生

夏亚丽

常熟农商银行股份有限公司（A股上市公司）金融市场部副高级风险经理，中国注册会计师；上海立信会计金融学院2015届校友。

口　　述：夏亚丽
采　　访：王　辰　朱逸伦　田妤妮　王佳雯
整　　理：朱逸伦
指导老师：黄　嵘
时　　间：2021 年 12 月 19 日
地　　点：Fortunate Vegan Café 上海幸福咖啡店

新竹高于旧竹枝　全凭老干为扶持

2013 年 9 月，我考入上海立信会计学院审计专业读研究生。毕业之后我的第一份工作就是在立信会计师事务所做 IPO 审计。在事务所工作非常繁忙但收获很多，一个大背包、一年四季的衣服和一台电脑，从南飞到北，从东走到西，在我的职业轨迹上书写着奋斗的旅程。几年中，我逐渐积累经验，快速蓄力成长，在与各个企业的交往中磨练自己，提升自己。2017 年 4 月，我进入常熟农商银行工作，进入全新领域，迎接新挑战，开启人生的另一个新阶段。

非常感谢我的研究生导师曹中老师，可以说曹老师是我职业发展方向的引路人。作为一个本科生最重要的是去打好前期的理论基础，而硕士时期则是为自己的工作打下扎实基础，需要撰写大量的分析论文，积攒大量的实践经验。曹老师是一位理论和实务经验都非常丰富的老师，读研究生期间他带着我跑了很多地方，丰富了我的见识和经验。像审计这种应用型的专业，它不仅需要你有扎实的理论基础，还需要你有一定的实践经验。如果有这样一位经验丰富的"老法师"来手把手地带着你将理论知识运用于工作实际，你的实务经验会进步很快。我是外地来上海求学的，上海冬天的天气阴冷又潮湿，曹老师知道我不适应上海的天气，直接把他办公室里的被子送给我，让我感受到了温暖。在学习和生活中，每次碰到问题我第一个想到的就是听取曹老师的意见。

咬定青山不放松　立根原在破岩中

于我而言，大学是一个全新的旅程，脱离家庭的束缚使我确确实实感受到了身心的自由，同时，我对读大学的目标很明确：自律、刻苦、有成就，不能让自己的青春有遗憾。我的父亲在送我上大学的路上也对我说，"上了大学就要完全靠你自己了"，所以我在踏进大学校门的那一刻，认真地告诉自己，一定要好好学习，一定要有所成，努力找到一份好的工作赚钱养活自己。

大学时我就读于安徽师范大学公共事业管理专业，对这个专业，我其实并不太满意，高考填志愿的时候是茫然的。初中时，我曾听到我爸说起关于注册会计师这一职业的情况，所以对于会计师这个职业我有一种天然的崇拜。从大一开始我就去经管学院旁听课程，当然，对于我的第一专业我也认真学习，完成所有该学的课程。辅导员说我是全校的一朵奇葩，明明不是财经专业的学生，但是我的考试成绩反而比很多财经专业学生更为优秀。我觉得大学学习较之高中学习最大的不同就是大学的教育提供了一个学习平台，即使你发现你的第一专业其实并不是你的兴趣所在，你也可以利用好这个平台自主地学习。同时修两个学科的课程，付出的辛劳自然要比其他同学多一些，很多时候可能我的室友都在睡觉，而我却要一早就去学习直到晚上11点熄灯再回宿舍。我的作息时间和我的室友是截然不同的。我的课程安排也非常紧张，两个学院的课程有时在时间上会有冲突，这时候就要自己去做抉择，同时，要把落下的课程都找时间补上。身体上的疲惫我并不在意，我的同学，甚至我的辅导员都曾劝我这条路走不通，令我有时感到无助。但我仍坚信，我行的！

不怕万人阻拦，就怕自己投降。我们应该坚定自己的信念。我以前的室友，她看到我在学审计学的课程，她可能也不喜欢自己的专业，就跟着我一起学。学了一段时

间她又想去学习金融,还准备考复旦大学的金融专业研究生,但是一个月后她就因为课程太难而放弃了。后来还曾准备去考公务员,兜兜转转,到了大四,她也没有决定到底要去做什么。信念是成功的起点,为了圆梦,为了理想,为了人生价值,为了生命精彩,人的信念不可无,有了坚定的信念,人就可以慢慢磨炼成钢。

功成必从勤苦得　女子更读书五车

面对当下飞速发展的时代,本领恐慌的情绪普遍存在。从一域到全域,由点到面,要学的东西太多了,解决之道只有一个,就是要不断学习——研究,研究——学习,不断提升自己。持续学习非常重要,我现在依然保持每天收听财经新闻和看财经评论的习惯。

记得在读大学期间,我担任了学校校史馆的讲解员,这是志愿服务,不仅没有工资,还需自己贴补交通费和伙食费。在讲解前,我会积极主动翻阅大量的相关资料充

实到讲解稿中,让讲解更生动,更丰富;讲解后,我的表现得到大家的认可又进一步提升了我的自信,使我更加从容。在我走向成熟的过程中,能收到信任和赞扬,给予了我很大的满足感和幸福感,这也是促使我在大学期间一直追求自己喜欢的专业的动力来源之一。

最近几年,软件自动化和人工智能的崛起,极大地冲击着整个财经市场。一个有计算机背景,能够熟练掌握 Python(计算机编程语言)的员工,处理复杂数据的效率比传统金融背景的员工高很多,工作的进度明显加快,所以现在会计师事务所会更偏爱计算机或者数学背景的毕业生。现在市场所需要的是复合型的人才,这就意味着公司所需要的人才要不停地能够接受新生事物,学会新的解决问题的方法,那么仅仅依靠在校学习的知识是完全不够的。尤其是财经类的专业,需要对社会上众多新兴的事物都有最基本的了解。以前很多家长觉得像会计这种职业都是越老越吃香,现在很明显不是这个样子了。我们要保持自己对世界的新鲜感,不断地保有这种持续性学习的习惯,这对你在职业道路上的进步至关重要。对于我来说,两年会计师事务所的工作让我非常熟练于传统文字处理软件的使用,但随着工作复杂性的提高,学习 Python 这类编程语言成了一个必选项。学习是一种自我投资，纵使目前看起来并没有什么收益，但是持续不断地学习一定能带来持续性的收益。

现在想来，倘若能回到高中时代，我将会更加认真地学习，直接考上一所财经院校。若能重回大学校园，我定会加倍努力，学习更多的知识，使自己掌握的知识更加地多元化。时光不会倒流，穿越回过去，改变命运，那是科幻电影里的桥段，我现在要做的就是，面对现实，努力工作，持续充电。与同学们共勉，将来的你，一定会感谢现在拼命的自己！

人生在勤　不索何获

康旭佳

  现就职于全球最大的上市咨询公司埃森哲（中国）有限公司；大学期间成绩优异，荣获上海市奖学金、潘序伦奖学金，大学毕业后考入英国G5精英学校之一的伦敦大学学院比较商务经济学专业研究生；上海立信会计金融学院2016届校友。

口　述：康旭佳
采　访：杨强　谢祺
整　理：杨强　谢祺
指导老师：黄嵘
时　间：2020年12月6日
地　点：上海市南洋1931广场

努力是光　没有光便不会有影

　　我一直都相信"天道酬勤"，也许努力不一定能快速获得成功，但不努力一定不会获得成功，勤奋便是兑现自己承诺的最好方式。

　　在进入大学之前，我提前做了很多"预习"功课。通过学长学姐的介绍和自己查阅资料的方式，提前了解专业课程的时间安排以及学习内容，对大学学习和生活做了简单的规划。我深觉提前规划这个习惯让自己受益匪浅，"机会总是留给有准备的人"，我一直坚信并用行动来践行这句话。

　　进入大学后，我会通过合理安排时间来保证每天小目标的达成以及让自己每天有一个规律的作息。我一般早上6点半到7点起床，晚上11点到11点半上床睡觉，并且每天晚上睡前会梳理明天的"需完成事项"，写好第二天的计划会让我睡得更安心。在立信，我比较喜欢找一个没有人的小教室，打开头顶上的一盏灯进行自习。小教室的环境比起图书馆，显得没那么舒适，夏天比较闷热，冬天冷风飕飕，这样的环境更能让我时刻保持清醒，进行高效地学习。回想起来，大三那年冬天的一个晚上，在小教室复习着实很冷，但我告诉自己今晚必须梳理完《计量经济学》每个章节间的逻辑，将大颗粒度的知识点进行跨章节汇总。寒冷的环境让我不由地加快了复习的节奏，当晚的学习任务足足提前了近三分之一的时间完成。所以对我来说，可承受的外部因素可以在无形中推动我提高学习效率。这样一直坚持学习，皇天不负有心人，我的总绩点连续四年排名年级第一，在毕业时获得了上海市优秀毕业生的荣誉。在本科期间可评奖学金的7个学期中，我曾5个学期获得一等奖学金，2个学期获得二等奖学金，期间还荣获全校名额极少的中国电信奖学金，以及潘序伦奖学金等。

除了学习之外，大学四年的每个阶段我都经历着不一样的体验。大一大二的我忙碌于学生会的工作，从部员到学生会副主席，见证着我一步步的历练与成长，是学生会的工作让我做事更有担当、遇事更加沉稳，也让我的大学生活更加精彩。大三的我开始为留学备战雅思，说实话，我以前一直认为英语是我的一大短板，也曾因此犹豫是否要走留学这条路。我告诉自己，如果付出100%的努力还是没有办法达到理想的结果，那至少也不留遗憾了。坚定目标后，我开始从零重学英语，从音标到词缀，从每天刷200个单词到每天学200个新词，从四级听力练习到雅思托福听力练习，从生硬单词拼凑型口语到日常条件反射型口语……每天英语学习计划表的时间都是安排到每半个小时级，日复一日，经历从量变到质变的过程，最终雅思成绩达到7.0分。大四的我开始忙于实习工作，实习是一个低成本的可提前试错的好机会，不亲身进入职场体验无法感知是否真的了解这份工作，更别提喜欢或不喜欢这份工作。我很感激当时的实习经历，它们让我逐渐清晰自己在工作中的长处与不足，以及我应该如何有的放矢选择和规划研究生的学习和生活。

在伦敦大学学院就读期间，最让我受益的事有三件。一是交到了很多真心的朋友，在异国他乡时，会有一种无形的力量让相遇的朋友更交心。很幸运，在伦敦期间，我交了很多朋友，也遇到了两个铁定会成为我伴娘的闺蜜，虽然不是同一个专业，虽然学校离宿舍步行需要45分钟，但是不管自习到多晚，都会相约一同从学校走回宿舍，一路上分享很多开心的、搞笑的、烦心的、困惑的事。二是养成了"遇到知识盲区的点就当下立马消除这个盲点"的习惯。在刚入学不久，和来自世界各地的同学一起上课、一起研究课题、一起参加派对，从他们身上，我看到了"不懂就问，不懂就查"的力量，他们对于自己遇到的新事物，会第一时间通过询问或Google（谷歌）查找来解决，这养成了尽可能做到同一个错不犯第二遍的习惯。三是伦敦的实习经历与体验让我的留学生活变得更饱满。在伦敦留学期间，我总想着需要做点回国后体验不到的、

但又能让自己快速成长和进步的事情,于是我通过学校的社团在伦敦开始实习,与多国团队合作,参与一家社会福利型企业的市场战略项目,为其提出新市场的进入方案。在这段经历中,和一群优秀的人共事,帮企业解决问题后的充实感让我印象深刻。

"能静能动"是我一直要求自己的四个字。在学习之余,运动是我喜欢的一种解压方式。我喜欢长跑,曾在多校联合冬季长跑赛中获得第四名;喜欢旱地冰球,曾作为校队旱地冰球的一员,参加上海市阳光体育大联赛;也乐于尝试不同的运动,网球、高尔夫、拳击等都是周末的运动选择。

我一直相信,努力是光,成功为影,没有光便不会有影,没有努力便不会有成功,要学会把努力变成习惯。

打破舒适圈的壁垒　领略不一样的风光

《认知觉醒》里有这样一句话:好的成长始终游走在"舒适区边缘"。随着舒适区扩大,舒适区的边缘也会扩大,我们生活所跳跃的空间也随之扩大。回忆大学生活,我跳出的第一个"舒适区"便是选择加入学生会文艺部。我并不擅长诸如书法、绘画等文艺方面的项目,甚至是个五音不全的人,但也正因为如此,我希望突破自己,尝试参加一个"离自己最远"的学生会部门,近距离感受一下文艺的气息。在文艺部期间,和小伙伴们一起通宵达旦做策划、改方案,一遍一遍地统筹安排灯光、音响、摄影、摄像,进行多轮的彩排、沟通与评审……所有付出的努力在获得掌声的那一刻是让人泪目的,让人刻骨铭心的,也让我领略到了有文艺才能的人背后付出的汗水与艰辛。校园生活里的锻炼既是青春的一抹浓郁色彩,也是人生永远的财富。

之后,在拿到伦敦大学学院的录取通知书后,我没有选择按部就班马上读研,而是给了自己半年空白期去体验生活,去思考未来的方向。收拾好行囊,坐上飞往德国的飞机,我开始了一段新的旅程。我没有去科隆看大教堂,没有去巴伐利亚州看新天鹅堡,没有去曼海姆看普法尔茨皇城,而是选择在法兰克福的一家私立教育机构进行短期学习。因为我觉得沉浸式的体验比走马观花式的旅行更能深切感受不同的文化氛围,更能让人印象深刻有所感触。正是这种慢下节奏的沉浸式体验,我认识了带我们去 Pub(酒吧)上课、手握大杯黑啤讲课的德国老师,也认识了从乌克兰的一个小镇远嫁到法兰克福经常给我们说笑话的金发碧眼女同学,还认识了工作 20 多年依旧热爱学习的德国大叔……在有些人看来,这是"浪费光阴",可对我来说,我觉得自己很幸运能有一段这样的经历,遇到这些人这些事,这是校园里学不到的知识,是我人生中独一无二的生活体验。

青春是有限的,智慧是无穷的,趁短暂的青春,去学习无穷的智慧。我始终认为年轻的时候要不断接受挑战,像种子一样努力汲取水分,快速成长,而不是年纪轻轻就开始"退休生活"。所以结束读研生活,我坚定地选择来到咨询公司工作。咨询工作有三个特点:环境高压,需要具备快速学习的能力,要懂得解决问题。经常做完一个项目就会转到另一个完全不同领域的项目,间隔期可能只有 3 到 5 天,这时就需要快速了解、学习一个新的行业以及新的项目背景。虽然过程很艰辛,但不断突破自己现有的"舒适区",能真切感觉到自己每天都在进步,这种感觉于我而言是非常美妙的。

故步自封不是人生最好的状态,"舒适区"也不是人生的终极安乐窝。做自己认为有挑战的事,才能突破自我的界限,看到一个更好的自己。换一个角度说,在无限可能中自由行走,不也是人生的一大舒适吗?

找准人生的航向　不要放任自己流浪

不驰于空想,不骛于虚声,有翅膀就该去飞翔,有梦想就要去追逐。现在的你,如果

没有长期目标，那就"走一步看一步"，并不是说每天糊涂度日，而是设立一些短期目标，通过一个个短期目标的实现来激励自己、慢慢认清自己，逐渐清晰自己的追求。没有规划的人生叫拼图，有规划的人生叫蓝图；没有目标的人生叫流浪，有目标的人生叫航行。

大学给我们提供了展现自我的时间与空间，同时也给羽翼未丰的我们以呵护，是我们步入社会的铺垫，也是我们走向成熟的桥梁。但大学时光稍纵即逝，毕业远没有你想的那么遥远。对于有的人，浑浑噩噩一晃眼就能结束大学生活；对于有的人，明明信誓旦旦要好好学习，但敌不过好懒天性，最终还是选择得过且过；对于有的人，坚定自己想要的，一步一步朝目标努力，越战越勇。希望大家都能成为最后这种人。

关于友情，我非常赞成鲁迅先生的那句话：友情是两颗心真诚相待，而不是一颗心对另一颗心的敲打。在大学里，我很幸运，用真心交到了一群志趣相投的好友。四年同窗，栉风沐雨一同走过，我们的友谊没有因时间的阻隔而冲淡，没有因地理的距离而疏远。我们把彼此放在心中，只要对方有困难，不做犹豫，挺身而出。因为真正的友情不受事业、祸福和身份的影响，也不受经历、方位和处境的限制，它在本性上拒绝功利，它是独立人格之间的互相呼应和确认。所以，用真诚播种，用热情灌溉，友谊之花的芳香会给人生带来更多欢笑。

至于爱情，我认为它也是人生最重要的情感之一，所以我支持在大学恋爱。但同时，我也信奉小仲马说过的一句话：真正的爱情始终使人向上。恋爱中两人一定要互相促进，绝对不要一起堕落，不要让谈恋爱成为你成绩下滑的借口。如果两个人在一起是让双方往负向发展，我认为这可能不是一段健康的感情。另一方面，在恋爱中要保持理性，保持独立。要分得清冷静和冷漠，区别开坚持和固执，年复一年，春光不必趁早，冬霜不会迟到，相聚别离，都是刚刚好。

心系卓越　不懈追求

蔡臻豪

  2013—2016 年在上海立信会计学院国际财经学院就读国际课程培训项目，并以二等荣誉学位毕业于哈德斯菲尔德大学的国际会计专业，本科毕业后就读于约克大学并获得会计与金融管理专业硕士学位；2021 年回国后即加入了汇丰银行，现任客户服务部主任一职；上海立信会计金融学院 2016 届校友。

口　　述：蔡臻豪
采　　访：刘依晨　俞偲婕　芦家仪
整　　理：刘依晨　俞偲婕　芦家仪
指导老师：张海琼　王　瑾　季蓓婷
时　　间：2022 年 11 月 11 日
地　　点：上海立信会计金融学院中山西路校区

初遇立信　拼搏迈向成功

　　我是 2016 年毕业于立信国际财经学院的，随后进入哈德斯菲尔德大学，本科主修会计专业。在完成本科学习后，我又申请了约克大学会计与金融专业的硕士研究生。2021 年年初因为疫情原因延期毕业，1 月拿到毕业证，年末回国。当时选择立信，一方面是因为我自身对商科以及对会计专业的兴趣，其次也是因为立信在上海乃至全国都是名声很响的一个学校。

　　在没来立信之前我对大学的感觉来自校园影视剧的演绎。来到立信以后发现原来大学生活是这样的：班里有兴趣志向相投的同学们作为学习、生活的伙伴。我选择的是出国留学培训课程，除了充实的学科知识，老师经常在课堂上潜移默化地帮助我们养成学习的思维能力，激发我们的学习主观能动性。老师还会时常关心我们的生活日常以及业余活动。其中我最想感谢的就是我们的戴老师。戴老师的专业素养以及她在生活中对我们的照顾，令我感动，心怀感恩。今天再次回到母校，再见到她，非常开心。

　　国际财经学院最后一年的出国择校，取决于学生的雅思成绩和专业课的成绩，二者综合决定最后能去哪个学校。关于雅思的学习，一方面因为学校设置了相应的课程；另一方面，我自己也参与了课外的学习，已经达标。我印象很深的是最后的考试，我们当时要通过12门专业课考试，考试成绩直接和申请的学校有关。对我来说，困难的是，能否通过心仪学校的9门课程考试，当面对最后一门课程时，我的压力还是挺大的。但那时候有生活老师，还有包括专业课老师在内的其他老师给予了我很大的帮助和鼓励，帮着我一起去突破这一场考试，最后，我很幸运，通过努力，成功进入了心仪的学校。现在回想起来，这段时光虽然是挺艰难的，但对于我来说也是很有意义的。人生总要有理想、有目标，要知道自己为什么而努力，为什么而拼搏。其实结果不重要，重要的是过程，没有侥幸的成功，只有加倍地努力，每一次发奋努力，必有加倍的赏赐。奋斗不是心血来潮，奋斗不是一时努力，奋斗的背后有很多东西，有坚韧，有忍耐，有信心，有顽强，有拼搏，还有尝试。我很庆幸自己选择了奋斗，不论经历多少风风雨雨，我都会坚持奋斗下去。

确立目标　激发内在动力

我回国以后的择业瞄准两个方向，一个是银行方向，还有一个是四大会计师事务所。虽然我都获得了入职通知，但我选择了汇丰银行。根据我个人的情况，相较于四大会计师事务所，我认为银行可能更有提升机会。

汇丰银行的面试让我印象挺深刻的。在过了人事部的初试以后，我立刻就收到了去分行行长处面试的通知。分行行长更多的是看你的个人能力、性格以及你所掌握的技能是否符合这个岗位的要求。我选择汇丰银行的一个重要理由是我折服于当时汇丰银行行长的个人魅力。起初，我从事的职位是前台，经过自己的努力，后续完成了转岗。转岗是有前提的，即业绩指标达标。当一个人有了压力的时候，你就会有目标，一直朝着这个目标前进，然后不停地靠向它。当时我的感受就是生活非常有动力，而且有信心继续从事这个行业。只要有干劲，哪怕你业绩做得不好，那种好胜心，也会促使你去不断地靠近自己的目标，这样的经历和感觉让我非常开心。目标给了我们生活的目的和意义，有了目标，我们才知道要往哪里去，去追求些什么，从而活得有滋味和盼头。康德说过："没有目标而生活，恰如没有罗盘而航行。"

我的性格属于慢热稳重型，也比较细心。工作上面，无论在哪个工作岗位，我都可以给客户和经理一种非常踏实稳重、靠得住的感觉，身边很多客户、同事非常信任我，给了我很多机会，从而不断地建立自己的人脉，再不断地扩展出去，这一点对自己事业非常有帮助。

追寻兴趣　实现自我价值

我们学校的专业优势是很明显的，大家如果是商科毕业的话，立信肯定是很响亮的名片。目前就国内的就业情况来说，高水平人才、海归都是非常常见的。结合我现在的工作经历和社会阅历，我认为首先还是得找到自己的兴趣所在，需要用时间去挖掘自己到底喜欢干什么，或者是想要去干什么。其次思维能力以及环境的适应能力也非常重要。

其实一个人到了新的环境，一般都是要有一个适应阶段的。出国留学的经历，丰富了我的人生，同时也给了我很大的启发。它不但可以激发出我的潜能，而且能帮助我培养独立的人格。留学时遇到问题，往往需要自己寻找解决办法，这样可以提高学生的应变能力，促进个人综合素质的提升。此外，进入社会以后，如何调整自己的心态非常关键。在学校时，同学们相处和睦，没有直接的竞争关系。一旦踏上社会，就会有非常多的同伴或者是对手，你就要学会如何游刃有余地去处理这些人际关系。我希望学弟学妹们能顺利毕业，找到自己喜欢的工作，尽量往自己的兴趣上靠，尽量避免选择自己不喜欢的专业，以兴趣为主，尽可能地提升自己。

母校在我们成长过程中，给予我们的是无法衡量的价值。我的专业知识和品德行为，在校期间都得到了不断提升和潜移默化的影响，这里记载着我的每一个进步。马上就是母校95周年华诞了，希望母校生日快乐，越办越好，桃李满天下！

山止川行天地广

王军平

不倒翁文化传播（上海）有限公司总经理，上海市甘肃定西商会党支部书记，退伍军人；上海立信会计金融学院 2017 届校友。

口　　述：王军平
采　　访：杨　晨　陈珏雯
整　　理：陈季宁　薛　茗
指导老师：夏慧勤
时　　间：2023年2月21日
地　　点：腾讯会议

投笔远从戎　磨砺生勇毅

我2011年报考了本校工商管理学院的市场营销专业。虽然后来转专业到了金融理财专业学习，但是在市场营销专业时期的学习对我后来创业的影响是非常深远的。在处理业务的过程中，在具体的维度上或许难以分辨其影响，但是在制订营销策略的宏观维度上，市场营销专业习得的专业知识对我产生了许多影响。我直到现在都与母校市场营销专业的班主任保持着联系，他也时常会给予我一些业务上的指导。

大一时，我出于爱好报名了户外驴友团。几次活动下来，我发现作为领队既可以带队游玩，又可以获得薪酬，就产生了去报名当领队的想法，并付诸了实践。等累积够了带队经验，熟悉了基本业务之后，我又想到能不能自己当组织人，以及这种业务是否可以在校园里开展。不过，刚刚离开一心学习埋头苦读的高中生活，进入可以自由支配时间的大学生活，我大一大二时期还很迷茫，没有立刻采取行动。当时正好看到参军招募的信息，觉得当兵可以强健体魄，应该算是一个很不错的选择，就报了名。再者，当时参军入伍的相关政策也很不错，比如退伍后可返沪落户，还有一次性的经济补助金。

  我是2012年入伍的,那个时期参军的大学生还比较少,当时只有几个人去报名,不像现在我们学校一年就有几十人入伍。在军营中有很多难忘的回忆。当时我所在的部队是负责武器研发的技术部队,对于个人素质有极高的要求,讲求一丝不苟。我现在处理事业和日常生活的各项事务,或多或少还保留着部队带回来的一些严谨作风。我们部队位于山西太原的一个县城中,条件特别艰苦,很磨炼人的意志。后来我在创业的过程中敢于面对一些难题,一定程度上也源于部队精神的影响。入伍这个履历带给我很多的收获,我创业的时候,得到了很多来自政府的扶持政策;跟客户对接的时候,退伍军人的身份也有很多正面的影响。军队生活对于一个人有着不可磨灭的影响,这段军旅经历给我留下的精神财富在我的创业过程乃至人生中都是极为宝贵的。

  退伍回到学校之后,我也有了不少想法,就着手尝试自己组织户外活动,最终发现这是可行的。于是,我就在我们学校开展业务,并慢慢在高校圈子中拓展业务范围,后来也形成了一定的规模。

务实勤创业　坚韧克时艰

虽然我在大学就读期间就开始创业，但我毕业之后并没有立即创业，而是在上海浦东发展银行杨浦支行工作了一年，在工作过程中，我逐渐发现这个职业其实不是很适合自己，于是决定自己创业。这个时候，我又想到了我在大学中的创业经历，最终创立了不倒翁文化公司，主营业务是户外运动和团建。

我们的企业文化秉持两点：一是要务实，二是要创新。我不希望像市面上很多公司一样"画大饼"，提出一个很宏大的口号。我想要的是扎扎实实立足于这个行业，踏踏实实地做业务。现在网络信息技术发展得很快，带动了许多技术和理论的革新，当下营销策略在快速变化，客户对拓展团建活动也有着个性化的新要求，所以为了保持业务水平，我们团队一直强调创新精神。

创业的过程并非一帆风顺，会遇到各种问题，这要求我们团队的每一名成员都需要全面地兼顾多项业务，以良好的心理建设积极应对不同情形。马云说过这样一句话："今天很残酷，明天更残酷，后天很美好，但是绝大部分人是死在了明天晚上，看不到后天的太阳。"事实确实是这样，很多人面对问题沉不下心来，就难以发现那些美好的东西，还是要坚持目标、要积极想办法，办法总比困难多。

我刚开始创业的时候什么也不懂，也没有这方面的客户，不过还是发展到了现在的规模。以前在银行工作时，我只需要负责一小部分内容，但是当自己真正跳脱出来以后，就发现做生意，尤其做一个管理者，要做很多方面的工作，这还是很具有挑战性的。再者，我们之前学到的东西和现实之间的差异也是我所经历的挑战之一。比如，我们当时学的市场营销的一些营销手段和最近几年兴起的自媒体、短视频平台等营销方式是完全不一样的，之前我们学的理论知识里并没有涵盖这些东西，而这些发展得很快，对业务影响很大，需要去不断学习、适应、进步。

我们的业务量是随时间增长而不断增长的，从最初的校内团建需求，到学生毕业后工作岗位上的团建需求，再到这几年带过的学生在工作后发展出的团建需求。顾客新旧交替，业务也就一环扣着一环源源不断地产生，如此也就逐渐形成一个良性循环。

我们这类业务受新冠病毒感染的影响确实很大，但我仍然坚持了下来。受影响初期，我们公司根本没有业务可做，可以说是全军覆没了。我是2018年出来创业的，到现在已有4年多，而被新冠影响的时间就有3年多。这期间受到了很多我们学校老师的帮助，我自己也在想办法积极应对。一直以来，我都坚信自己所坚持的事业是具有远大的前景的。如果不是新冠的话，我也有信心把它做大做好，所以并没有轻言放弃。其间，我做过兼职，开过顺风车，送过闪送、外卖，这些都带给了我一定的社会阅历。作为创业者，我认为首先自己必须要认同这个行业本身和它的前景，并且凭借兴趣和热爱坚定地从事它。如果缺少任何一个方面，这3年的重压可能就扛不过来了。2022年新冠病毒感染形势总体上还是很严峻，但是到后半年基本上我们的业务也发展起来了，已经扛过了那段最艰难的日子。我们2021年还新开辟了一个爱国主义教育业务，主要是每年做一些学校配套的爱国主义教育课程，像军事训练、行为习惯培养等，一年服务的人数有上万人。新冠病毒感染对企业团建行业有影响，但对校园里的爱国主义教育课程影响不大，现在发展得挺好的。

我现在与母校的多个部门都有积极合作，这不仅是我个人的愿望，也跟我的身份有关。一方面，我是我们这一届的校友联系人，本身有连接毕业校友和学校的责任。另一方面，跟我的军旅生涯有关，我现在是我们学校的征兵宣传大使，每年征兵的时候，我都会在母校的几所学院做征兵宣讲。现在学校党委武装部一年两季的征兵我也都有参与，军训则是每年退伍学生和我这边一同负责。和母校的合作是收获满满的，母校给予我的各种身份，都是对我的认可。我很乐意以己所能回馈母校，进行一些义务劳动和资助，我赞助了母校的很多活动，比如每年年底的校友团建会、毕业十年的校友返校、辅导员运动会等，我想尽可能做一些事情来回馈母校。

无惧多尝试　青春当有为

我之所以选择做户外运动和团建作为创业项目，首先是因为兴趣，其次是因为我自己在大学读书期间有过相关的经验。直到现在我还坚持着户外运动的习惯，这不仅仅是因为自己喜欢，更是因为我在从事这个行业。近几年业内的变化也很复杂，只有不断参与，才能够在大方向上对公司的业务发展有正确的把握，为此，我一直在认真工作的同时不断深入对兴趣领域的探索。去年因为新冠病毒感染，大家无法进行中长途旅行，短途的露营活动就变得很受欢迎，这就是新的变化。如果自己不去切身参与其中的话，很容易丧失对行业动向的敏感度，与业务脱节，还是要去参与才能跟上时代的潮流。

　　如果从事兴趣爱好相关的工作和按部就班步入工作所获得的收入差不多的话，我想很多人还是愿意选择前者的。我个人认为，可能正因为短期内喜欢的东西不足以支撑生活，所以多数人才被迫选择了一份自己不喜欢的工作。创业初期，我也确实感到喜欢的事情转变为工作以后，突然就变成一种重压：甲方的各种苛刻要求与自己临时起兴的参与是两码事。当然，我最终还是从这种矛盾中走出来了。这份工作使我结识了很多新朋友，也慢慢收获了很多客户的信任。现在我们的老客户很多，他们给予我的信任成为支撑我做下去的动力，使工作转变成了一种新的乐趣支撑着我，让我能够不断继续前进。

　　人的一生就是要多尝试，不要害怕失败，我一直是这样想，也是这样做的。徒步、骑行、攀岩、漂流、滑翔伞等户外活动，是我的兴趣也是我的事业。它们本身就是我自己热爱的，之后作为事业发展得也很好。我每年都自驾两千多公里回我的家乡甘肃，过年自己开车回去，开两三天就到了，一人一狗，路上边走边玩，且行且看。我真心觉得适当地多参加一些户外活动是有好处的，心态会更加开朗、健康。读书久了，多出来走一走还是很好的，要劳逸结合。

　　我听别人说过，作为成年人，首先不要轻易去教育年轻人。如果要说有什么寄语的话，我希望同学们在校期间一定要多尝试一些新事物，多发展一些兴趣爱好，做那种艰难而正确的事，挑战一下自己，不要在自己的小圈子里面原地踏步。大家都还青春年少，前途无量，后生可畏！

　　母校已经发展得很好了，新校区也建得很成功，作为校友，我会用创新的方式配合学校做一些力所能及的事，为母校的发展尽自己的一份力。

无问东西赴雪域 以心换心助百姓

郭　伟

毕业后参加西藏专招项目赴西藏日喀则市，先后在萨迦县扯休乡政府、萨迦县委办、县脱贫攻坚指挥部、县人大办、县防控办公室工作；进藏至今，主要参与维护稳定，脱贫攻坚，人民代表大会相关办文、办会等工作；上海立信会计金融学院 2017 届校友。

口　　述：郭　伟
采　　访：李璐君　苏文蕊　漆雪梅　江　岭
整　　理：全体采访组
指导老师：王　亭
时　　间：2022 年 10 月 12 日
地　　点：腾讯会议

多维思考　全面提升

我 2013 年考入上海立信会计学院财税与公共管理学院，就读行政管理专业。那是我第一次走出贵州省，当时我的思维、见识还比较狭隘、封闭，不像现在可以利用先进的智能手机接触到许多的新闻，我的第一部智能手机还是在大一的时候买的。

在校四年期间，我先后担任了一年的副班长和三年的班长以及行政协会的会长职务。在大二时我参加了行政协会，后来被推荐为会长。让我印象比较深刻的是带着一群学弟学妹组织了大学生公益创业计划大赛，有二三十所高校参加。当时我们在李响老师的指导下协助举办方一起组织赛事、推进赛程，从中受益匪浅，提升了自身的组织协调和解决问题的能力，为以后的就业奠定了基础。

在求学生活中，印象深刻的还有一年元宵节，我们班委组织同学们和辅导员苏思老师一起过节。我们借了间教室，大家一起做元宵、猜灯谜，像家人一般，过节的氛围很温暖。我们班一直都是非常团结且朝气蓬勃的，在校期间荣获了"优良学风班集体"的称号。我们用申报集体荣誉所获得的奖金举办了很多活动。当时我们的班长是

我的老乡梁小红，而我担任副班长协助她。我们一起组织班集体活动的时候，我了解到她的人生经历很丰富，与她产生了很多思维的碰撞，这种碰撞拓宽了我的知识面，有了不一样的人生感悟，也教会了我改变看待事情的角度。

在大学生活中我最大的收获就是学会用二分法思考和解决问题。二分法就是多维度地看问题，对于一个事物从多角度、多方面去分析、去看待，然后找出它背后的本质和根本原因，再从多个方面去解决。运用二分法我扩大了视野、增长了才干，遇到事情不再像以前一样一头雾水，而是心中有了一个方向。对于自己能力范围内能做到的，清楚如何去分析、去解决，找到合适的工作方式；对于解决不了的，也知道如何寻求上级领导的支持。

虚心向学　倾情付出

2017年毕业前夕学校发布了西藏专招计划，我心里有了一个想法，"作为一名'90后'，我甘愿做一名建设者,而不是享受者",这句话坚定了我报名西藏专招项目的决心。受气候差异和环境因素影响,进藏初期在高海拔、高寒地区生活、工作会出现身体上的不适,考虑来西藏做建设者的同学们要做好一定的心理准备。在西藏工作期间我基本上从事的都是办公室的文书工作。办公室的工作繁琐复杂、千头万绪,而且因岗位、政策不同,对工作内容我也不是很熟悉,这些都需要自己一步步去适应和克服。一路走来再看,克服这些困难最重要的能力是虚心向学。虚心学习,认真探索,总结方法,增强业务知识,掌握业务技能,充分发挥个人主观能动性和积极性。还有一个重要因素就是责任心,带着责任心工作非常重要。

我在西藏工作的5年,曾先后多次被评为优秀共产党员和优秀公务员。我认为党员的带头作用就是尽自己的所学所知,做好自己的本职工作。不拖沓,不推脱,耐得平淡、舍得付出,时刻以共产党员的标准要求自己,无论是在什么地方、处于什么岗位,做好自己应该做的事。

这些年工作下来,我最大的收获就是加深了民族情感,收获了藏族人民的友谊。不管我以后是否留在西藏,对这边我都会有一种眷恋,可以说西藏是我的第二个故乡。我人生的第一份正式工作是在西藏,这里涵养了我的民族情怀,留下了我的足迹。5年工作期满之后,我想我应该还会继续留在这里。留在这边工作的有来西藏上大学后考当地公务员的、专招生项目的、当兵的,还有藏二代、藏三代,很多人把自己最好的青春年华都留在了西藏,我只是其中平凡的一员。

对党忠诚　为民服务

脱贫攻坚工作中,我印象最深的就是团队围绕同一个目标去奋斗的工作干劲。我们当时所在的扶贫干部办公室不属于工作一线。一线的人员每天走村入户调研,而我们主要是在办公室做些幕后的工作,比如统计数据上报、政策讲解等,从政治方向上观察、分析、处理问题,贯彻萨迦县县委的决策和部署。每当有农牧民群众来办公室咨询、办理业务,我们都会积极主动联系藏族同事,及时帮他们解决困难。我们几个同事一起,大家通宵达旦、心无旁骛地为了早日完成脱贫攻坚目标努力。

我们的工作需要经常加班加点，没有坚定的信念很难坚持下来。但是，每个人都应该有自己的信念与使命，我的信念就是对党忠诚，一切向以习近平同志为核心的党中央看齐，做好一名共产党员应该做的事，保持一颗为老百姓服务的初心，不为金钱所惑，不损害党和国家、人民群众的利益，守好自己的底线、红线，守纪律、讲规矩，这样才能做到为人民服务。"对于我们党员来说有两条生命，一是人的自然生命，二是政治生命"，如果一个人的信念丧失了，一个人的政治生命就结束了。所以作为一名合格的党员，要守住自己心中始终忠诚的信念，旗帜鲜明反对分裂，坚决维护祖国统一和民族团结，自觉同党中央保持高度一致。党的脱贫攻坚工作切实解决了9 899万农村贫困人口的贫困问题，这是史无前例的，中国几千年一直想解决的事，在中国共产党的领导下解决了，这是个历史性的丰功伟绩。

在一步一步帮助百姓的过程中，我发自内心地感受到老百姓的和蔼可亲。我用对党无限忠诚、对高原无限热爱、对人民群众全心全意服务的赤子之心服务人民，以将心比心、以心换心地方式去为老百姓谋发展，尽自己的能力帮助他们摆脱困难，也换来了他们对我们工作的支持和理解。

饮水思源　祝福母校

如果你喜欢、向往西藏，可以先去旅游，感受一下那边的风土人情。如果学弟学妹们想来西藏工作，需要考虑方方面面的因素，需要平衡好家庭和事业之间的关系，多听家里人、身边朋友的意见，帮助你做选择，但是最后还是取决于自己。如果你喜欢繁华城市，那就留在北上广；如果你觉得那种环境下压力很大，想在压力小一点的地区工作，西藏地区的工作节奏相对来说比较慢一点，可以考虑选择来这边。不管选择在哪里，都是一段精彩的人生。有想来西藏、想了解西藏的同学，可以跟我联系，我将知无不言、言无不尽。具体问题具体分析，适合于你的就是最好的。

在学校的时候读书很重要。多读书、多看书，不管是"有用之书"还是"无用之书"，这样你的思想相较于以前会产生不一样的变化，会拓宽看问题和事物的角度。在书中寻找不同的人生，体会不同角色的人物性格，感受这些人物带来的思考，再折射

到现实生活中，就会有不一样的感悟。等到工作之后，想看书可能就没有足够的时间和精力了。

  2018 年，学校组织 6 位老师前来西藏看望包括我在内的多名校友，关心我们当前的工作情况和未来的计划。母校的慰问，让我们在这个举目无亲的地方，感受到了温暖，心中非常地喜悦与感动。最后，正值母校建校 95 周年，作为校友，饮水思源，我在祖国的边疆祝愿母校以百年之底蕴、谱立信之华章，为祖国培养更多可用之才，传承立信精神。

铸就人格　成就事业

马利峰

现任上海诺潇智能科技有限公司总经理；截至 2022 年参与了 4 家公司的创办和管理；2018 年开始，成立上海诺潇智能科技有限公司，开始进入智能科技行业，以 RFID（射频识别）模具为主营产业深入研发和开创，截至 2022 年公司已经获得科技型企业称号，申请成功包括发明专利、实用新型专利、软著等知识产权 14 件，成为一家特别具有研发能力和创新实力的企业；上海立信会计金融学院 2019 届校友。

口　　述：马利峰
采　　访：史梵桢　韩佳霖
整　　理：史梵桢　刘依晨
指导老师：张海琼　王　瑾　万建兰　季蓓婷
时　　间：2022 年 10 月 18 日
地　　点：上海市文翔路 2800 号

感恩师长　学有所成

　　2002—2004 年我在工商银行北京数据中心工作，2005 年年初来到上海，开始融入上海这座城市，进入企业工作。经过历练和摸索，我在 2009 年开始尝试和合伙人一起创业，并负责公司的管理和财务工作。随后，我开始有一些深造的计划，经过多次筛选我将立信作为我的首选。2017 年，我进入立信研修会计学科，当时在松江大学城内就读，求学期间收获了很多专业知识。

　　在两年的学习生涯中，我想要感谢很多老师，比如我的班主任王淑兰老师和隔壁班的万建兰老师，此外还有学习过程中教过我的俞晓老师。徐利民老师和郭大伟老师。当时我们继续教育学院一个班的容量特别大，即将退休的王老师需要管理 200 人到 300 人的班级。我们班里大部分的同学都是在职的，由于当年的微信还不畅通，大家用的都还是 QQ（腾讯即时通讯软件），所以所有的消息都是通过 QQ 群传达的，无论是上学不方便还是需要请假或亦是有学习上的问题都是在 QQ 群里交流。每天都会有很多人问各种各样的问题，有时候可能是重复的问题，但班主任王老师都会一个一个耐心地

回答每个同学的问题。这些琐碎的工作占据了王老师大部分的工作时间，甚至是生活时间，这种敬业精神是值得所有人学习的。

每一位老师在授课过程中，并没有因为我们和全日制学生不同而区别对待，他们耐心地解答每一位同学的问题并且尽全力完成应有的教学进度。学校在管理方面，即便是对继续教育的教学质量，也是有追求、有要求的。这些要求又很好地反映在每位老师的工作中，他们即便是挤占了自己的业余时间来工作，也是很认真地在完成这项任务。

在立信的老师和同学的帮助与鼓励下，我一步一步地坚持下来，并且期间获得了学校多项证书，还荣获了"优秀毕业生"的光荣称号。我在立信遇见了很多的良师挚友，仅是这点就让我很满足了！

专业担当　完善自我

受自己财经专业背景的影响，我一直是从事财务方面的工作。从最开始做一些基础的财务工作，到慢慢地就走到管理层，负责考核和评估工作。除了自己的本职工作，我还做一些投资项目，比如近些年国家大力扶持的智能科技，又比如在产业园建设中涉及的财务和税务以及资金流通等方面的问题，这些都是我感兴趣的领域。

我的同学，现在基本上也都从事财务工作。有的在外资企业、民营企业，还有在事业单位工作的。我们学校在就业方面比其他学校更加具备优势，因为立信具有鲜明的专业特色。我自己在招聘员工的时候也会用自己的专业知识去看求职者适不适合做会计，懂不懂财务知识，有专业背景的学生就会有很大的优势。

不管是学习，还是工作，都需要历练。如果你想走得更远，发展得更好，"诚信""踏实""勤劳""真诚"是每个人需要牢记的。我认为诚信是最重要的，这是一个"人"的根本。孔子说过："人无信而不立"，诚信是一切美德的基础，是做人的基本准则，是社会公德和职业道德的基本规范。诚信，对学校教育来说是一剂育人良药；对个人和家庭来说是一笔无价的财富；对社会来说是和谐发展的重要前提。

大学阶段其实是不断完善自我的过程，我们要先想好自己要成为什么样的一个人，其次才是学业。无论在学校还是社会，现在我们接收到的信息和知识太多了，要先计划好学什么和怎么学，然后再按部就班一步一步地走，这样学习效率会出奇地高。

当前，我创立的公司正从萌芽阶段进入发展阶段，在这个壮大的过程中会遇到很多的困难。一步一步走过来之后再回头看，最重要的还是诚信。这个时代有很多赚快钱的公司，可是这样的公司会留下很多隐患、很多问题。我不想赚"快钱"。对待同事诚信，对待客户诚信，对待供应商，乃至整个圈子，我的原则都是以诚待人。一就是一，二就是二，哪怕今天我只走了一小步，只要明天再走一小步，那么我们就离目标就更近了一点。

终身学习　追求卓越

我建议学弟学妹们，在现阶段要想清楚"我要成为怎么样的一个人，我要做什么"，而后秉持终身学习的理念，坚持到底。即便是上的全世界最好的学校，你出

来工作之后还是要继续学习。如果你在这个位置上还想要再往前走一步，你就得往深处学习。要对自己、父母、亲人、学校以及社会负责，我们能从学习中获得这样的使命感。

远方有一座灯塔，那是我们永远的追求。有些东西，该送走的一定会送走，比如青春；有的东西该延续的一定要延续，比如梦想。不去想是否会成功，既然选择了远方，便只顾风雨兼程，我们不必强求，但不可不求。在学校，你是一个学生，不管你拥有多高的学生干部职务，学生最重要的任务还是学习。打好专业知识基础在以后的工作当中会有很大帮助，毕业时更易找到你心中理想的工作，不需要背离你的梦想。当然，世间事有必然，也有偶然，我们要接受失败的存在，如果世间每个努力的人都能成功的话，那世界上就没有失败了。

任何梦想，都需要脚踏实地地去实现。工作中，正视人生的每一个挫折，适应人生的每一回起伏，吸取人生的每一场失败教训，利用人生的每一条成功经验；努力给自己一个最美好的心情，调整好自己的心态，不急于成功，就算摔了再大的跤，也一样能为明天的希望拼搏。生活中，别在乎一时逆境，别羡慕一时拥有，别沉沦于短暂离愁。花落花会开，一切轮回都有规律，无须刻意。正所谓，逆多顺将至，失久得必来。

立信的学生们闻名于他们掌握的专业知识以及专业实操能力，这也让立信的毕业生成为人才市场上的"香饽饽"。大多数从立信毕业的学生进入公司之后，经过一两个月的锻炼，很快就会成为一名好员工。我衷心希望学校发展越来越好，希望同学们牢记潘老先生"毋忘'立信'，当必有成"的训导，做到知行合一，不忘初心，把自己的工作做好，回报老师和母校。

胸怀大爱赴雪域　一片赤诚向格桑

周育佳

现任西藏自治区日喀则市吉隆县外事办公室副主任，毕业后一直在西藏工作，自 2019 年起连续三年获得吉隆县优秀公务员的称号；上海立信会计金融学院 2017 届校友。

口　　述：周育佳
采　　访：章　静
整　　理：章　静　刘子荀　张晨曦
指导老师：冯晨音
时　　间：2022年9月14日
地　　点：腾讯会议

初赴西藏　再思征途

我记得毕业那年的4月，大家都在找工作，我也在上海的一家国企实习。实习期间我感觉在上海的工作压力比较大，所以那段时间也在投广西的简历以及报考当地的公务员。之后在优秀大学生的答辩现场，我如实地跟老师讲述自己所面临的就业情况：在广西找工作的同时，也报名了上海的"三支一扶"（"三支一扶"是毕业生基层落实政策，指大学生在毕业后到农村基层从事支农、支教、支医和扶贫工作）计划。高永祥老师问我："怎么不报西藏那个项目？"那是我第一次了解到西藏这个项目。答辩结束后，我马上向辅导员陈静老师了解情况，得知当时已处于报名的末期，我赶紧请陈老师帮忙报名。我心想："在上海也是找工作，回广西也是找工作，那还不如去一个从来没有去过的地方工作，顺便当旅游。"这就是我当初选择去西藏工作的原因，是一种机缘巧合，也是一种很简单的想法，一瞬间就决定了。当我跟我父母谈起这打算时，他们表示了同意和支持。他们还说，如果我真的如愿，他们会去西藏探望我，后来他们也确实履行了承诺。我在当年8月赶赴西藏报到，他们在9月就自驾过来看

我了。尽管家中的爷爷奶奶因我离家远而有点担忧，身边的一些朋友也对我远赴西藏抱有隐忧，再三嘱咐我做好思想准备，我心底还是坚信我能用实际行动证明我的选择没错。初到西藏，我适应得很快，心情很好，感觉自己焕然一新，开启了新生活。我的行动也获得了越来越多支持的声音。时至今日，我仍然认为选择远赴西藏的自己很有勇气。

我在西藏工作的第5个年头是一个分水岭，我面临留下还是离开的抉择。从2021年到2022年，高原地区对身体造成的一些小问题逐渐显现，然而离开西藏面临的工作前途及其他问题的解决方案并不明朗。相反，由于专招生的身份一般会受到更多的重视，留下的前途更明朗。此外，对于西藏的同事和工作本身，我也有很多不舍和留恋。因此，目前我暂时不考虑离开。

入乡随俗　足履实地

驻村是我在西藏工作中不可缺少的一段经历，交织了开心、难过、委屈等复杂情感，令人难以忘怀。我 2020 年入驻吉隆县的扎龙村，为期将近一年半，工作内容主要是开展入户调查、政策宣讲、脱贫攻坚等，2021 年还有人口普查任务。起初我有点抵触驻村，担心村里没有水电、其他生活条件也不太好，很难适应和开展工作。后来依靠驻村队友与村民的帮助，我慢慢克服了生活中的困难。用水方面，刚开始我们得到河边打河水，而黑黑的河水又须沉淀好久才能使用。虽然天暖时，村里有自来水，但这仍免不了外出打水，因为并不是家家户户都有水龙头。生活方面还存在没有现代化厕所的问题。起初，我们只能去很简易的厕所，说是厕所，其实是在一个小山坳处搭建的木板。在风吹雨打、冰雪袭人等恶劣天气的时候上厕所，尤其崩溃。好在村里的生活条件在不断改善，很快修建了厕所。当我逐步克服和适应了这些生活问题，就安心地住了下来。驻村工作正式开始，我们首先需要了解全村每家每户的情况。人口普查时，我挨家挨户去了解情况，几乎认识了所有村民。走在村里的广场上，村民看到我都会主动跟我打招呼，叫我小周，这种被人悉知的感觉特别好：有人认识你，知道你曾经入驻过他们的村子，肯定你为他们付出的汗水。驻村工作的主要任务是平日里召集村民到村委会开展支部学习，了解政策与思想动态。村支部书记、第一书记用藏语宣讲政策。而我们一般负责辅助性的组织工作，如拍照、做记录。此外，针对一些重要活动节点，我们也会积极推进在村里的活动开展。比如，每年的西藏百万农奴解放纪念日（3 月 28 日）。当天，我们会开展诸如升国旗、重温入党誓词、老党员讲述新旧西藏对比以及慰问部分"三老"人员等一系列的庆祝活动。在国庆节、建党日我们也会积极筹办活动。

  我之前一直在县直单位工作，今年四月被派遣到我的编制所在地——宗嘎镇人民政府。在乡镇期间，我们开展过好几次团建活动。初次活动是为初来乍到的我组织的破冰之旅。那次活动成功地拉近了我与同事之间的关系，增进了彼此的了解。"七一"建党节我们支部一起过政治生日，活动中，每一个党员都获得了生日贺卡，大家围成一圈吃蛋糕，我从中感受到从未有过的集体凝聚力。在宗嘎镇人民政府就职期间，无论在工作上还是生活上，大家都能齐心协力，我特别珍惜这段时光。在乡镇工作，能最近距离地接触到广大群众，村民会过来找我们开证明，有什么要事会直接来咨询我们。这是以前在县里单位没有过的经历，让我感受到切实为人民服务的自豪感。

以学践行 校庆寄语

　　我感激在大学生活中能遇到一群默契的室友。在令人难忘的大四期间，我和室友们均在不同公司实习，平时下了班大家就会在宿舍交流实习感受。我们会利用下班时间去一些地方打卡放松。我们四人性格不同，相处中会产生有意思的互动。我们一直以不同方式回应、支持着彼此，毕业后仍然保持着密切的联系。因为我远在西藏，我们只在2018年团聚过一次，期待下次回上海的相聚。大学四年，我与室友们互帮互助，留下了美好的校园回忆。要说遗憾，是大一时那门挂科的计算机课程。

　　在援藏过程中，我换过三个单位。最开始在吉隆县政协办公室，后来到了吉隆县外事办公室，最近到了宗嘎镇人民政府。说实话，我很喜欢外事办这个单位，因为跟我的商务英语专业有关，我可以用到我的专业知识。在外事工作中我主要负责翻译稿件，与"尼泊尔方"用英文交谈，接待部分尼泊尔籍人员的工作也能发挥我的英文专长，这带给我不小的成就感。在学校时，我修读过跨文化交流的课程，其中就有关于不同国家的礼仪文化，这对我目前的工作有一定的帮助。我会加强认识尼泊尔的风俗习惯与礼仪文化，以便更好地开展工作。

最后，我想说，上海是我人生道路的首发站，母校承载着我的青春欢笑、初心梦想。在校庆之际，我恭祝母校95周年生日快乐，愿母校永远辉煌，桃李满天下。其次，我想借此机会向曾经悉心教导我的老师致以诚挚的问候与由衷的感谢，我也祝愿外语学院的老师们、学弟学妹们工作顺利、学业有成、身体健康、万事顺遂、扎西德勒！

乘风破浪潮头立　扬帆起航正当时

李佐康

2012年响应大学生服兵役应征入伍，2014年退伍返校，开始了创业生涯；在此期间，曾获两次连队嘉奖、一次个人嘉奖、一次"优秀士兵"、多次军训优秀教官；获国家奖学金、上海市优秀毕业生、首届退伍军人创新创业大赛上海市三等奖、全国创业英雄百强等荣誉；"校U送"创始人；上海立信会计金融学院2018届校友。

口　　述：李佐康
采　　访：杨　军　沈欢懿　罗定辉　吕　琳
整　　理：杨　军　沈欢懿　罗定辉　吕　琳
时　　间：2021年11月11日
指导老师：袁广平
地　　点：上海立信会计金融学院上川路校区

行你所行　坚持不懈

我叫李佐康，来自福建，2011年考入立信。读大二的时候，因为骨子里一直藏着参军报国的当兵情结，又恰逢电视剧《我是特种兵》热播，我和同学们看了都热血沸腾，也想像剧里的主角们一样把自己献与国家，为国效力，便决心一起去参军入伍。退伍回来之后，我一边尝试各种创业，一边刻苦学习，顺利通过专升本考入立信工商管理学院，最终在2018年毕业。

热血军营带给我最重要的收获就是学会了坚持，这份坚持也是我在为学生演讲时永恒不变的一个话题。创业时迸发出各种各样好的想法不难，但是真正能够去执行自己想法的人很少。而部队教给我的是，有想法就要去做，要有真正的行动，一旦开始，再苦再难也得坚持。在部队，不论是日常的体能训练，还是其他的一些军事训练，都非常考验人，但每一次我都会咬紧牙关挺过来，就这样经历了一次又一次的磨练，我学会了怎么去坚持。

我在创业初期，也曾面临很困难的局面，但是我自始至终都没有想过要放弃，因为我觉得参军时期那些艰苦的训练我都坚持过来了，这些苦算不了什么。而正是这份坚持和毅力，使我有了今天小小的成绩。当然，只有坚持不懈是不够的，学校和老师的帮助也是我创业能够成功的一个重要因素，他们教会了我各种创业过程中的专业知识技能及解决各种不同问题的能力，尤其是我的指导老师应老师和周老师。一开始，我们对于创业的认知非常少。在创业初期，没有一些创业和管理的概念也可以经营起来，但是当你的创业公司到了一定规模的时候，不去使用管理理念和工具来辅助是不行的。在这个时候，学校和老师们给我的帮助非常大，比如有应老师和周老师的专门指导，还有学校提供的场地以及一些相关的政策支持。尤其是思路上的支持，工商管理学院的老师会给我分析很多问题并解决。我能成功把"校U送"做到现在，一方面是我的坚持，另一方面真的非常感谢我们学校的领导和老师对我的帮助。

校优之选　安全底线

在创立"校U送"之前，我也试过其他不同领域的创业，我曾经摆过地摊，卖过被子，去广东深圳做过最基础的电子商务，还做过驾校代理。2016年，我发现了校园外卖中存在的商机。校园外卖行业的痛点在于宿舍区频频发生交通事故及偷窃情况，而学校和外卖平台都很难解决这个问题。在学校的运营管理过程中，校方人员没有办法监管进校的外卖配送人员，造成很多安全隐患。在我们上学的时候，学校的环境是这样的：到饭点时，学校进出将近有上百人，而且这都是从外面进来的人。骑手们为了提高自己的效率，时常超速骑行，有的骑手还会边打电话边骑车，完全不看人，不重视驾驶安全。这几乎是所有学校都经常发生的情况，有时候骑手把学生撞到了，还会肇事逃逸，保安也没有办法去管理这些人，甚至报警也没用；有时候这些频繁的校外人员进出，还会发生寝室物品被偷的情况。学校当时就很重视这个问题，我也认为这影响了学生的安全和生活。

为了解决这个痛点，我们创立了"校U送"，"U"可以说是优质的优，也可以说是YOU的U，要为你做优质的配送。这个项目门槛不高，但想做好，却很难，是很需要花心思和努力的。"校U送"刚开始运营后不久，我们就受邀去成都参加了一个行业内的论坛，在当时我们的项目运营所得成果处在行业前三的位置。一时间很多人来找我们取经，学校也会有很多的学生团队向我咨询相关经验。目前我们公司的规模不小，在立信、上海杉达学院、上海第二工业大学、上海视觉艺术学院、上海工程技术大学、华东

政法大学及部分外地高校都有业务。我们是一家互联网公司，但做的是服务，干的是重人力的活儿，在公司发展的过程中，比较难以解决的是人员的问题，怎么去招足够多的人来做这个事情。比方说饿了么、美团为什么没有自己的骑手，因为如果他们所有的骑手都是自有的，就没办法发展到这么大的规模，所以我们也慢慢开始去找一些第三方的外包公司。

除了找第三方外包公司，还有一个解决方案就是找本校学生来做这个事情，在解决我们的人力缺乏问题的同时，还可以为学校提供大量勤工俭学的实习岗位。说起来也是出于感恩母校的心态，我想要帮助学弟学妹，让他们能够在校就得到一些实战性的经验。我觉得我们和美团，和饿了么最本质的差别就是我们是学校的服务商，我们的出发点是帮助学校解决安全问题。因为配送模式的问题，为了保证整个配送过程更安全，我们在每个学校要增加一个中央分拣站来保证人员效益，而且要多送一公里的路程，所以有时候我们整体上可能会慢几分钟。可能出于服务学校的使命感，也可能来自军人的责任感，这么多年下来，无论刮风下雨，我们都一直坚守着岗位，相对竞争对手来说，这也是我们的优势之一吧。恶劣天气很多竞争对手无法配送，客户无法拿到自己的订单，那我们能做到什么呢？只要天上不下刀子，只要商户能出餐，我们就能送。还有每年暑假，学校依然有部分学生留校，为了保证同学们可以吃到饭，我们都会安排工作人员守住岗位。虽然一直在亏损，我也不知道哪儿来的勇气让我们一直坚持着。于是，就听到有同学这么评价"校U送"："地球不爆炸、我们不放假。"

疫情当下　砥砺前行

2020年的疫情是突如其来的，紧接着我们就遇到了新的问题：疫情的发生，导致高校不能正常开学，我们没有办法正常营业，但场地和员工成本依旧存在，只有支出没有收入，最大的危机就在于此。为此我们召开了紧急会议，经过讨论，我们开始裁员，没过多久，中层骨干走了很多，这对当时的我们打击非常大。但从另一个角度来说，疫情之下也存在着机遇，因为疫情的关系，学校更加重视安全的问题，因为既要做好疫情防控，又要管理这么多外来人员是很棘手的，因此学校会很乐意接受我们这样的主打安全的新兴项目的介入。

比如说，虽然我们在上海做了很久，但对二三线城市来说，"校U送"这样主打安全的配送平台还是比较新鲜的事物。上个月江苏几所学校的领导来我们公司考察，他们就认为我们这个项目非常新鲜，可以解决安全问题。我们可以很自豪地说，"校U送"做到现在，基本上没有出过一起安全事故。为此学校还给我们发了一封感谢信，这对我们来说是很大的激励。未来先不谈把校U送做到多大规模，我希望大家提到"校U送"的时候，是一个值得大家称赞的项目。这是我一直以来的目标，但是在中途偶尔也会有一些决策失误，这是不可避免的。受疫情影响，我们的核心干部走了很多，我们只能联系第三方一起来经营，将运营管理交给他们，但是他们经营得并不好。市场是很现实的，做一百件好事都难以弥补做过的一件坏事，他们的不当经营致使"校U送"的口碑有一些滑落。那时候我就意识到我的决策出现了失误，需要及时改正。后来我重新一步一步调整，希望尽快把好口碑做回来，哪怕这可能会是一个相对漫长的过程，但我们一定会坚持去做。未来我们会始终坚持以安全为底线，以用户体验为导向，努力提升效率，配合学校一起，做好服务，让"校U送"越来越好。

未来"校U送"技术开发的重点是客户体验。现在很多商户无法查看预计的配送时间是多少，只能让我们的同学们等着，这对于用户的体验来说是很不好的。这个是我们接下来要优化的一个点，我们在前年就安排了一位公司的核心骨干去学习相关技术。接下来预计从明年开始会重新拾起这一块业务，把程序开发做起来。去年到今年，我们还是没有实现盈利，然而开学的时候，我们仍然为返校的同学们发放了大量的补贴，这个钱来自我们个人的自有资金，虽然我们和大公司没法比，但是这个优惠我们还是会做。除了保证安全外，给到同学们的优惠也是绝对不能少的。

敢想敢做　无问西东

我对大学生创业的建议，第一是大胆去尝试，前提是做之前一定要想清楚，千万不要脑袋一热，没有做任何准备就去做了，这样很容易碰壁。你可能不能很好地做到完全的准备，但你应该预设一些问题，然后去请教前辈或老师，让他们给你一些宝贵的意见。还有的同学会问，要不要和好朋友一起创业？我的看法是有利有弊。有利之处在于，与关系很好的人一起创业，你们可以一起吃苦。跟普通同事不一样，好兄弟可以一起熬到半夜，哪怕很苦也能坚持下来。不利的地方在于，企业的发展要有人说了算，如果大家股份都一样，每个人都有自己的意见，但是没有人拍板，那就怎么样都发展不下去。当某个好朋友和你的意见相左，他不会考虑到员工的上下级关系，他会从朋友的角度出发，这时候就会产生问题了。我也曾经经历过这样的问题，所以我深有体会。

第二是建议少看网络毒鸡汤，我认为这对于年轻人的影响太大了，比如抖音上20多岁的年轻人月入百万元的比比皆是，这种视频会让年轻人变得很焦虑，会让年轻人对自己的能力产生怀疑。我有的时候也会浏览到这样的视频，令我惊讶的是，居然评论区里还有很多人是相信的。中国14亿人口，能做到年入百万元的人并不多，2万人里大概只有1个人做到了年入百万元。现在的短视频平台浮夸风泛滥，同学们还是需要冷静思考，学会过滤信息，脚踏实地去努力。未来我们会有一个面向同学们的校园合伙人计划，对合伙人进行指导培训，提供整套培养方案，欢迎学弟学妹们来挑战。

愿天下无毒　助浪子回头

陆俊仪

上海市夏阳强制隔离戒毒所主管民警；上海立信会计金融学院 2018 届校友。

口　　述：陆俊仪
采　　访：邱　硕
整　　理：邱　硕　刘　培
指导老师：冯晨音
时　　间：2022 年 8 月 3 日
地　　点：腾讯会议

立信求学　鱼与渔兼得

入校选择专业，我认为个人的兴趣爱好很重要，虽然我是被调剂到商务日语专业的，但是当时高考志愿填报我也填了其他学校的日语专业，因为我那时候比较喜欢看日本动漫，对日本的文化也比较感兴趣，所以对我而言学习日语也不失为一个不错的选择。最后阴差阳错地来到了立信就读商务日语专业，算是一种美好的缘分。

大学生活对我个人而言是难以忘怀的，这个时候还带着些懵懂无知和青涩。比较难忘的是大一军训期间发生的一件小事。那时我在外国语学院院学生会的网刊部工作，网刊部和宣传部一起出军训板报，过程中我和我们部门一位副部长发生了一点冲突，然后我就赌气不想干了，最后是我们部长苦口婆心地劝了我好久，我才决定留下来。现在回想一下，如果我当时赌气离开了学生会，那后面我走的路可能会完全不一样。所以我现在非常感谢当时劝我留下来的那位部长。

我认为大学期间加入学生会是可以锻炼自己的。但是每个人需求不一样，有的同

学可能专注学业，对于学业方面有很高的追求，那他的课余时间可能都用作学业追求了，相对而言加入学生会就不那么重要；但是对于想要全面发展、提高自己相关工作能力的同学来说，加入学生会是一个锻炼自己、提高自己的很好的机会。于我而言这是一件好事，学生会的工作进一步锻炼了我的团队协作能力，养成了我吃苦耐劳的品质，如果让我重新选一次的话，我还是会选择加入学生会。

大学生活难忘且有意义，当然也有遗憾。我的遗憾是大一第二学期的时候，没有很好地平衡学习和学生会工作，会因为工作不得不错过一些学业课程，后期也因比较忙没有及时补课，最后那个学期的专业课成绩不是很理想，没有拿到奖学金。那也是我大学期间唯一一次没有拿到奖学金。所以我希望学弟学妹们能够引以为戒。作为一名大学生，学习是我们首先要做好的事情，大家一定要会做选择，清楚地知道自己要什么，同时也要学会适当地去拒绝，平衡学习与学生会的工作。

从警为民　荣光伴艰辛

　　成为一名人民警察，其实是受我表哥的影响。我表哥也是一名人民警察，他和他的同事经常和我讲述他们工作中一些有趣的事情，所以也让我对这个职业产生了兴趣，于是本科毕业我就参加了公安招考。

　　公安招考程序比较复杂，想要成为一名人民警察，一是确定自己要报考的部门。人民警察的警种比较多，主要分公安的警察（比如派出所等）和司法的警察（监狱、戒毒所），虽然都是警察，但是工作内容会有比较大的差别。最好先事先了解一下工作内容，然后再确定报考的部门；二是做好公务员考试的准备，警察要考的科目有行政职业能力测验、申论、政法，如果想考的话，可以提前准备起来，大四的时候就可以参加公务员考试了。考试通过之后还有面试，面试也可以有针对性地准备一下；三是锻炼好身体。因为警察招录是需要体能测试的，有1 000米跑、10米×4往返跑、纵向摸高等，如果不及格，是无法通过测试的。

　　因为我表哥是戒毒所的警察，所以最后我也选择了报考戒毒所。我表哥对我来说是一个前辈，工作中遇到什么问题都可以去请教他，会比较方便，而且有这样一个前辈在，工作会更加容易上手。作为一名戒毒所的人民警察，我的日常工作就是参与对戒毒人员的日常管理，参与对他们的教育矫正，关注他们的思想动态，帮助他们对毒品形成正确的态度，最重要的是帮助他们戒掉毒瘾。我所带的组室里的戒毒人员成功戒掉了毒瘾，并且没有走上复吸的道路，这是我作为一名戒毒人民警察最有成就感和自豪感的事情。同时我还兼任大队的政工内勤，负责对大队支部"三会一课"的记录，还有党员发展等相关工作。

笃行校训　发展必有成

　　关于英语专业、商务英语专业、日语专业的就业状况和就业前景，据我的了解，我的同学毕业之后，选择银行、会计师事务所、外企的比较多，也有从事新媒体行业的，当然还有出国读研的。同学们从事的职业也有许多种，例如人事、猎头、客户经理、翻译、英语老师、日语老师等，就业率还是比较高的。我认为对于大学生而言，

最重要的是学习能力，学习能力好，即使专业不对口也能够很快地适应。所以相比专业对口来说，我认为学习能力尤为重要。

  对于考研还是就业这个目前大学生普遍面临的问题，我认为并没有统一的答案，对未来的抉择主要还是取决于个人的情况。如果想要继续学习，或者说对专业有更高的要求，那可以选择考研。虽然考研的压力非常大，难度也很高，但是在这个过程中会学到很多知识，既能夯实你的专业知识，又可以锻炼自律精神，即使最后失败了，我想也会收获颇丰。但如果想要早一点步入社会，早一点适应社会生活，就业也不失为一个好的选择。就业可以让你认清社会形势，早一步去摸索也就能有更多的时间去选择职业，选择做自己喜欢的事情。我当时选择的是就业，这也仅仅是因为我个人没有考研的意愿，我身边也有同学在工作了一段时间后又去考研的，也有毕业之后没有工作直接继续考研的。考研还是就业没有优劣之分，适合自己的就是最好的。

  想要度过一个有意义的大学生活，首先我希望大家能够学好自己的专业课，专业课是我们的基础，即使这个专业不是你自己选择的或者不是你所喜欢的，也要好好学。其次，我希望大家可以多多参与社团和实习活动，我们大学里的社团、学生组织有很多，大家可以根据自己的兴趣去参加。我当时参加的是YFJP（中日青年交流社团），里面会有日语沙龙活动，我们会和日本来的交换生一起做寿司，讨论课题等。我还加入了学校的电竞社，参加了《守望先锋》的线下赛，并代表学校拿下了全国级别比赛的季军。总之，通过各项活动广泛交友，提高自己的社交能力，同时多多探索自己的兴趣爱好是什么，自己的性格和能力适合什么样的工作，自己还有哪些方面需要提高。最后，我希望大家能多出去旅游，多出去走走，看一看祖国的大好河山，多了解一些知识，开阔眼界，丰富自我。

潘序伦老先生曾经教育我们"信以立志、信以守身、信以处事、信以待人，毋忘'立信'，当必有成"，孔子曾说"民无信不立"。所以无论是学习还是生活，诚信都非常重要。我理解的诚信，就是真诚且讲信用。我在工作中也是真诚待人，言而有信，所以在戒毒人员面前，起到了很好的示范引领作用。

正值立信建校95周年之际，我希望我们的学校能继续秉持我们潘序伦老先生的办校理念，把"立信"精神发扬光大。同时我也希望学校能越办越好，成为会计金融院校中的排头兵、佼佼者。

青衿之志　履践致远

何超凡

目前为光明乳业股份有限公司温州销售分公司财务负责人；上海立信会计金融学院 2019 届校友。

口　　述：何超凡
采　　访：张凌瑞　施范韬　张嘉仪　赵晨辰
整　　理：张凌瑞
时　　间：2021年10月30日
指导老师：胡停停
地　　点：上海市浦东新区金海路2505弄

心有所悟　而后躬身笃行

　　缘于今年的校友返校活动，我得以回到阔别数载的校园，不禁感慨万千。回想起我对立信的记忆，第一次踏进立信校园时的憧憬，为期短暂但收获颇丰的军训，在图书馆奋笔疾书的日子……一幕幕都涌上心头。这么多历历在目的场景，我想可以用一个词来表达：温暖。她见证了我4年的点滴成长，从初入学校的稚嫩到现在的职场人，是立信给予我温暖，是立信让我遇见了更好的自己。

　　回想4年大学时光，与很多同学不同，根据我自身的实际情况，我没有竞选班委或者进入社团组织发光发热，而是将大部分的时间和精力投入到了专业学习上。力学如力耕，勤惰尔自知。在专业学习中，数学是一个让大家都很"头疼"的科目，我也不例外。为了学好数学，我几乎做遍了课本上每一道数学题，甚至购买了远多于学校老师授课的教材，自主学习、钻研努力。到现在，我仍然记得充分利用时间深入理解每一个知识点、看懂每一道题目的快乐和幸福，真正地做到把书读懂变薄，再由薄变厚，将知识变成自己的动能。这种学习方法和态度为后来我在实习工作中对编程语言的自主学习打下了比较坚实的基础。

直到现在，我仍非常感谢大学时期那个认真学习、努力向前的自己，是那个时候的我成就了现在的我。常言道：饮其流者怀其源，学其成时念吾师。我更感谢在这段求学路上遇到的每一位老师，他们辛勤耕耘、诲人不倦，给予我深远的影响。在这其中，对我影响最大的老师是牛奋老师。他不仅从考证方面给予我无私的帮助，并且从大一开始就为我推荐一些适合我的实习，真正地帮助我做到了学以致用、学思并重，把所学的知识吃透、掌握牢固。毋庸置疑，在实操中才能更加深刻地理解知识。实习是知识和实践的融合，从实践中理解书本中的知识才是精华，而不能仅仅停留在书本上。

我的大学生活，基本都是围绕学习展开的，总是奔忙于上课、图书馆、实习、考证……如今再次回想起我的大学生活，总会因为收获到点点滴滴的知识而由衷地感到满足和开心。

乘风破浪　努力皆是成长

虽然现在我可以云淡风轻地讲述我的过往经历。事实上，我的经历从来就不是一帆风顺的。从大学期间多次斩获奖学金，到现在毕业不久成为光明乳业温州分公司的财务负责人，常常被问及从上学到工作都能一帆风顺的原因是什么？每当这时候我都会用"天鹅理论"来解释我"一帆风顺"的原因：天鹅在水面上骄傲地仰着头，优雅地游着，自信且轻松。但其实，它们在水下的两只脚，却不停地在运动，这是许多人没有看到，甚至忽略掉的。正是依靠水下不停地运动，天鹅才能自信地在水面悠游。大学期间，我每学期均获得一等奖学金，但是背后每一科的学习，我都是花了十足的时间与十分的精力去准备的。从早到晚地学习，每日从不停歇，其他人往往只能看到我获得奖学金时光鲜亮丽的一面，从没看到奖学金背后我刻苦学习的一面，背后的付出是无比艰辛的。

我的工作经历看起来也是路途平坦，但是我所获得的成就都是用时间堆砌起来的。其实，我一直在乘风破浪。刚刚入职光明乳业股份有限公司时，我也只是一名小小的职员，每天都是在重复着自己的本职工作。一次偶然的机会，遇到一个原本

需要3天时间才能完成的财务报表，利用编程可以使其过程简便，大大节约了时间。从此之后我就开始研究如何开发出方便、耗时短的编程算法。对于商科专业毕业的我来说，编程并不是我所擅长的领域，在我编辑计算机语言的时候，也是没有任何经验的。在每天的工作结束后，我都会选择留在办公室不断地从书本上、互联网上查阅资料，去完成编程语言。在大约1个月之后，我利用工作之余所有的休息时间完成了这门语言的编程。最终结果达到了我期待的效果，仅需10分钟就可以完成之前需要3天来完成的报表，并且得到了来自上司的认可。在其他工作上，我也在加倍努力，所有东西尽力做到最好，正是因为这样，单位把一个分公司的财务负责人的职位交予我。总之，所有的成就都不是一蹴而就的。

现在，我仍然丝毫没有放松，作为一个分公司的财务负责人，压力是巨大的。做财务管理，除了基本的会计报表知识外，还要掌握审计、市场、编程、领导力、公司战略、法律等知识。我对我自己的要求是要一直保持学习的状态，不断地更新自己的知识，尽量把自己工作之余的时间安排在学习和考证上，不断丰富自己，从而更好地胜任这一份工作。财务工作也与法律息息相关，现在我也在不断学习法律，上法律课程，为了司法考试而不断努力准备着，一刻也不敢停止学习。证书就像是贝壳，从中学习到的知识、所学到的技术才是那里面闪闪发光的珍珠。根据自己的目标来学习知识与技能，在这一过程中，首先能掌握好基础的知识；第二能结识很多志同道合的朋友，在这个过程中也让自己积累了不少的人脉资源；第三是有利于求职和升职，很多时候证书可能并不会帮助到自己，但是往往在关键时刻，证书才是能证明自己能力的关键。倘若结合自己之后的目标，决定了考证，那就趁早开始，一门心思专注地去完成。从我两段大公司的实习经历来看，我建议大家从大一开始就可以时刻关注实习，对于实习而言不论大一开始还是从大四开始并没有很大的差别，都是从中学习到基本的职场能力，在任何年级都有能力去胜任这一份工作。在学校和考证中学习得到的大多数都是知识的提升，而实习却能带来人际关系、人脉资源质量的提升，更多更广的人脉关系也是为了之后更好地就业、工作。

坚定前行·以奋斗致青春

毕业离校后，我就一直忙于工作，忙着适应工作，也在不断地学习，从未停止自己前进的步伐。回想起来，最美好的日子还是在立信的四年大学时光。因为不仅我所学到的知识是母校所给我的，而且现在的待人处世也深受母校老师的熏染。离开学校两年，我从普通财务人员开始成长。我的体会是在学校的时候，要把时间花在刀刃上，主动保持长久的学习动力，比如考CPA证书。一个人一生的机遇可能就只有那么几次，事前做足充分的准备，做好自己的工作，每当机会来临的时候才能把握住机会。工作时既要认真完成本职工作，更要学会多学、多想、多做，多从自己身边学习，这当然不是说在一个岗位就只需完成岗位的基本工作。想要一步一步地向上走，就需要让别人发现你与其他人不一样的闪光点。当然优秀这个词不是绝对的，而是相对的。可能你在学习这方面不是优秀的，但在其他方面有自己优秀的一面。找到自己的优势，并扩大自己的优势，让它成为自己未来的闪光点。

在此，我向学弟学妹建议：不论遇到多少困难，对于自己一开始确定的目标，一定要一直坚持。不管是读书考证，抑或是像我之前工作期间学习编程知识，一般总会遇到时间不够用、精力不充沛的情况。但要在忙碌的工作中抽出时间，安排看书学习的确是不容易的事。面对困境，不要轻易说放弃，将其看作一项挑战，并努力去完成这一项项挑战，去拥抱美好。

  未来，我会继续带着立信给予我的不断向上的力量，以及立信给予我的乘风破浪的智慧，坚定前行。在努力学习的同时也去发掘自己其他方面的优势和潜力，朝着自己的目标不断迈进。祝福母校越来越好！

后记

2018年，《信好有你：校友访谈录》在上海立信会计金融学院90周年校庆日出版首发。时隔多年，这本60多万字的口述图书已成为上海立信会计金融学院校友文化和校史文化承前启后、薪火相传的重要史料，也成为母校与校友之间不可割舍的情结纽带，更成为培养立信一代代青年学子的崭新育人载体。

2023年正值潘序伦先生诞辰130周年及上海立信会计金融学院成立95周年。为纪念创始人潘序伦先生诞辰并为上海立信会计金融学院95周年校庆献礼，上海立信会计金融学院校友会自2020年启动了新一轮的百名校友访谈活动，并着手组织策划《信好有你：校友访谈录2》的编写工作。4年来，全校共有百余名师生参与，寻访了近80名校友。过程中，我们努力创新访谈组织形式，广泛发动各二级学院师生共同参与，并将校友访谈活动和人文艺术学院的实践课相结合，打造课程思政平台。我们走访的校友来自各行各业，有创业领域的先锋模范代表；有热心社会公益事业，积极回馈母校与社会的校友；有扎根基层默默奉献，取得突出成绩的平凡工作者等。

在校友访谈过程中，我们收集珍贵史料，以校史育人；我们宣传校友风采、以榜样育人；我们亲历走访活动、以实践育人。每一位校友的经历、每一篇访谈录都是校友的奋斗精神、成长之路和肺腑之言，是影响立信师生人生观、价值观和世界观的生动教材，也是对在校生进行爱校荣校教育的重要平台。"信好有你"校友访谈活动，不仅传递母校牵念，倾听校友心声，凝聚校友力量，也进一步加强了母校同广大校友的联系。"信好有你"校友访谈活动，寻访并记录校友的成长足迹，了解并分享校友的奋斗故事，充分展现了上海立信会计金融学院建校以来取得的辉煌成绩和办学成果。

经过4年的努力，《信好有你：校友访谈录2》终于完成，在此要特别感谢上海立信序伦股权投资管理有限公司对"信好有你"校友访谈活动的专项经费捐赠支持，为访谈活动的开展注入了新的能量和动力。感谢上海立信会计金融学院各二级学院党政领导和辅导员为活动顺利开展提供诸多帮助；感谢上海立信会计金融学院人文艺术学院老师们给予的专业指导；上海立信会计金融学院校友事务及教育发展办公室老师们参与了活动的组织协调，为活动提供了有力的保障，在此一并表示诚挚的谢意！

访谈活动的顺利开展和本书的编辑出版得到了上海立信会计金融学院党政领导的高度重视，同时也得到立信会计出版社的大力支持，在此向他们表示衷心的感谢！

在《信好有你：校友访谈录2》书中出现的照片、人名、数据等信息，均得到了访谈对象口头或书面授权。本书主要由校友口述整理而成，因而书中的数据可能不甚精准，仅供参考；为保留受访者的口述特点，书中对于学校名称、部门和单位名称等未作全称统一，语言表述上未完全用书面语言，存在谬误难免，请各位读者、学者在引用、使用的过程中酌情处理。

编　者

2023年10月